KB081116

제왕의 사람들

제왕의 사람들

사람을 얻고 쓰고 키우고 남기는 법

김영수 지음

유노북스

들어가며

어떻게 사람을 얻고 쓰고 키우고 남길 것인가?

2,000년 전 사마천은 "그 군주(리더)가 어떤 사람인지 모르겠거든 그 사람이 쓰는 사람을 보라"는 말을 남겼다. 리더에 대한 평가는 그와 함께 하는 인재에 의해 결정된다는 뜻이다. 바꾸어 말해 좋은 리더는 좋은 인재와 함께 한다는 것이다. 그 반대도 마찬가지다. "인사人事가 만사萬事다"라는 흔히 하는 말로 바꾸어도 무방하다.

사마천은 또 '인사가 만사'보다 훨씬 더 실감나는 명언으로 "(나라의) 안정과 위기는 어떤 정책을 내느냐에 달려 있고, 존망은 어떤 사람(인재)을 쓰느냐에 달려 있다"라는 말을 남겼다. 인재 문제를 나라의 존망과 직결시킨 것이다. 리더십의 핵심이 인재를 보는 안목이라는 의미다. 2,000년이라는 시간을 뛰어넘어 리더와 인재의 상관관계 내지 함수 관계를 이보다 더 정확하게 지적한 인식은 없다.

이렇듯 사람, 즉 인재를 쓰는 용인用人은 필요성의 차원을 넘어 당위성의 차원에 놓여 있다. 이는 헤아릴 수 없이 많은 역사 사례가 생생하게 입증하기에 두말이 필요 없다. 그럼에도 지금도 같은 실책을 반복하는 까닭은 무엇일까? 이 답답한 질문에 대한 나름의 해답이 이 책에 들어 있다. 정답이 아니라 해답이다. 인간의 문제에 정답은 없다는 생각이기 때문에 문제를 풀 수 있는 방법이라는 뜻에서 해답이라 했다.

"노력보다 중요한 것이 방법이다"라는 말이 있다. 방법을 알거나 배웠으면 그 방법을 활용해야 한다. 그래야 그 방법이 옳은 것인지 검증할 수 있다. 이 책에 수록한 내용의 대부분은 실천한 사람들의 방법이다. 그대로 따라 하라는 것이 아니라 응용해서 실천해 보라는 뜻에서 제시했다.

천하를 제패하기 위한 리더십 5단계

관중은 춘추 시대 제나라의 재상을 40년이나 지내면서 당시 제나라를 가장 강한 나라, 백성들이 가장 잘사는 나라로 만들었다. 그런데 관중은 한때 주군인 환공을 활로 쏘아 죽이려 한 전력이 있다. 관중과 환공은 최고 권력을 놓고 서로 다른 진영에서 다투었던 사이로, 굳이 말하자면 원수 사이였다.

관중은 자신이 모시던 공자公子 규가 정쟁에서 패해 공자 소백, 즉 환공의 죄수가 되어 제나라로 압송되었다. 이때 환공을 모셨던 포숙이 나서 환공을 설득했다. 관중을 살려 주는 것은 물론 그를 자기 대신 재상에 임명하십사 간청했다. 환공은 마뜩지 않았지만 최고 공신인 포숙의 말에 따라 관중을 살려 주고 재상에 임명했다. 환공은 관중을 재상에 임명하는 자리에서 자신이 천하의 패주가 되고 싶은데 어떻게 하면 되겠느냐고 질문하며 시험했다. 이에 관중은 다섯 가지 방법을 내놓았다.

1. 사람(인재)을 아는 지인知人
2. 알았으면 기용하는 용인用人
3. 기용하되 소중하게 활용하는 중용重用
4. 권한을 주어 맡기는 위임委任
5. 소인배를 멀리하는 원소인遠小人

필자는 관중이 제시한 '지인, 용인, 중용, 위임, 원소인'이라는 천하의 명답을 '리더십 5단계'라 부른다. 이 책의 내용은 대부분 이 리더십 5단계에 대한 다양한 역사 사례다. 여기에 인재를 모셔 오는 방법, 모셔 온 인재를 떠나지 않게 하는 방법 등 몇 가지가 더 추가되었다. 이를 관중의 리더십 5단계를 모방해 정리하자면 다음과 같다. 그리고 이 5단계는 이 책의 다섯 개 장에서 다루는 주제이기도 하다.

1. 인재를 모시는 방법인 득인법得人法
2. 모셔 온 인재를 활용하는 방법인 용인법用人法
3. 인재를 보다 성숙하게 북돋우는 방법인 육인법育人法

4. 인재를 떠나지 않게 하는 방법인 유인법留人法

5. 이 모두를 총정리한 용인用人 팔계명八戒命

이 책에 제시한 역사 사례는 모두 중국사에서 가져왔다. 특히 필자가 공부하고 있는 사마천의 《사기》가 주류를 이룬다. 알다시피 5,000년 중국사는 그 자체로 콘텐츠의 보물 창고다. 어떤 시각과 관점으로 보느냐에 따라 무궁무진하게 변주할 수 있다. 필자는 나름의 관점으로 인재와 리더의 문제를 분석했을 따름이다. 독자들 역시 나름의 시각과 관점으로 얼마든지 달리 해석할 수 있을 것이다.

수천 년 전 제왕과 사람들에게서 얻을 수 있는 것

사례의 대부분은 제왕과 제왕을 보필한 인재들의 이야기다. 중국사는 1911년 이후 현대사를 빼면 무려 4,000년 넘게 왕조 체제를 고수했다. 우리나라 역시 2,000년 넘게 왕조 체제를 겪었다. 근현대사를 제외하면 세계사 역시 크게 다를 바가 없다. 적어도 수천 년 넘게 왕조 체제를 겪었다는 공통점이 있고, 이 과정에서 축적된 엄청난 기록과 경험은 여전히 상당한 영향을 미치고 있으며, 그중 상당 부분은 여전히 깊은 통찰력을 선사한다.

인간의 역사는 어떤 면에서는 까무라칠 정도로 진보하고 발전했지만 어떤 면에서는 왕조 시대보다 못할 정도로 후진성을 면치 못하고 있다. 특히 인간의 작용이 극대화될 수밖에 없는 리더십 방면은 여전히 수준 낮은 논란으로 시끄럽다. 인성의 약점과 한계를 극복하는 일이 그만큼 어렵기 때문이다. 이런 점에서 이 책에 소개한 수천 년 전 리더와 인재 그리고 리더십 사례는 오히려 어떤 면에서는 지금 더 절실하게 배우고 실천해야 할 필요가 있을 정도다.

사마천은 당대에 알아주는 인재였다. 그러나 47세 때 황제에게 직언하다 괘씸죄로 옥에 갇혔고, 48세 때는 반역죄로 몰려 사형 선고를 받았다. 2대에 걸쳐 준비한 필생의 작업인 역사서 집필을 끝내지 못한 상황에서 극형을 받아야 하는 처지가 된 사마천은 사형수가 사형을 면할 수 있는, 하지만 너무도 치욕스러운 성기를 자르는 궁형이라는 형벌을 자청했다. 그때 그의 나이 49세였다. 50세에 감옥에서 풀려난 사마천은 감옥에 갇힌 3년 동안, 그리고 궁형을 자청하기까지의 극한 상황에서 인간의 본질을 비롯해 세상사 모든 것을 다시 생각했다. 그중 리더와 인재에 대한 그의 인식에는 시대를 초월하는 보편 타당한 통찰력이 응축되어 있다.

필자는 사마천의 탁월한 인재관에 힘입어 역사에 각인된 리더와 인재에 관해 꽤 오랫동안 공부하고 여러 권의 책을 출간했다. 이번에는 독자들에게 조금 더 쉽게 다가갈 수 있는, 하지만 읽고 나면 생각을 하게 만드는 사례들 중심으로 꾸며 보았다. 팬데믹을 겪으면서 준비한 글들로, 언제 쓸모가 있을까 했지만 솔직히 이렇게 빨리 쓰일 줄은 예상하지 못했다. 그만큼 지금 우리의 상황이 암울하기 때문이다.

리더십이라 말하기조차 부끄러운 리더에 그 못지않은 자들이 나라를 엉망으로 만들고 있다. 그들이 이 책을 볼 리는 만무하겠고, 눈 밝고 깨어 있는 리더들을 위하는 마음으로 이 책을 드린다. 모쪼록 곧 다가올 또 다른 미래를 생각하며 읽어 주기 바란다. 역사는 'Back to the future'다.

김영수

차례

1장.
따르고 싶은 제왕의 자질을 갖추어라

: 도약에 필요한 인재를 얻는 법

2장.

적절한 자리와 적당한 권력을 주어라

: 성공의 기회를 품은 인재를 쓰는 법

3장.

큰사람으로 자랄 환경을 조성하라

: 천금을 낳는 인재를 키우는 법

4장.

한결같이 진심을 보여라

: 제왕을 정상에 올리는 인재를 남기는 법

5장.

제왕을 만든 사람 경영 불변의 법칙

: 5,000년을 관통한 용인의 리더십 8계명

1장.

따르고 싶은 제왕의 자질을 갖추어라

: 도약에 필요한 인재를 얻는 법

끌어안음은 가장 강력한 지배 수단이다

• 한고조, 진 문공의 포용 •

"제갈량은 일류 인재였으나 위와 오 두 나라가 모두 얻지 못하고 유비만이 얻었으니 정성을 다해 사람을 대한 효능이 어떠한지 볼 수 있다."
연양제일류인然亮第一流人 이국구불능득二國俱不能得 비독능득지備獨能得之 역가견이성대인지효의亦可見以誠待人之效矣.

-조익, 《이십이사차기》

리더와 자질, 즉 리더십에 관한 숱한 논의와 유형 분류가 있었고 지금도 끊임없이 리더의 자질에 대한 저울질이 이루어진다. 논쟁은 결론 없이 아직도 진행형이다. 리더의 신분과 자격이 혈통에 따라 결정되었던 과거 왕조 체제나 봉건 체제에서는 주로 군주가 갖추어야 할 소양 등 리더의 자질에 관한 논의가 주류를 이루었다면 최근에는 리더로 성장해 가는 과정에 중점을 두고 논의가 진행된다. 즉 리더는 태어나는 것이 아니라 훈련되어 나오는 존재라는 명제가 보편화되었다.

그럼에도 여전히 우리 사회를 뜨겁게 달구는 리더십 논의는 리더가 그 자리에 오르기까지의 과정 못지않게 리더가 갖추었거나 갖추어야 할 자질의 중요성을 새삼 일깨운다. 특히 리더가 되기까지의 과정에서 어떤 품성과 자질로 조직을 이끌었으며 또 그 과정이 얼마나 떳떳했는가를 결코 소홀히 생각하면 안 된다는 뼈아픈 교훈도 제공한다. 그 사람의 과거 언행은 현재의 모습을 반영하고, 미래를 예측하는 데 영향을 주기 때문이다.

우리 사회가 끊임없이 겪는 리더와 리더십 부재를 둘러싼 논쟁의 핵심을 한 글자로 표현하면 '덕德'이다. 앞으로 리더십 논의를 시작하며 자주 언급할 리더의 자질도 바로 이 덕이다. 덕은 결코 추상적인 개념이 아니며 오히려 '각박하지 않음'이라고 정의하고 싶다. 정확한 정의는 아니지만 우리 사회 리더들에게 가장 결여된 자질이 바로 덕이라는 점을 강조하기 위해 그렇게 풀어 보았다.

'각박하지 않음'은 나와 내 편은 물론 너와 상대편을 받아들일 줄 아는 포용을 전제로 한다. 그 사람이 인격상 특별한 하자가 없고 특정 분야에 전문성을 갖춘 능력 있는 인재라면 내 사람이 아니더라도 과감하게 기용해 우대할 줄 알아야 덕 있는 리더로 평가받을 수 있다.

이것이 포용의 리더십이다. 포용은 이념도 정파도 계층도 초월하는 인간의 귀중한 보편적 가치를 추구하는 한 차원 높은 행위이며, 지금 우리 사회에 가장 절실한 덕목이기도 하다. 그리고 이 포용의 바탕에 깔린 힘인 덕의 뜻은 '많은 사람의 마음을 얻는다'이다.

역사상 각박하게 굴면서 성공한 리더는 거의 없었다. 반면 포용력을 가진 리더치고 실패한 리더는 거의 없었다. 아주 단순하고 쉬워 보이는 이치지만 행동으로 실천한 리더는 드문 편이다. 권력을 장악한 다음 한때 자신에 반대하거나 맞선 정적에게 포용력을 발휘한 리더는 특히 더욱 드물다.

바로 이 대목에서 리더의 자질론이 대두된다. 타고난 리더는 없다. 마찬가지로 각박함도 타고나지 않는다. 포용력을 타고나지도 않을 것이다. 모두 자기 수양을 통해 기를 수 있는 후천적 자질이다. 이제 역사상 성공한 리더로 꼽히는 두 명의 사례를 통해 리더가 포용력을 발휘해야 하는 이유를 살펴보자.

옹치에게 상을 내려
반역을 막은 유방

주색이나 밝히며 소위 건달 생활을 하다가 얼떨결에 농민 봉기군의 우두머리가 되어 불과 7년 만에 황제가 된 인물이 있다. 바로 한漢나라를 개국한 고조 유방(기원전 247~기원전 195)이다. 유방은 역사상 리더들에게 가장 많은 영감을 준 인물로도 유명한데, 어떤 과정을 밟아 한량에서 황제가 되었는지에 대한 연구와 분석은 2,000년이 넘게 흐른 지난 지금까지도 계속될 정도다.

유방은 7년에 걸친 항우와의 초한쟁패에서 승리해 천하를 재통일한다. 그리고는 당연한 수순으로 자신을 보좌했던 공신들을 대상으로 논공행상을 시행하는데, 이 논공행상은 뜻하지 않은 암초에 부딪힌다. 공신들이 저마다 자신의 공을 내세우며 자신이 다른 사람보다 큰 상과 높은 벼슬을 받아야 한다고 아우성쳐 누구에게 어떤 상을 내릴지 1년이 지나도록 결정을 내리지 못한 것이다. 한편 유방에 소극적으로 협조했거나 한때 유방을 반대 또는 배신한 경력이 있는 자들은 행여 보복을 당하지 않을까 안절부절못했다. 차라리 반역을 일으키는 쪽이 낫겠다는 이야기를 할 정도였다.

유방도 이런 분위기를 감지하고는 해결책을 고심한 끝에 옹치에게 상을 내려 이 상황을 수습하기로 했다. 유방은 옹치를 불러 식읍 2,500호와 십방후라는 작위를 내렸다. 그러자 흉흉한 분위기가 순식간에 잠잠해졌고 저마다 기분이 좋아져 상황은 잔치 분위기로 바뀌었다.

옹치는 유방과 같은 고향인 패현 사람으로 패현의 유지였다. 유방은 봉기 후 그에게 풍 지방을 지키게 했다. 그러나 옹치는 주시라는 자의 사주를 받아 유방을 배신하고 위魏나라에 투항한 뒤 유방을 괴롭혔고 항우와의 초한쟁패 때 다시 유방에게 붙었다. 유방은 어려울 때 자신을 버린 옹치에게 섭섭한 마음을 버리지 않고 있었다. 이 때문에 논공행상이 시작되자 주위의 관심은 온통 유방이 옹치를 어떻게 처리할 것인가에 쏠렸는데 유방이 옹치에게 상을 내리자 옹치가 상을 받았으니 다른 사람들은 걱정할 것이 없다고 안도의 숨을 내쉰 것이다.

유방은 중요한 시기에 자신을 배반하고 괴롭힌 옹치에게 벌이 아닌 상을 내려 논공행상을 둘러싼 흉흉한 분위기를 단숨에 잠재우고 정권 초기의 불안한 민심을 안정시켰다. 이 일화는 훗날 '옹치가 제후에 봉해진다'는 뜻의 '옹치봉후雍齒封侯'라는 단어로 널리 사람들 입에 오르내렸다.

원수를 용서해 민심을 안정시킨 진 문공

춘추 시대 초기 진晉나라의 공자 중이는 아버지 헌공이 젊은 첩에게 홀려 태자인 형을 비롯한 아들들을 죽이려 하자 망명길에 올라 무려 19년 동안 외국을 전전한 끝에 61세의 나이로 최고 리더 자리에 오른 인물이다. 이가 춘추오패의 한 사람인 문공(기원전 697~기원전 628)이다. 문공은 19년의 망명 과정에서 아버지가 보낸 자객에게 암살당할 몇 차례의 위기와 굶어서 죽을 뻔한 고비를 남다른 인품과 포용력 그리고 낙관적 리더십으로 극복했다.

19년 만에 정권을 잡기는 했지만 초기 정세는 불안할 수밖에 없었다. 과거 정권을 지지하던 세력이 위기를 느끼고 문공이 보복을 하지 않을까 걱정했기 때문이다. 그들의 우려는 문공의 궁전에 불을 지르고 불태워 죽이자는 음모로 이어졌다. 이때 문공을 두 차례나 죽이려고 했던 사인피가 이 음모에 대한 정보를 듣고는 문공에게 접견을 요청했다. 문공은 그의 요청을 일언지하에 거절하며 자신을 두 번이나 죽이려 한 사실을 강하게 질책했다. 사인피는 그에 굴하지 않고 어쩔 수 없었던 당시 자신의 입장을 이렇게 피력했다.

"저는 당시 국왕의 명령을 받들어 대왕을 해치려 했습니다. 정말 어쩔 수 없었습니다. 지금 대왕께서는 과거의 원한 때문에 저를 만나려 하지 않습니다. 그건 괜찮습니다. 그러나 저는 이로 인해 다시 재난이 몰려오지 않을까 두렵습니다. 만약 그렇게 되면 저처럼 대왕에게 일찍이 죄를 지은 사람들은 대왕을 위해 충성을 다하려고 하지 않을 것입니다."

문공은 이 말에 태도를 바꿔 사인피를 만났다. 모반에 관한 정보를 보고받은 문공은 치밀한 준비로 반란 세력을 일거에 섬멸해 정권을 안정시켰다.

반란을 평정한 다음 문공은 즉각 민심을 안정시키는 조치를 취했다. 그리고 쿠데타 주동 세력이 이미 섬멸된 만큼 나머지 추종 세력의 죄는 불문에 붙인다고 선포했다. 그럼에도 과거 정권의 대신들은 그의 말을 믿지 않았다. 민심은 여전히 불안할 수밖에 없었다.

문공이 이 일로 노심초사하고 있을 때였다. 수년 전 망명 시절을 보낼 때 그의 행장을 가지고 도망친 집사 두수가 갑자기 나타나 배알을 요청했다. 문공은 두수를 만나기는 했으나 성질을 이기지 못하고 마구 욕을 퍼부었다. 그의 배신 때문에 사방으로 돌아다니면서 구걸하던 옛날이 생각난 것이다. 그러나 두수는 예상외로 정색하면서 말했다.

"저는 주군을 반드시 만나야 할 때라서 왔습니다. 지금 사방에서 유언비어가 난무합니다. 주군께서는 죄를 지은 사람들을 용서해 줄 것이라고 말했으나 이를 믿는 사람은 아무도 없습니다. 만약 주군께서 저에게 어가를 몰게 한다면 저는 직접 시내에 나가 어가 위에 앉아 몇 바퀴를 돌겠습니다. 그러면 사람들은 저같이 주군을 배신한 사람도 용서받는다는 사실을 알고, 자신이 용서받지 못할 것이라고 걱정할 사람은 사라질 것입니다."

문공은 두수의 말이 그럴 듯하다고 생각해 즉각 그의 말대로 했다. 유언비어는 언제 그랬냐는 듯 바로 꼬리를 감췄다. 민심은 곧 안정되었다.

각박해서 성공한 리더 없고 포용해서 실패한 리더 없다

예로부터 아량과 포용력은 리더를 평가하는 중요한 표준이었다. 역사는 포용력을 갖춘 리더가 성공한다는 아주 평범한 사실을 너무 잘 보여준다. 동시에 각박한 리더는 성공할 수 없다는 사실도 함께 알려 준다.

아량과 포용력을 갖춘 리더라면 인간관계에서 흔히 발생하는 묵은 감정과 원한을 잘 풀 줄 안다. 이런 묵은 감정과 원한을 푸는 리더십을 '석원釋怨'이라 한다. 인간관계에서 감정은 일방적인 경우가 많다. 자의적으로 감정을 엮기 때문이다. 일방적으로 감정을 엮고 원망하고 심지어 원한까지 품으면서도 이를 허심탄회하게 푸는 경우는 아주 드물다. 자신의 잘못을 인정해야 하기 때문이다. 잘못을 인정하기 싫어 감정을 풀지 못하고, 감정을 풀지 않은 채 또 다른 잘못된 정보로 자신의 감정을 강화하기 때문에 단순한 개인적 감정이 눈덩이처럼 커져 상대를 증오하기에 이른다. 개인적인 관계라면 큰 문제가 없겠지만 조직이나 나라와 관련된 감정이나 원한이라면 보통 일이 아니다.

내가 남에게 원한을 품지 않으면 누가 나에게 원한을 품겠는가? 원한은 풀어야지 맺어서는 안 된다. 특히 큰일을 하려는 사람은 사적인 원한을 따져서는 안 된다. 석원은 묵은 감정과 원한을 풀어 관계를 화목하게 만들고, 나아가 조직을 단결시키는 강력한 힘이 된다. 이 때문에 역대로 좋은 리더들은 석원을 대단히 중시했고 이 덕목을 실천한 리더는 민심을 크게 얻었다. 나아가 석원을 유능한 인재를 얻는 중요한 방법으로 확실하게 인식하고 적극적으로 실천했다. 조직의 간부나 리더가 사사로운 감정에 얽매여 이를 풀지 못하고 묵히다가는 조직에 큰 악영향을 미치기 때문이다.

포용이든 아량이든 석원이든 그 전제 조건은 각박하지 않음이다. 각박한 사람은 포용력을 발휘할 수 없고 아량을 베풀 수 없으며 원한을 풀지도 못하기 때문이다. 각박하고 성공한 리더 없고, 각박한 인재 역시 일시적이라면 몰라도 끝내는 성공할 수 없다. 리더든 인재든 먼저 사람이 되어야 하기 때문이다.

남을 공경하면 남도 나를 공경한다

• 한고조의 겸손 •

"강과 바다가 모든 계곡의 왕이 될 수 있는 까닭은 참되게 스스로를 낮추기 때문이다. 그러므로 백곡의 왕이 될 수 있는 것이다. 이 때문에 백성의 위에 서고자 하면 반드시 말을 낮추어야 하고, 백성의 앞에 서고자 하면 반드시 몸을 뒤로 해야 한다."

강해소이능위백곡왕자江海所以能爲百谷王者 이기선하지以其善下之. 고능위백곡왕故能爲百谷王. 시이욕상민是以欲上民 필이언하지必以言下之, 욕선민欲先民 필이신후지必以身後之.

-노자, 《도덕경》

중국 인재사와 인재학에서 한고조 유방은 빠지지 않고 언급되는 리더다. 기원전 210년 최초의 통일 제국을 진두지휘하던 진시황이 급사하자 천하는 소용돌이에 빠졌고, 이어 항우와 유방을 중심으로 약 7년에 걸친 숨 막히는 초한쟁패의 국면이 펼쳐졌다. 절대 열세였던 유방은 극적인 역전승을 거두고 기원전 202년에 서한의 황제로 즉위했다.

수많은 학자가 2,000년 넘도록 유방이 승리할 수 있었던 이유를 분석하고 평가했고, 그중 빠지지 않고 언급되는 요인이 바로 인재다. 유방은 각 방면에서 자신보다 훨씬 뛰어난 인재들의 능력을 허심탄회하게 인정했고, 심지어 이들 때문에 자신이 항우에게 승리했다고 공개적으로 밝혔다. 유방이 솔직히 토로한 '삼불여三不如'의 역사 장면을 감상하면서 인재의 중요성이라는 명제를 조금 더 자세히 살펴보겠다.

초한쟁패 역전승의 비결, 나는 나의 신하들만 못하다

기원전 202년 5월, 한나라 낙양 남궁南宮에서 술자리가 벌어졌다. 얼마 전 황제로 추대된 유방을 위한 축하연이었다. 이 자리에서 유방은 공신들에게 항우가 자신에게 패한 원인과 자신이 승리한 원인을 분석해 보라는 뜻밖의 제안을 했다. 공신들은 각자의 생각을 밝혔고, 유방과 같은 고향 출신인 고기와 왕릉은 이렇게 분석했다.

"폐하께서는 오만해 남을 업신여기고, 항우는 인자해 남을 사랑할 줄 압니다. 하지만 폐하는 사람을 보내 성을 공격해서 점령하면 그곳을 그 사람에게 나누어 주며 천하와 이익을 함께하셨습니다. 반면에 항우는 어질고 능력 있는 사람을 시기해 공을 세우면 그를 미워하고, 어진 자를 의심해 싸움에서 승리해도 그에게 공을 돌리지 않고 땅을 얻고도 그 이익을 나누어 주지 않았습니다. 항우는 이 때문에 천하를 잃었습니다."

다 듣고 난 유방은 다음과 같이 자신의 분석을 내놓았다. 이 장면이 바로 '세 사람만 못하다', 즉 '삼불여'라는 유방의 인재관이 나온 장면이다.

"공은 하나만 알고 둘은 모른다. 군막 안에서 계책을 짜서 천리 밖 승부를 결정하는 일이라면 나는 자방(장량)만 못하다. 나라를 안정시키고 백성을 달래고 전방에 식량을 공급하고 양식 운반로가 끊어지지 않게 하는 일이라면 내가 소하만 못하다. 백만 대군을 통솔해 싸웠다 하면 반드시 승리하고, 공격했다 하면 틀림없이 손에 넣는 일이라면 내가 한신만 못하다. 이 세 사람은 모두 인걸이고, 내가 이들을 쓸 수 있었다. 이것이 내가 천하를 얻은 까닭이다. 항우는 범증 한 사람조차 믿고 쓰지 못했으니 그것이 내게 덜미를 잡힌 까닭이다."

사마천은 3,000년 통사인 《사기》 중 한나라를 건국한 고조 유방의 전기이자 한나라 초기 역사인 권8 〈고조본기〉에서 최고 권력자 유방의 입을 빌려 '내가 (누구만) 못하다'는 뜻의 '오불여吾不如'라는 단어를 세 번이나 반복해 세 인재의 능력을 한껏 부각했다. 바로 이 세 사람이 지금도 개국 공신의 대명사로 유명한 서한삼걸西漢三傑의 책략가 장량, 명재상 소하, 명장 한신이다.

유방은 자신의 성공과 항우의 실패가 '인재'와 그 인재를 기용하는 '용인'이라는 문제에서 결판났다는 점을 정확하게 인식했다. 유방이 중국 역사상 최고의 리더로 평가받는 까닭도 그의 남다른 인재관 내지 용인관 때문이다. 유방이나 공신들은 초한쟁패의 승리와 패배의 원인에 대해 그 나름의 인식을 보였다. 그러나 모두 인재에 대한 리더의 포용과 대우의 중요성을 강조한다. 유방이 다양한 인재를 초빙해 우대하고 이들의 능력과 지혜를 잘 활용했기 때문에 최후의 승리자가 되었다고 본 것이다.

황제로 즉위한 유방의 인재관은 지난날 인재를 직접 활용한 경험 등을 기반으로 더욱더 깊어졌다. 유방은 자신의 재위 말년에 반포한 조서에서 "내가 천자가 되어 천하를 다스린 지 벌써 12년이 되었다. 지금까지 나는 천하의 호걸, 선비, 현자, 대부와 함께 천하를 다스리고 나라를 안정시켰다"라고 회고했다.

높음은 낮음을 기초로 한다

유방이 중용한 많은 인재가 사회의 하층민 출신이었다. 가장 귀한 신분 출신이라고 할 수 있는 장량은 몰락한 귀족이었고 명장 한신은 유랑자였다. 맹장 주발은 북을 두드리고 악기를 불던 악사였고 번쾌는 개를 잡아 고기를 파는 백정이었다. 관영은 옷감 장사였고 누경은 마부였으며 진평은 떠돌이 유세가였다. 역이기는 몰락한 지식인이었고 경포는 죄인이었다. 바로 이런 사람들이 진한 교체기에 유방을 보좌해 천하 통일의 대업을 이룩했다.

유방은 서한 왕조를 건립한 후에도 이들에게 권력을 맡겨 나라와 백성을 다스렸고, 중국 역사상 최초로 평민 재상과 장수들이 나라를 다스리는 국면을 열었다. 이들이 함께 노력한 결과 유씨 천하는 일찍 안정을 찾았고, 붕괴된 사회 경제도 다시 활기를 찾았다.

유방의 네 가지 인재관

특별히 언급하고 싶은 것은 한고조 유방의 〈하주군구현조下州郡求賢詔〉라는 조서 반포다. 황제가 천하를 향해 공개적으로 인재를 구한다고 선포한 중국 역사상 거의 첫 사례이기 때문이다. 다음은 한고조 11년인 기원전 196년 2월에 발표된 조서의 내용이다.

> "무릇 왕 중에는 주 문왕을 따를 사람이 없고, 제후로는 제 환공을 능가할 사람이 없다. 이들은 유능한 인재를 기용해 이름을 남겼다. 그리고 현명하고 뛰어난 인재가 어찌 옛날 사람에게만 한정되리오? 주인이 인재를 맞아들이지 않으려 하니 인재가 어떻게 나오겠는가? 지금 짐은 하늘의 뜻을 받들어 천하를 통일했으니 후손들은 이룩한 대업을 대대손손 잇기 위해 종묘를 세워 제사를 받들기 바란다. 유능한 인재가 나에게 와서 나와 함께 천하를 평정했거늘 어찌 나와 함께 천하를 안정시키지 않을쏘냐? 현명하고 유능한 인재로서 나와 함께하겠다면 누가 되었건 짐은 그를 존중하겠노라. 이에 천하에 짐의 뜻을 알리노라."

> "어사대부는 상국에게, 상국은 제후 왕에게, 어사중은 군수에게 알려 각각의 관할 구역에 있는 유능한 인재를 추천해 나라를 위해 봉사하도록 하라. 이 성지는 각 기관에 보내라. 유능한 사람이 있는데도 추천하지 않은

경우가 발각되면 담당자에게 책임을 물을 것이다. 다만 늙었거나 병든 자는 추천하지 말라."

조서는 한고조 말년에 반포되었다. 이미 사회가 어느 정도 안정된 시기였지만 유방은 여전히 유능한 인재들을 갈망했다. 인재학이라는 각도에서 볼 때 유방의 이 조서에 나타난 다음 몇 가지 원칙은 대단히 중요하고 의미심장하다.

첫째, 무릇 왕업이든 패업이든 천하를 평정하든 안정시키든, 모두 인재가 있어야만 성공할 수 있다. 어느 경우든 인재가 결정적 요인이다.

둘째, 시대마다 요구되거나 그에 상응하는 인재들이 있기 마련이다. 강산은 인재가 나타나기를 기다리고, 장강의 뒤쪽 물이 앞쪽 물을 밀어내는 법이다. 뒷사람이 앞사람만 못하다는 법은 없다. 유방이 말한 "현명하고 뛰어난 인재가 옛날 사람에게만 한정되리오?"는 바로 그 뜻이다.

셋째, 인재를 기용해 그 재능을 발휘시키는 관건은 인재를 등용하는 자, 즉 리더에게 있다. 그렇지 않으면 아무리 뛰어난 인재라도 어찌 나올 수 있겠는가?

넷째, 인재의 선발은 반드시 제도화되어야 한다. 제도화란 시스템을 갖춘다는 뜻이다. 인재를 선발하는 정확하고 올바른 원칙과 기준이 마련되지 않으면 개인적인 관계가 개입되어 불만과 갈등을 일으킨다.

조서를 반포한 이듬해인 기원전 196년 한고조는 영포(경포)의 반란을 평정하고 돌아오는 길에 고향 패현을 지나게 되었다. 그는 술자리를 마련해 고향 사람들을 초청했다. 이 자리에서 고조는 깊은 감회에 젖어 〈대풍가大風歌〉라는 노래를 지어 직접 불렀다.

"큰 바람이 몰아치니 구름이 날아오르고
위엄을 천하에 떨치며 고향에 돌아왔구나.
어찌 하면 용맹한 인재를 얻어 천하를 지킬까?"

당시 유방은 만취했다. 그럼에도 그의 머릿속은 자신이 공명을 이룩해 이름을 날리고, 나아가서는 한 왕조를 오래도록 안정시키려면 책임이 무겁다는 생각, 아직 갈 길이 멀기 때문에 용맹한 인재를 얻어 함께 애쓰지 않으면 안 된다는 생각으로 가득했다. 〈대풍가〉를 부르며 인재를 갈망하던 고조는 이듬해인 기원전 195년, 임종을 앞두고 천하 안정의 중임을 주발 등에게 잘 안배한 다음 세상을 떠났다.

왕의 재목은 사람을 많이 가진 자다

당나라 때 시인 장게는 "분서갱유의 잿더미가 아직 식지 않았는데 산동에서 난이 터지니, 유방이나 항우나 원래 공부하지 않은 자들이었다네"라고 했다. 이는 인재를 등용하는 사람이 꼭 많은 지식이 많을 필요가 없다는 뜻이기도 하다. 많이 배우지 않더라도 능력 있는 인재를 제대로 기용해 그 재능을 활용할 줄 아는 사람이 큰 리더다. 유방은 이런 면에서 그 어떤 리더보다 뛰어났다.

실패의 원인을 분석하는 경우는 많아도 성공 원인을 분석하는 일은 드물다. 성공의 원인을 분석해 지속적인 발전의 동력으로 삼으면 큰 도움이 된다. 성공은 완성형이 아니라 현재 진행형이기 때문에 더욱 그렇다. 이런 점에서 유방의 삼불여는 자신의 성공 요인을 인재와 용인에서 찾은 번뜩이는 통찰력을 보여 주는 귀중한 역사적 사례가 아닐 수 없다.

훌륭한 목수는 좋은 연장을 쓰는 법이다. 마찬가지로 뛰어난 리더는 좋은 인재와 함께한다. 《노자》, 《장자》와 함께 도가삼서道家三書의 하나인 《열자》에 보면 "나라를 다스리는 어려움은 인재를 알아보는 데 있지 자신의 유능함에 있지 않다"라는 날카로운 지적이 눈에 박힌다. 리더는 자기 잘난 맛에 도취되지 말고 뛰어난 인재를 찾아 함께하라는 말이다.

인재 선발이 정확하지 않거나 용인이 실패하는 중요한 원인의 하나는 인간이 지혜로운 고등 동물이라는 사실을 왕왕 소홀히 하기 때문이다. 인간은 생동감 없는 기계가 아니다. 인간은 다른 모든 사물이 갖추지 못한 주관적 능동성을 갖고 있다. 모든 기술주의 사상을 인간에게 활용하면서 인간의 주관적 능동성을 고려하지 않으면 실패는 정해져 있다.

현대 인재학에 제시된 표어로 "인재는 데려다 쓰는 존재가 아니라 모셔 와 그 말을 따라야 하는 존재다"라는 문장이 있다. 인재는 대부분 자유로운 영혼이다. 자존심도 강하다. 그들을 기용하고도 장점을 살리지 못하면 언제든 떠난다. 리더는 적어도 특정 분야에서는 자신보다 훨씬 뛰어난 인재를 모셔올 줄 알아야 한다. '(내가) 세 사람만 못하다'는 유방의 '삼불여'는 오늘날 리더에게 꼭 필요한 리더십의 지점을 정확하게 가리킨다. 그것도 무려 2,200년 전에 말이다.

덕은 재능을 이끄는 장수와 같다

• 사마광의 덕행 •

"선비의 모든 품행 가운데 덕이 으뜸이다."

사유백행士有百行 이덕위수以德爲首.

-진수, 《삼국지》〈위지편〉

동양의 전통 사상에서 끝없이 등장하는 '덕'은 결코 추상적인 개념이 아니라 '많은 사람의 마음을 얻는다'는 실질적인 의미를 가진다. 이 부분을 조금 더 생각해 보고자 한다.

4세기 초반에 활동한 역사가 손성이 편찬한 《위씨춘추》에는 "사유백행士有百行, 이덕재선以德在先"이라 했고 뜻은 위 문장과 똑같다. 인재의 언행을 볼 때 무엇보다 덕을 중시하라는 지적이다. 전국 시대 초나라의 애국 시인 굴원은 '근심을 만나다'라는 뜻의 〈이소離騷〉라는 작품에서 "유능한 인재를 선발하고 중용하려면 법도를 따라야지 그것에서 벗어나서는 안 된다"라고 했다. 인재를 기용할 때 원칙이나 법도를 견지하라는 지적이다.

그렇다면 고대에 인재를 기용하는 용인의 원칙이나 기준은 무엇이었을까? 춘추 시대 제나라의 정치가 관중은 《관자》〈입정편〉에서 "군자가 살펴야 할 세 가지가 있다. 첫째는 덕이 그 자리에 합당한지, 둘째는 세운 공이 그 녹봉에 합당한지, 셋째는 능력이 그 벼슬에 합당한지이다. 이 셋은 다스림의 근본이다"라고 했다. 그러면서 관중은 덕과 공과 능력 이 셋을 '삼본三本'이라 했다. 근본적인 원칙이자 나라를 다스리는 근본적인 조건이라는 뜻이다.

삼본은 중국 고대사에 상당히 일찍, 전면적으로 나타난 인재 선발과 기용의 기준으로 소박하지만 상당히 실질적이다. 관중이 활동한 시기는 지금으로부터 약 2,600년 전인 기원전 7세기 초중반이다. 오랫동안 동양 사회에 적용되었다는 뜻이다. 물론 시대와 상황에 따라 구체적인 내용과 의미가 다소 다르기는 했다. 삼본의 내용과 의미를 탐구하면 다시 덕과 능력(재능) 그리고 공의 관계로 좁혀진다.

재능이 덕을 이기면
나라가 망한다

덕이란 그 사람의 도덕과 지조를 가리키는데 세계관, 성품, 사상 경향,

이상, 의지 및 하려는 일에 대한 동기와 목적 등을 포괄한다. 능력(재능)은 그 사람의 재주와 능력을 가리키는데, 이는 일에 대한 능력과 업무 수준, 지식 기초, 기능, 문제 해결력 및 건강한 신체 등을 포함한다. 공은 덕과 재능이 합쳐져 밖으로 드러나는, 말하자면 능력의 표현으로 덕과 재능을 발휘해 얻는 사업상의 성적이다. 이것이 바로 인재 선발과 기용 기준을 이야기할 때 일반적으로 '덕재겸비'를 거론하는 이유다.

덕재겸비는 덕과 재능이 똑같이 중요하다는 의미일까? 송나라 때의 유명한 역사가 사마광은 덕과 재능을 함께 살필 것을 주장하면서 그 순서를 구분해야 한다고 했다. 사마광은 이렇게 말한다.

"재능은 덕의 밑천이요, 덕은 재능을 이끄는 장수와 같다."

조금 더 풀어 보자면 덕은 재능에 기대어 발휘되고, 재능은 덕으로 이끈다는 뜻이다. 그래서 사마광은 "인재를 얻는 방법으로는 당연히 덕행이 먼저여야 한다"라고 했다. 인재를 선발하고 기용하는 원칙으로는 당연히 덕행을 맨 앞에 놓아 살피고, 재능은 반드시 덕을 근본으로 삼아야 한다는 뜻이다.

사마광은 한 사람이 그의 재능으로 좋은 일을 하느냐 나쁜 일을 하느냐는 도덕관념이 결정한다고 보았다. 그리고 나쁜 자의 능력이 클수록 그로 인한 결과가 엄중해진다고도 했다. 즉 나쁜 자에게 재주가 있으면 호랑이가 날개를 얻은 것과 같다는 뜻이다. 사마광은 덕과 재능을 겸비한 인재를 얻지 못하는 것은 소인이나 어리석은 자를 얻느니만 못하다고 생각했다.

덕과 재능을 연결한 사마광의 이런 관점은 춘추 시대 진晉나라의 대부였던 지백 요의 멸망이라는 역사적 교훈을 종합한 결과다. 지백 요의 아버지 지선자는 자신의 후계자를 선정하면서 재주만 중시하고 덕을 가볍게 여겼다. 바로 이 때문에 덕이 모자라는 지백 대에 와서 나라가 망했다. 이에 대해 사마광은 "지백의 멸망은 재주가 덕을 이겼기 때문이다"라고 명쾌하게 분석했다.

당초 지선자가 요와 다른 아들 소 중 누구에게 후계를 물려주느냐 하는 문제에 직면했을 때, 같은 집안 사람인 지과는 소를 세우라고 하면서 요를 반대했다. 지과는 요가 다섯 방면에서 다른 사람보다 재주가 뛰어나지만 덕은 소에 비해 한참 떨어진다면서, 만약 '정말 어질지 못한' 요를 세우면 지씨 집안은 틀림없이 망할 것이라고 예언했다. 하지만 지선자는 지과의 의견을 듣지 않았다. 아니나 다를까, 지백 요는 온갖 전횡을 일삼았고 결국은 자신은 죽고 나라는 망하는 화를 당했다.

역사가 주는 교훈과 계시는 참으로 심각하다. 역사라는 무대에서 남다른 학식과 재능을 가지고도 왜 누구는 만고에 명예를 떨치고, 누구는 그저 평범하게 사라지고, 누구는 악취를 풍길까? 대체 그 최후가 이렇게 갈라지는 까닭은 무엇이며, 어디에서 갈라지는 것일까? 굴원은 어떻게 그 숱한 시인 사이에서 우뚝 솟았을까? 세상에 둘도 없는 재주를 가졌던 히틀러는 왜 세상 사람 모두가 이를 가는 원수가 되었을까?

송나라 때의 명장 악비와 그를 해친 간신 진회를 보자. 문무를 겸비하고 지혜와 용기를 두루 갖춘 악비는 고군분투하며 전쟁터를 누볐다. 진회는 장원 급제해 조정의 정치와 정책을 주물렀다. 그런데 어째서 한 사람은 그 공명이 조국 산천과 나란히 기억되며, 다른 한 사람은 1,000년 동안 무릎을 꿇은 채 속죄하고 있을까?

역사의 페이지를 넘기면 그들의 행보와 업적을 발견하고 확인할 수 있다. 굴원의 이름이 청사에 영원히 기록된 까닭은 그가 조국을 사랑하고 백성을 사랑하며 죽는 날까지 그 마음이 변치 않았기 때문이다. 히틀러는 사사로운 야심 때문에 국민을 적으로 대했고 결국 천추의 오명을 스스로 썼다. 악비는 온몸이 부서지도록 나라와 백성에 충정을 다했기에 그 이름이 만고에 길이 전해졌다. 반면 진회는 자신의 부귀영화를 위해 나라와 충신을 팔고 백성을 해쳤다. 이 때문에 만고의 죄인이 되어 무릎을 꿇은 채 악비와 역사에 사죄하고 있다.

요컨대 역사에 공을 남기느냐 죄를 짓느냐를 가르는 분기점은 그들 각자의 도덕적 수양이라는 경계에서 갈라진다는 뜻이다. 온갖 재주를 다 가지고도 덕이 모자란 사람은 영웅이라는 칭호를 결코 얻을 수 없을 뿐만 아니라 왕왕 재능과 그 악취 나는 오명이 정비례한다. 오직 품성과 덕성이 고상한 사람만이 나라의 희망이요, 민족의 대들보가 될 수 있다.

인품이 없는 자는
제도와 조직을 파괴한다

옛 사람들이 제창한 도덕의 구체적 내용, 즉 봉건 사회의 덕은 오늘날 우리 시대에는 맞지 않는다. 하지만 그들이 논증한 재능과 덕의 관계에 대한 원칙은 여전히 큰 현실적인 의의를 갖는다. 어떤 사회든 발전하려면 다음의 세 가지가 필요하기 때문이다. 첫째는 과학적 이성이고, 둘째는 법과 규범이며, 셋째는 도덕이라는 알맹이다.

경제 역시 사회 현상의 하나고 사회는 인간들의 조합이다. 오늘날 조직이나 국가는 과학적 이성의 단계를 거쳐 법과 규범을 소환한다. 하지만 이는 어디까지나 제도가 만들어지는 일반적인 구조이자 층위이자 단계일 뿐이다. 경제 행위 역시 최종적으로는 인간의 도덕적 내용에 따라 설계되어야 하며 지금 우리는 이 단계를 걷고 있다. 과학 기술과 과학 기술의 혁명이 마지막으로 도달할 지점은 도덕에의 복종이며, 혁명은 자아를 찾는 것으로 귀결해야 한다. 따라서 도덕의 내용은 우리가 추구하는 공간이라고 해야 할 것이다.

개개인이 도덕을 수양하는 것도 대단히 중요하다. 도덕이라는 품성은 개인이 일을 대하는 근본 자세이며 기업이 인재에게 요구하는 기본이다. 아무리 높은 학식과 뛰어난 능력을 가지고 있어도 도덕이 좋지 않으면 기업에 아주 큰 손해를 끼치기 때문이다. 직원이 회사에 사기를 치고 고객에게 막대한 손해를 끼쳐 기업의 이미지를 망치는 일을 수시로 목격할 수 있다. 그래서 여론은 기업에게 사회적 책임을 다하라고 목소리를 높인다.

일본의 철도 회사인 세이부그룹의 초대 회장 쓰쓰미 야스지로는 고대 중국의 사상과 학설을 중시한 정치가이자 기업인이다. 야스지로는 인재를 대할 때 '학력이 중요한 것이 아니라 인품이 가장 우선이다'를 좌우명이자 원칙으로 삼았다. 그는 한 사람이 중요한 자리를 맡으려면 반드시 실용적인 재능, 사람으로서의 겸허함, 고상한 인품을 겸비해야 한다고 강조했다. 이런 관점은 충분히 본받을 필요가 있다. 기업은 자사의 이미

지와 발전을 위해 모셔 오는 인재에게 무엇보다 도덕적 인품을 요구해야 한다.

언행일치는 언제나 옳다

• 청 강희제의 원칙 •

"군자는 두루 많이 알되 힘써 지켜야 하고, 말은 신중히 하되 굳세게 행동해야 한다. 행동은 다른 이에 앞서고, 말은 다른 이에 뒤처져야 한다."
군자박학이잔수지君子博學而孱守之, 미언이독행지微言而篤行之. 행필선인行必先人, 언필후인言必後人.

-왕탁, 《증자전서》〈수업〉

중국 역사의 전성기에는 뛰어난 인재가 몰렸다는 공통점이 있다. 무제를 정점으로 문제-경제-무제에 이르는 한漢나라, 태종을 정점으로 태종-고종과 측천무후(무측천)-현종에 이르는 당나라, 강희제-옹정제-건륭제에 이르는 약 150년 청나라의 전성기는 모두 인재의 전성기였다. 이렇듯 여러 사람이 입을 모아 칭송한 전성기 제왕들의 인재관은 후대에 많은 교훈과 영감을 선사하기에 충분하다.

여기서는 청나라 전성기의 출발인 강희제의 인재관을 조금 더 상세히 알아보자. 강희제는 인재를 대단히 잘 다루는 수완가였다. 전문가들은 반세기가 넘는 강희제의 통치 시기에서 다섯 가지 인재관을 끌어냈다.

통치의 근간은 사람에게서 시작된다

첫째, 인재를 무엇보다 우선한 '인재지상人才至上'의 원칙이다. 강희제는 법률과 제도의 작용을 강조했는데, 인재의 작용은 더욱더 중시했다. 법률은 죽어 있는 것이고 사람은 살아 있는 존재로, 사람이 법률을 만들 수도 바꿀 수도 있으니 좋은 통치도 법이 아닌 사람에 달렸다는 것이다.

따라서 강희제는 《강희정요》에서 "나라는 인재의 등용을 중시해야 한다"라고 명시했다. 그러면서 "나라를 다스리는 사람은 반드시 사람을 다스려야 하며, 법치가 없다고 두려워할 것 없다"라고 했다. 다소 극단적인 면이 없지는 않지만 그가 그만큼 인재를 중시했다는 것만은 확실하다.

덕과 재능을 함께 갖추어야 비로소 쓸 만하다

둘째, '덕재겸비德才兼備'의 원칙이다. 강희제는 덕과 재능을 모두 갖춘 인재를 찾았다. 그러면서 재능보다는 덕을 앞세우면서 이렇게 말했다.

"인재를 논할 때는 반드시 덕을 기본으로 삼아야 한다. 재능보다 덕이 앞서야 군자라 하고, 덕보다 재능이 앞서면 소인이라 부른다. 짐은 사람을 볼 때 반드시 심보를 본 다음 학식을 본다. 심보가 선량하지 않으면 학식과 재능이 무슨 소용이 있겠는가?"

인재의 생각을 귀기울여 듣겠다

셋째, '납간초현納諫招賢'의 원칙이다. 강희제는 솔직한 의견을 받아들이고 유능한 인재를 불러 모았다. 인재 등용의 첫 번째 의미는 먼저 인재의 방략과 솔직한 주장을 받아들이겠다는 뜻으로, 그의 총명한 재주와 지혜를 나라를 위해 한껏 쓰겠다는 것이다. 이때 인재의 생각을 알기 위한 주요한 통로가 바로 인재의 솔직한 주장을 받아들이는 '납간'이다. 강희제는 대신들에게 늘 과감하게 자기주장을 하라고 했다.

강희 36년인 1698년, 강희제는 신하들에게 "나라의 대계와 민생 그리고 관리의 다스림과 관계된 정확한 견해는 즉시 밝히되 실행 여부는 조정에서 참작할 것이다. 그 주장이 타당하지 않더라도 언관은 그 죄를 묻지 않으며 (…) 짐에게 실수가 있더라도 솔직하게 말할 것이며, 짐 역시 절대 문책하지 않을 것이다"라는 생각을 밝혔다.

강희제는 대신들이 황제에게 자신의 견해를 과감히 밝히는 것을 꺼리는 이면에는 복잡한 이유가 있다는 것을 잘 알았으며, 결코 자신이 완전

무결하기 때문에 대신들이 침묵하는 것이라고 생각하지 않았다. 그는 신하들을 다음과 같이 비판했다.

"지금 황제가 잘났고 신하가 유능하고 딱히 할 일이 없다고 하는데, 어찌 나라에 일이 하나 없다고 할 수 있겠는가? 솔직한 충고를 바라는 것은 중요한 일이니 잘나고 못나고를 떠나 모두 각자 자신의 의견을 밝혀 채택에 대비해야만 비로소 정무에 도움이 될 것이다."

강희제는 신하들이 솔직한 의견을 개진하지 않는 원인을 분석하면서 "짐이 요즘 사람들을 관찰해 보니 만나는 이마다 아부하는 데만 신경을 팔고 있는데 걸음은 어떻게 똑바로 걷는지 모르겠다"라며 비꼬기도 했다. 이렇듯 간언에 대해 비교적 깨어 있는 의식을 보여 준 강희제는 언로를 활짝 열어 놓고 솔직한 충고를 받아들이기 위해 무던히 애를 썼다.

사소한 일에 과한 벌을 내리지 않겠다

넷째, '관이대인寬以待人'의 원칙이다. 인재를 너그럽게 대했다는 뜻이다. 강희제는 집정 이후 대신들을 죽이지 않겠다는 의지를 천명했고 재위 61년 동안 자신이 한 약속을 지켰다. 강희제는 명 태조 주원장 같은 황제들이 공신을 무참하게 살육한 사실에 큰 반감을 가졌기에 황제라면 신하가 잘못을 해도 너그럽게 대할 수 있어야 한다고 생각했다.

"신하를 대할 때는 반드시 너그럽고 인자해야 한다. 자질구레한 일 때문에 화를 내서는 안 된다. 사람은 재질에 따라 쓰면 되지 나무라는 마음을 가져서는 안 된다."

이것이 강희제의 기본 인식이었다. 강희제는 재위 50년이 되던 해에 자신의 과거를 뒤돌아보면서 이렇게 술회했다.

"짐은 어릴 때부터 책을 읽었지만 시종일관하는 대신은 많이 보지 못했다. 그래서 대신들을 손과 발처럼 대하겠다고 마음먹었다. 만주족이든 한족이든 몽고족이든 법이 용납하지 못할 정도로 지나치게 간사하거나 악한 사람을 제외하고는 모두 보호할 것이다."

재위 50년 동안 강희제는 대학사 20여 명을 등용했으며, 그중 장혁덕과 위주조 등 10여 명은 고향으로 명예롭게 퇴진했다. 강희제는 수시로 사람을 보내 이들을 위로하는 등 대우에 소홀함이 없었다. 그뿐만 아니라 강희제는 자신을 보좌한 인재들을 그리워하며 "짐이 옛 대신들을 생각해 보니 어떤 이는 벌써 세상을 떠났고 어떤 이는 은퇴했다. 이들을 생각하노라면 마음이 상하고 눈물이 난다"라며 눈시울을 붉히곤 했다. 이는 가식이 아니라 강희제의 진심에서 나온 말이었다.

잘한 자에게는 마땅한 상을 내리겠다

마지막 다섯째는 '종실고핵從實考核'의 원칙이다. 관리들의 실적을 제대로 살피려고 노력했다는 뜻이다. 강희제는 자신은 주로 궁중에서 생활하기에 외부의 일은 제대로 알 수 없다고 인정했다. 특히 전국 각지에 나가 있는 관리들의 업적에 우열을 평가하기가 힘들다고 보았다. 그래서 수시로 전국 각지를 순시해 관리들의 실적을 살피고 이를 통해 인재를 선발하려 애썼다.

한 일화로 강녕지부 우성룡이 청렴하다는 정보를 입수한 강희제는 강남을 순시하면서 그를 잘 살폈다. 하급 관리와 백성들에게 우성룡에 대한 평가를 청취해 입수한 정보가 정확한지 확인했으며, 이후 직접 우성룡에게 글을 보내 격려하면서 안휘안찰사로 발탁했다. 동시에 우성룡의 아버지를 불러 자식 교육을 잘 시켰다며 칭찬하고 상을 내렸다.

강희제에게는 관리를 조사하는 나름대로의 비결이 있었다.

"그가 정말 유능하다면 백성들에게 물었을 때 틀림없이 칭찬할 것이다. 유능하지 못하다면 백성들은 적당히 얼버무린다. 관리의 유능함은 이렇게 해서 가려낼 수 있다."

강희제는 억압적 분위기의 봉건 시대에 백성들이 자신들을 단속하는 관리에 대해 솔직하게 평가하기란 거의 불가능에 가깝기 때문에 백성들의 말에서 해당 관리의 업적이 어떤지 파악할 수 있다고 보았다. 이 일화에서 강희제의 신중함과 명석함을 엿볼 수 있다.

강희제의 인재관에서 가장 눈길을 끄는 대목은 인재 등용의 원칙 가운데 덕과 재주를 모두 고려하되 재능보다는 덕을 반드시 앞장세웠다는 점이다. 심보가 곱지 않거나 나쁜 사람은 아무리 뛰어난 재능과 학식을 갖고 있다 한들 무슨 쓸모가 있겠느냐는 강희제의 지적은 원칙도 없고 덕과 재능의 의미조차 가릴 줄 모르는 조직의 인사 작태를 비웃는 듯하다.

진정한 명의는 병이 들기 전에 고친다

• 사마천의 **예방** •

"성인이 병의 징후를 예견해 명의에게 일찌감치 치료받는다면 어떤 병도 고칠 수 있고 몸도 구할 수 있다. 사람들은 병이 많다고, 의원은 치료법이 적다고 걱정한다. 그래서 여섯 가지 불치병이 있다고들 한다. 첫째는 교만해 도리를 무시하는 불치병이며, 둘째는 몸(건강)은 생각 않고 재물만 중히 여기는 불치병이다. 셋째는 먹고 입는 것을 적절히 조절하지 못하는 불치병, 넷째는 음양이 오장과 뒤섞여 기를 안정시키지 못하는 불치병이다. 다섯째는 몸이 극도로 쇠약해져 약도 받아들이지 못하는 불치병이며 여섯째는 무당의 말을 믿고 의원을 믿지 않는 불치병이다. 이 중 하나라도 있으면 병은 좀처럼 낫기 어렵다."

-사마천, 《사기》〈편작창공열전〉

죽은 사람도 살려 낸다는 전국 시대의 신의神醫 편작은 "내가 아무리 뛰어난 의술을 가지고 있어도 환자가 의사를 불신하거나 쓸데없는 욕심을 부리면 병을 고칠 수 없다"라고 진단했다. 사마천은 편작의 전기인 《사기》 〈편작창공열전〉에서 편작의 입을 빌려 아무리 해도 고칠 수 없는 불치병의 종류와 환자의 행태를 지적했다.

놀랍게도 사마천이 지적한 여섯 가지 불치병 모두가 지금 우리 현실에 적용해도 하나 이상할 것이 없다. 현재 우리 사회 여러 분야를 보면 도저히 믿을 수 없는 말과 행동이 정신없이 쏟아져 나온다. '모두 어딘가 병든 것이 아닌가' 하는 생각마저 들 정도다. 일부는 도저히 고칠 수 없는 불치병처럼 보인다. 대부분 사마천이 첫 번째로 꼽은 '교만해 도리를 무시해' 나타난 정신상의 불치병이 아니겠는가?

불법의 예방
: 큰 상처부터 관리해야 곪지 않는다

전국 시대 조나라의 실권자 평원군 조승의 집에서 세금을 내지 않는 일이 발생했다. 평범한 세금 징수관에 불과했던 조사는 관련자 아홉 명을 잡아들여 법대로 처형했다. 평원군은 몹시 노해 조사를 잡아 죽이려 했다. 이에 조사는 평원군에게 이렇게 말했다.

"나라에 세금을 내지 않은 당신 집을 그대로 두면 법이 손상됩니다. (…) 귀한 몸인 당신께서 '공적인 일을 법처럼 받들면' 위아래 모두가 평안해지고, 위아래가 평안하면 나라가 강해지고, 나라가 강해지면 조나라는 튼튼해집니다."

조사는 평원군을 향해 공사를 구별하지 못하고 사리사욕을 채우면 법이 손상되고, 법이 손상되면 나라가 약해져 결국은 망할 텐데 그때도 부귀를 누릴 수 있겠느냐고 반문하면서 공적인 일을 법처럼 받드는 '봉공여법奉公如法'을 강조한 것이다. 평원군은 자신의 잘못을 싹싹하게 인정하는 것은 물론 조사를 요직으로 추천했다.

사마천은 리더의 자질 중에서도 무엇보다 엄격한 공사관公私觀, 공사 분별의 자세를 요구했다. 이것이 무너지면 조사가 지적한 대로 사리사욕에 몰두하고, 사리사욕은 법을 무력화하며, 법이 손상되면 결국 망국으로 간다고 진단했기 때문이다. 이는 단순한 진단이나 분석이 아니라 3,000년 역사를 깊이 통찰하고 내린 누구도 부인할 수 없는 결론이다.

그래서 사마천은《사기》〈염파인상여열전〉에서 전국 시대 조나라의 유명한 대신였던 인상여의 입을 빌어 "국가의 급한 일이 먼저이고 사사로운 원한은 나중이다"라고 했고, 〈한장유열전〉에서는 "천하를 다스릴 때 결코 사사로움으로 공적인 일을 어지럽히면 안 된다"라고 경고했다.

무치의 예방
: 모두 나의 공이라 착각하지 말 것

리더들의 또 다른 고질적 병폐로 부끄러움을 모르는 '무치無恥'를 들지 않을 수 없다. 리더의 무치는 따르는 자에게 절망을 준다. 더욱이 무치는 공사 분별을 깡그리 무시하기 때문에 그 폐해는 상상을 초월한다.

송나라 때의 성리학설을 담은 책 《성리대전》은 "사람을 가르치려면 반드시 부끄러움을 먼저 가르쳐야 한다. 부끄러움이 없으면 못할 짓이 없다"라고 했다. 자신의 언행이 남과 사회에 피해를 주는 것을 부끄러워할 줄 알아야만 그릇된 언행을 일삼지 않는다는 뜻이다. 그러기 위해서는 어려서부터 부끄러움이 무엇인지 가르쳐야 한다. 참으로 옳은 지적이 아닐 수 없다. 이 대목에서 계시를 받은 청나라 때의 학자 고염무는 한 걸음 더 나아가 "청렴하지 않으면 안 받는 것이 없고, 부끄러워할 줄 모르면 못할 짓이 없다"라고 말했다.

무치의 근원은 자신들만 크고 높다는 오만에서 비롯된다. 그래서 명나라 때 학자이자 시인인 이몽양은 자신의 문집인 《공동자》 〈논학〉에서 이렇게 진단했다.

"자기만 높다 하면 아랫사람이 없고, 아랫사람이 없으면 위험하다. 자기만 크다 하면 대중이 따르지 않고, 대중이 따르지 않으면 고립된다."

아무리 크고 높은 자리에 있어도 그것을 뒷받침하는 아랫사람과 대중의 지지가 없으면 사상누각이다. 특히 현재의 자신을 있게 한 근본과 어려울 때 자신을 도운 사람들을 잊고 잘난 척하면 사방에 적을 만드는 꼴이 된다. 때마다 치르는 각종 선거에서 표출되는 민심은 이몽양의 이 지적이 얼마나 정곡을 찔렀는지를 여실히 입증한다.

중국의 가장 오래된 시집인 《시경》은 "불괴우인不愧于人, 불외우천不畏于天"이라 했다. "사람에게 부끄럽지 않으면 하늘조차 무섭지 않다"라는 무시무시한 대목이다. 사람으로서 언행이 정정당당하고 떳떳하면 무엇도 무섭지 않다. 예로부터 동양에서는 '괴愧'라는 글자를 척도로 삼아 자신의 언행을 점검하곤 했다. 지식인이나 리더는 특히 그랬다. 심지어 괴를 문명의 척도로까지 생각했다.

잘못은 부끄러움이라는 마음의 소리를 들을 때 제대로 알고 고칠 수 있다. 명말 청초의 혁신 사상가 선산 왕부지는 배움과 실천의 관계에 대해 "배우기는 쉬울지 몰라도 좋아하기란 어렵고, 행하기는 쉬울지 몰라도 꾸준히 하기란 어렵고, 부끄러움을 느끼기는 쉬워도 왜 부끄러운가를 알기란 어렵다"라고 말했다. 이것이 바로 호학好學, 역행力行, 지치知恥 3자의 관계인데 왕부지는 그중에서도 지치를 특별히 강조했다.

누구든 언행에 대해 비판과 질책을 받으면 이내 부끄러움을 느낀다. 그런데 대개는 그 부끄러움으로 자신의 언행을 바로잡는 데까지 연결하지 못하고, 오히려 자신을 나무라는 사람들을 원망하고 증오하는 적반하장의 반응을 보인다. 이것이 바로 왕부지가 말한 "부끄러움을 느끼기는 어렵지 않지만 왜 부끄러워해야 하는지를 알기란 어렵다"의 의미다. 부끄러움을 회복하지 않으면 누가 되었건 미래는 없다.

부패의 예방
: 윗물이 맑아야 아랫물도 맑다

지금 우리 사회의 법체계가 엉망이 되었다. 법이 지켜지지 않는 것은 물론 법을 악용하고, 법에 종사했던 자들이 그 법으로 나라를 문란하게 만들고 있다. 이런 현상은 정도는 차이는 있어도 예나 지금이나 비슷했다. 문제의 핵심은 그렇게 법을 문란케 한 결과, 즉 망국에 있다.

전국 시대 진秦나라의 천하 통일을 위한 기반을 다진 불세출의 개혁가 상앙은 법이 지켜지지 않고 문란해지는 원인을 명쾌하게 진단했다.

"법이 지켜지지 않는 것은 위에서부터 법을 어기기 때문이다!"

공직자와 정치가들의 도덕성이 추락한 지 오래다. 법을 들먹일 필요조차 없을 정도다. 나라의 미래가 밝지 않은 것도 윗물이 형편없이 흐리기 때문이다. 《송사》〈악비전〉에 따르면 송나라 시대 구국의 영웅이었던 명장 악비는 천하가 언제 어떻게 하면 평안해지겠느냐는 물음에 이렇게 대답했다고 한다.

> "문신은 돈을 사랑하지 않고, 무신은 죽음을 아끼지 않으면 천하는 태평해질 것이다!"

무슨 말이 더 필요하겠는가? 춘추 시대 진晉나라 때 사람 유송이 무제에게 올린 글에 보면 이런 대목이 있다.

> "공공을 위해 최선을 다하는 것은 정치의 기본이요, 사욕을 심는 것은 혼란의 근원이다."

청렴의 대명사인 송나라 때의 판관 청천 포증은 부패한 관리를 기용하지 말 것을 부탁하는 상소문 〈걸불용장리乞不用贓吏〉에서 이렇게 말했다.

"청렴은 백성의 표본이요, 탐욕은 백성의 도적이다."

포증은 공사를 가르는 기준을 탐욕으로 보았다. 사마천이든 악비든 의식 있는 사람들은 누구나 모두 사리사욕을 버리고 공사를 확실하게 가릴 줄 아는 기본기를 주문한다. 그것이 나라의 존망과 직결됨을 너무나 잘 알고 있었기 때문이다. 또 반고가 저술한 역사서 《한서》 〈가의전〉을 보면 한漢나라 때 정치가이자 문장가였던 가의는 이런 말을 남겼다.

"나라가 있어 집을 잊을 수 있고, 공적인 일이 있어 사적인 것을 잊을 수 있다."

이상은 모두 공사 구별의 기본을 강조한 쓴 소리다. 이런 쓴 소리들을 부끄러운 마음으로 받아들이는 것이 리더가 되기 위한 최소한의 자격을 갖추는 길이다.

문제를 해결하기보다 예방하는 리더가 되어라

민간에 전하는 편작(일설에서는 《삼국지연의》에 나오는 명의 화타라고도 한다)과 관련된 다음 일화는 우리 사회가 앓고 있는 중병들을 어떻게 치유해야 하는지에 대한 시사점을 던진다.

하루는 위魏나라 군주가 편작에게 "당신 삼 형제는 모두 의술에 정통하다는데 대체 누가 가장 의술이 뛰어나오?"라고 물었다. 편작은 뜻밖에 대답을 했다.

"큰형님이 가장 뛰어나고, 작은 형님이 그다음이며, 제가 가장 떨어집니다."

위왕은 이해가 가지 않는다는 듯 다시 "그렇다면 어째서 당신의 명성이 가장 뛰어나단 말이오?"라고 물었다. 이에 편작은 형제들이 가진 의술의 특징을 설명하며 다음과 같이 대답했다.

"큰형님의 의술은 병의 증세가 나타나기 전에 치료하는 것입니다. 사람들이 잘 모르는 사이에 형님은 병의 원인을 사전에 제거합니다. 그러다 보니 그의 명성이 외부로 전해질 수가 없지요. 그리고 작은 형님의 의술은 병의 초기 증세를 치료하는 것입니다. 사람들은 그저 가볍게 치료했다고 생각하기 때문에 그 명성이 마을 정도에 머물 뿐이지요. 저는 주로 중병만 치료합니다. 사람들은 제가 맥에다 침을 꽂고 피를 뽑고 피부에 약을 붙이고 수술을 하는 등 법석을 떨기 때문에 제 의술이 뛰어나다고 여기는 것입니다. 그러니 제 명성이 전국에 알려질 수밖에요."

"달무리가 서리면 바람이 불고, 주춧돌이 축축하면 비가 온다"라는 속담처럼 인간사가 대개 그렇듯 일의 과정에는 징후라는 것이 있기 마련이다. 또 많은 경험을 통해 그 징후를 예견하기도 한다. 그래서 보통 사람은 경험에서 배운다고 하지 않던가? 하지만 그보다 더 필요한 것은 경험하기 전에 일의 기미와 징후를 살펴 대비하는, 다시 말해 예방하는 능력을 갖추는 일이다. 더욱이 현재 진행되는 일에는 다가올 일의 징후가 내재되어 있다는 점도 명심해야 할 것이다.

편작이 말하는 명의의 조건은 단지 의술에만 해당하지 않는다. 정치, 경영, 조직 모두에 해당하는 지극히 상식적인 지적이다. 문제는 이를 무시하는 우리의 무감각과 독선이다. 이제 우리는 부끄러움을 회복해 사리사욕과 탐욕을 털어 내고, 이를 바탕으로 공사 분별의 기본기를 갖추어서 조직의 미래를 위해 심기일전해야 한다. 이것이 개혁이다. 역사는 준엄하게 경고한다. 이를 해내지 못하거나 거부한 나라와 조직 그리고 기업은 역사에서 예외 없이 퇴출당했다는 것을.

한 사람의 이익을 위해 천하가 손해 볼 수 없다

• 요임금, 인상여, 관중의 공심 •

"사적 원한이 공적인 일에 개입되어서는 안 되는 바, 좋아한다고 해서 잘못을 감출 수 없고, 미워한다고 해서 잘한 행동을 없앨 수 없다."

사구불급공私仇不及公, 호불폐과好不廢過, 오불거선惡不去善.

-여불위, 《여씨춘추》〈거사〉

거사去私란 '사욕이나 사심을 제거하라'는 뜻이다. 국가와 기업을 비롯한 모든 조직을 건전하게 유지하기 위한 가장 중요한 요인을 들라면 망설임 없이 '공사 구분'을 들겠다.

공사 구분을 할 수 있느냐 없느냐의 문제는 인간의 이기적 본능과 관련되기 때문에 더더욱 중요하다. 개인의 이기심이 극대화되면 탐욕으로 변질되고 모든 일을 사리사욕을 앞세워 처리한다. 탐욕에 뿌리를 둔 사리사욕은 많은 사람을 끌어들여 해친다. 탐욕과 사리사욕이 집단화되면 개인뿐만 아니라 집단 전체가 부패하고, 나아가 인간으로 지켜야 할 최소한의 도덕과 윤리도 깡그리 무시당한다. 이로 인해 조직과 나라가 망한 사례는 수도 없다.

역사상 많은 사람이 사심을 억제하는 일에 큰 힘을 기울였다. 이에 공사 구분을 실천한 몇 가지 사례를 통해 개인의 욕심이 가지는 의미와 중요성을 생각해 보려 한다.

통치를 잘한다면 누구나 왕이 될 수 있다
: 요임금의 선양

중국 역사상 최고의 성군으로 꼽히는 요임금(생몰 미상)은 통치 말기에 후계자를 물색했다. 《사기》의 첫 권인 〈오제본기〉에 실린 대목을 한번 보자.

요가 "장차 누가 내 일을 계승할 수 있겠는가"라고 묻자 방제라는 신하가 "적장자 단주가 사리에 밝고 명석합니다"라며 요임금의 아들 단주를 거론했다. 그러자 요임금은 "아니오! 그 아이는 덕이 없고 다투기를 좋아해 쓸 수가 없소"라며 다른 사람을 추천하라고 했다. 환두가 공공을 추천했지만 공공은 말만 번지르르하고 행동은 바르지 못하다며 다시 추천을 받았다. 우여곡절 끝에 당시 가장 큰 문제였던 황하의 홍수를 다스릴 치수 사업의 전문가로 곤이 요임금의 한 차례 거부했다가 다시 추천을 받아 기용되었다. 그러나 그 역시 9년이 지나도록 성과를 내지 못했다.

재위 70년에 접어든 요임금은 다시 신하들에게 후계자를 추천받았고, 마침내 민간의 홀아비 순이 발탁되었다. 요는 순에게 자리를 순조롭게 물려주기 위해 두 딸을 시집보내 순의 덕을 살폈고, 나라 안팎의 일을 차례대로 맡겨 그의 통치력을 시험했다. 순은 실질적인 임금의 역할을 약 20년 동안 해냈고 요는 죽기 전에 완전히 자리와 권력을 이양했다.

이를 역사에서는 '가장 이상적인 권력 이양'이라는 뜻의 '선양禪讓'이라 부른다. 요임금은 순에게 권력을 이양할 당시를 회고하면서 순에게 권력을 넘겨준 이유를 설명했다.

"순에게 넘겨주면 천하가 이롭고 단주만 손해를 보면 되지만, 단주에게 넘겨주면 천하가 손해를 보고 단주 한 사람만 득을 보기 때문이다."

그러면서 요임금은 이렇게 단호히 일갈했다.

"천하가 손해를 보면서 한 사람을 이롭게 할 수는 결코 없다!"

그리고는 끝내 순에게 천하를 넘겨주었다. 순 임금은 서른에 요에게 발탁되어 쉰에 천자의 일을 섭정했고, 쉰여덟에 요가 세상을 뜨자 삼년상을 지낸 다음 61세에 요를 이어 정식으로 제위에 올랐다. 그리고 그 역시 치수 사업을 성공적으로 이끈 우에게 정권을 넘기고 17년 뒤에 세상을 떠났다.

이상이 수천 년 동안 찬양받은 상고 시대 이상적인 권력 이양 방식인 선양의 고사다. 이 고사의 키워드는 누가 뭐라 해도 '공사 분별'이다. 요임금은 확고한 공사 분별의 자세에 입각해 단호한 어조로 자기 아들 한 개인의 이익을 위해 천하가 손해 볼 수 없다고 잘라 말한 것이다.

일의 경중을 나누어 갈등을 피하라
: 인상여와 염파의 문경지교

기원전 3세기 초, 전국 시대 조나라는 서방의 초강대국 진秦나라의 세력 확장을 막는 방파제 역할을 힘겹게 해내고 있었다. 당시 이 두 나라를 실질적으로 이끈 인물은 백전노장 염파와 외교관 인상여(생몰 미상)이다.

염파는 평생 수많은 전투를 치르면서 조나라를 지탱한 무장 중의 무장이었다. 반면 인상여는 어느 날 갑자기 등장해 진나라의 무리한 요구를 훌륭한 언변과 용기로 막아 내고 외교로 조나라의 위신을 지켜 낸 공으로 파격적인 승진을 거듭했다. 숱한 난관을 헤치며 많은 공을 쌓은 염파는 이런 인상여가 못마땅했다. 그래서 툭하면 '언젠가 인상여를 만나면 혼쭐을 내 주겠다'며 큰소리치고 다녔고, 인상여는 이런 염파를 계속 피했다.

인상여 집안의 식객과 노비들은 자기 주인이 염파에 비해 조금도 떨어질 것이 없는데도 주인이 염파를 피하는 것에 불만을 품었다. 그러자 인상여는 그렇지 않아도 나라 사정이 어려운데 자신마저 염파와 다투었다가는 나라를 멸망으로 이끌지 모른다며 자신이 염파를 피하는 진심을 털어놓았다. 이 말을 전해 들은 염파는 소인배처럼 인상여를 시기하고 질투한 자신이 부끄러워 한쪽 어깨를 드러낸 채 가시를 짊어지고 인상여를 찾아가 잘못을 사죄했다. 이후 두 사람은 생사를 같이하는 친구가 되었다. 여기서 '문경지교刎頸之交'라는 유명한 우정의 대명사가 탄생했다.

인상여는 식솔들에게 당시 풍전등화의 위기에 처한 상황에서 조나라를 지탱하는 염파와 자신이 갈등하고 싸우는 것은 "호랑이 두 마리가 엉켜 싸우는 것과 같아 둘 다 치명상을 입을 수밖에 없다"라고 했다. 또 "나라의 급한 일이 먼저이고 사사로운 원한은 나중이다"라고 덧붙였다. 여기서 우리에게도 너무나 친숙한 '선공후사先公後私'라는 성어가 생겨났다.

'목숨을 내놓아도 아깝지 않은 우정'이라는 뜻을 가진 문경지교의 고사를 관통하는 키워드 역시 '공사 분별'이다.

사적인 은혜를 공적으로 보답하지 않는다 : 관중과 포숙의 관포지교

감동적인 우정을 나타내는 또 하나의 고사성어 '관포지교管鮑之交'도 단순히 우정 이야기가 아니다.

당시 제나라의 혼란스러운 정치적 상황에 때문에 각기 다른 주군을 모셨던 관중(?~기원전 645)과 포숙은 어쩔 수 없이 군주 자리를 다투는 관계가 되었다. 결국 포숙이 모신 환공이 승자가 되어 제나라의 군주로 등극했다. 이 과정에서 관중은 자신이 모시는 공자 규를 군주로 만들기 위해 환공을 활로 쏘아 죽이려 했다. 그러나 화살이 환공의 혁대를 맞추는 바람에 실패했고, 이 일로 환공은 관중에게 깊은 원한을 품고 관중을 잡아 온몸을 찢어 젓갈을 담그겠다며 이를 갈았다.

관중의 친구는 포숙은 관중의 목숨을 살렸을 뿐만 아니라 자신에게 돌아올 재상 자리를 관중에게 양보하는 참으로 고귀한 양보 정신을 발휘했다. 이후 관중은 무려 40여 년 동안 재상 자리를 지키면서 제나라의 국정을 이끌었고 제나라는 부민부국富民富國을 이룩했다.

견마지로犬馬之勞를 다한 관중이 중병이 들자 걱정한 환공은 문병차 관중을 찾아 관중의 후임을 의논했다. 누구나 포숙을 추천할 것으로 예상했지만 관중은 놀랍게도 포숙을 추천하지 않았다. 소인배들이 포숙에게 관중의 처사에 불만을 터트리며 이간질하자 포숙은 "내가 사람 하나는 잘 보았다. 내가 그러라고 그 사람을 그 자리에 추천한 것이다"라며 소인배들을 물리쳤다. 이 얼마나 감동적인 공사 분별의 자세들인가!

관중은 그의 이야기를 기록한 책 《관자》〈임법편〉에서 이렇게 말했다.

> "누군가를 좋아한다고 해서 사사로운 정으로 상을 내려서는 안 되며, 누군가를 미워한다고 해서 사사로운 원한으로 벌을 내려서는 안 된다."

그러면서 원칙과 법으로 일에 임해야 한다고 강조한다. 나아가 관중은 《관자》〈추언편〉에서 사사로운 애정과 시혜가 증오와 원한의 원인이 될 수 있다고 지적한다.

> "사사로운 애정은 왕왕 미움과 원한의 출발점이 되며, 사사로운 은혜 또한 왕왕 원망의 뿌리가 된다."

애정이든 은혜든 균형을 찾지 못하면 제삼자의 원망을 산다. 내가 애정과 은혜를 베풀었는데 돌아오는 것이 만족스럽지 않을 때도 상대방을 원망하는 마음이 생긴다. 다 사사로운 마음에서 애정과 은혜를 베풀고 받았기 때문이다. 특히 위정자가 사사로운 인연에 매여 공정심을 유지하지 못하면 나랏일 전체가 흔들린다. 나라를 이끌 인재를 기용하는 인사 문제에서는 더 그렇다. 역사는 여실히 보여 준다. 모든 권력과 정권의 성패가 공사 구분에 달려 있었다는 사실을. 멀리 갈 것도 없이 우리 지난 정권들의 처절한 실패의 근본적인 원인이 어디에 있는가를 보면 된다.

역사는 잘 보여 준다. 성공한 리더는 공사 구분에 엄격했고, 그것을 기초로 나라가 발전했다는 사실을. 우리 사회 병폐의 뿌리를 파고들면 예외 없이 공과 사에 대한 무분별, 즉 사사로운 욕심과 만난다. 사욕이 나라와 국민을 병들게 만드는 것이다. 관포지교의 고사는 권력자와 정권에게 철저한 공사 분별의 정신만이 백성과 나라를 부강하게 만든다는 사실을 감동적으로 전한다.

조직의 발전을 위한 첫걸음, 공심

사마천은 《사기》 첫 권에서 가장 이상적인 성군, 즉 성스러운 통치자의 모습을 생생히 그린다. '성군聖君'에서 '성聖'은 '耳+口+王'의 세 글자를 합성한 것이다. 쉽게 설명하면 '백성의 목소리에 귀를 잘 기울이고 말은 가려서 하는 임금'이 성군이라는 뜻이다. 사마천은 이런 통치자를 두고 "사리 분별에 밝다"라고 말한다. 민심을 제대로 헤아리고 함부로 말하지 않는, 사리 분별에 밝은 통치자가 공사를 분별할 수 있다는 것이다. 요임금이 그랬고 순임금이 그랬다. 그런 통치자를 성군으로 보았다.

요와 순이 역사상 실존 인물인지 아닌지의 문제가 아니다. 사마천은 사리분별에 밝고 그것을 기초로 공사 분별을 실천할 줄 아는 통치자에 대한 자신의 소망을 요와 순임금에게 투영했을 뿐이다. 그런 통치자라야 백성과 나라를 제대로 이끌 수 있다고 보았기 때문이다.

공사를 분별하라는 말은 무조건 사심을 버리라는 뜻이 아니다. 공公을 먼저 고려하는 공심公心을 확립하라는 뜻이다. 성군 요임금인들 아들에게 자리를 물려주고 싶지 않았을까? 사심이 터럭만큼도 없었을까? 포숙인들 제나라 재상 자리에 눈곱만큼도 욕심이 없었을까? 인상여는 자신의 마음을 몰라주며 자신을 헐뜯고 다니는 염파에게 전혀 섭섭함이 없었을까? 이들은 그런 사사로운 감정은 뒤로 미루고 백성과 나라를 위하는 마음, 즉 공심을 앞세웠고 그것을 몸소 실천했을 뿐이다.

공사 분별의 실천은 노블레스 오블리주를 이끌어 낸다. 즉 공사를 구분한 리더는 백성들의 존경을 받아 고귀한 인격의 소유자로 거듭나고, 그 존경과 고귀함을 다시 백성을 위한 노력과 봉사로 되돌려 공인의 의무를 다하게 된다.

지금 우리 사회를 온통 뒤엎은 소위 힘 있는 자들의 사사로운 욕심, 즉 사욕과 탐욕의 문제를 뿌리 뽑지 않으면 우리의 미래는 없다. 국민의 냉정한 판단과 선택만이 이 문제를 풀 수 있는 해답이 된다. 단단히 각오해 공사 분별의 자세를 확실하게 되찾아야 한다.

달다고 다 삼키지 말고 쓰다고 다 뱉지 말아라

• 구양수의 안목 •

"순임금을 총명한 성자라고 칭하는 이유는 군자와 소인을 분별할 수 있었기 때문이다."

이칭순위총명지성자而稱舜爲聰明之聖者 이기능변군자여소인야以能辨君子與小人也.

-구양수, 〈붕당론〉

구양수(1007~1072)는 북송의 저명한 정치가이자 문학가로 자는 영숙永叔이다. 그는 스스로를 '술에 취한 노인'이라는 뜻의 '취옹' 또는 자신이 좋아하는 거문고와 책 등의 다섯 가지와 자신의 몸이 하나라는 뜻의 '육일거사六一居士'로 칭했다. 인종(연호는 경력) 때 진사에 급제해 간관에 임명되었고, 후에 참지정사에 이르러 조정의 기밀 업무에 참여했다.

구양수는 용인 문제를 중요하게 생각했다. "아하! 흥망과 성쇠의 이치는 하늘의 뜻이라 하지만 어찌 사람의 작용이 없으리오"라고 할 만큼 그는 인사 문제, 즉 유능한 사람을 등용하고 간사한 무리를 몰아내는 일이 하늘의 뜻보다 더 중요하다고 보았다. 그 생각이 잘 드러난 구양수의 〈붕당론朋黨論〉을 중심으로 사심 없이 인재를 추천한 일화와 인재관을 살펴보자.

나와 사이가 멀 뿐
능력이 모자란 자는 아니다

송 왕조 인종 집권기에 구양수는 이미 원로였다. 그러나 여전히 조정의 용인 문제에 관심을 가지고 붕당이나 멀고 가까운 관계를 억지로 피할 것이 아니라 유능한 인재를 기용하는 데 힘을 기울여야 한다는 입장을 견지했다. 신종 때 구양수는 조정에다 글을 올려 세 명의 유능한 인재를 추천했는데, 이 세 사람 모두가 구양수와 감정이 좋지 않았던 인물이었다는 사실이 눈길을 끈다.

치열한 논쟁을 벌인 사마광

먼저 사마광이다. 사마광은 황제 계승과 황제의 친부에 대한 호칭 문제로 야기된 이른바 복의濮議 사건 때 구양수와 반대 입장을 고수한 인물이다. 1065년 영종이 자신의 친부인 복왕 조윤양에게 시호를 내리려 한 것이 발단이 되어 한바탕 논쟁이 벌어졌다. 구양수는 황제의 친부인 만큼 복왕으로 존중하고 아버지로 불러야 한다고 주장했다. 반면 사마광은 영종이 이미 인종의 양자로 입양되어 황제 자리를 이었기 때문에 친부를 아버지로 불러서는 안 된다고 주장하며 구양수가 망령된 논리로 군주를 홀리려 한다고 비난했다. 이 일로 구양수와 사마광의 사이는 벌어졌다.

자신을 유배 보낸 여공저

다음으로는 여공저다. 그는 '경력신정慶曆新政(범중엄 등이 주도한 개혁 정치)' 때 구양수와 범중엄을 붕당으로 몰아 공격해 구양수를 유배당하게 만들었다. 그러나 시간이 흐른 뒤 구양수는 과거의 원한을 잊고 여공저의 재능을 인정했다.

비하의 말을 서슴지 않은 왕안석

마지막은 왕안석이다. 왕안석은 구양수의 후배다. 일찍이 혈기왕성한 청년 시절 왕안석은 친구의 소개로 당대 최고의 문장로 손꼽히는 구양수를 만났는데 구양수를 인정하지 않는 태도를 보였다. 그 뒤 다시 구양수를 만났을 때는 시를 한 수 지어 보였는데, 그 내용인즉 자신은 맹자와 같은 재능과 뜻을 가지고 있고 구양수는 당 왕조 때의 한유 정도에 지나지 않는다는 것이었다. 자부심이 지나치다 못해 큰 실례인 행동이었지만 구양수는 전혀 개의치 않았을 뿐만 아니라 오히려 왕안석이 특별한 인재라고 했다.

이 세 명은 모두 자신과 입장이 다른 사람들이었지만 구양수는 유능한 인재를 추천할 때 멀고 가까운 관계를 따지지 않았다. 이는 그가 제기한 붕당론이 공허한 이론이 아닌, 실천과 결합된 설득력 있는 인재론이라는 것을 입증한다.

정치가와 지식인이 다른 사람, 특히 자신과 라이벌이 될 만한 사람을 인정하기란 결코 쉽지 않다. 지식인은 그 속성상 정도의 차이는 있지만 오만함을 먹고 사는 존재이기에 더 그렇다. 물론 역사상 이런 평균적 지식인의 모습을 넘어선 한 차원 높은 의식을 보여준 지식인도 적지 않다. 구양수도 그런 사람 가운데 한 명이다. 오늘날 자신의 이름과 학문을 싸구려로 파는 매명賣名에만 매달리는 많은 지식인과 천박한 지식을 그럴듯하게 치장해 권력을 향해 눈웃음치는 사이비 지식인들의 행태와 비교하면 구양수의 행동은 고귀하기까지 하다.

군주는 군중에서
군자를 찾아내야 한다

인종 경력 3년인 1043년, 참지정사 범중엄 등은 송이 직면한 정치·경제적 모순을 해결하기 위해 경력신정이라는 개혁 정치를 제안했다. 이 개혁에는 '상과 벌을 명확히 해 요행을 바라는 심리를 배제하고, 과거와 관리 선발에 세심한 주의를 기울이고 나라의 땅에 대한 세금 징수를 고르게 해야 한다'는 내용이 들어 있었다. 대신 부필도 비슷한 건의를 제출했는데, 조정의 일부 말 많은 무리가 이를 빌미로 범중엄 등이 붕당을 만든다고 아우성을 쳤다. 의심이 많았던 인종은 범중엄 등을 처벌하기로 결정했다.

당시 간관이었던 구양수는 범중엄 등에게 붕당이라는 죄를 씌워 처벌하는 것에 극구 반대했다. 구양수는 몇 차례에 걸쳐 "두연, 부필, 한기, 범중엄 등은 천하가 알아주는 유능한 인재들로 그들이 무슨 죄를 지었다는 이야기를 들은 적이 없다"라며 인종에게 직간했다. 또 〈붕당론〉이라는 글을 써서 사람마다 친구가 있기 마련인데 군자는 공명정대한 도로 친구를 사귀고 소인배는 이해관계로 친구를 사귄다고 지적하면서 군자들 간의 사귐은 보호해 주어야 한다는 논리를 제기했다.

〈붕당론〉은 나아가 용인 사상에 참신한 내용을 주입한 글이기도 했다. 이 글에서 구양수는 이렇게 말했다.

> "붕당론은 옛날부터 있었는데 다행히 군주가 군자와 간신을 구별하면 그만이다. 무릇 군자는 군자끼리 같이 모이고, 소인은 소인끼리 같이 모이니 이는 자연스러운 이치다."

붕당을 이루는 것은 결코 나무랄 일이 아니며, 관건은 군자와 소인을 가릴 수 있느냐에 달려 있다는 것이었다. 소인배 친구는 진정한 친구가 아니라 위선적 친구다. 그 까닭을 구양수는 다음과 같이 분석한다.

> "소인배가 좋아하는 것은 이익이요, 탐내는 것은 재물이다. 공동의 이익을 놓고 잠시 무리를 끌어들여 친구로 삼는 것은 위선이다. 그래서 이익

을 눈앞에 두면 달려들어 다투거나 이익이 사라지면 서로 멀어진다. 심지어는 서로를 해치는 데 형제 친척이라도 인정사정없다. (…) 군자는 그렇지 않다. 군자는 도의와 충성 그리고 신의를 지키고자 하며 명예와 절개를 중시해 자신을 수양하기 때문에 같은 길을 걸으면 서로에게 이익이 된다. 나라를 다스릴 때도 한마음으로 서로를 끝까지 돕는다. 이것이 군자의 붕당이다. 따라서 군주는 소인배들의 위선적 붕당을 물리치고, 군자의 진정한 붕당을 기용하면 천하를 얼마든지 다스릴 수 있다."

구양수는 역사의 경험과 교훈을 예로 들면서 "주 무왕의 신하 3,000명이 전부 하나의 큰 붕당이었기에 주 왕조가 흥성했고, 동한 헌제는 천하의 이름난 지사들을 '당인黨人(붕당)'으로 지목해 전부 가두었기에 한 왕조가 크게 혼란에 빠지고 황건 봉기가 일어났던 것"이라고 말했다. 동한은 뒤늦게 이를 깨닫고 당인을 풀어 주었지만 때는 이미 늦었다. 당 말기 소종 때 조정의 명사를 전부 죽이거나 황하에 던졌는데, 당 왕조는 그로부터 얼마 후 완전히 망가져 패망했다.

사람을 쓰는 용인 문제를 붕당에서 출발해서는 안 된다. 당연히 유능한 인재를 기용하는 것에서부터 시작해야 한다. 그러면 유능한 군자들이 서로 붕당을 지을 것이고 이들을 기용하면 나라는 흥성할 수 있다. 무조건 붕당이 나쁘다며 억압한다면 나라는 쇠퇴할 수밖에 없다. 구양수의 논리는 상당히 심오하고 설득력이 넘친다. 그러나 인종은 그의 충고를 듣지 않고 구양수마저 붕당으로 몰아 배척했다.

군자들의 모임은 사회에 유익하지만 소인배 무리는 나라를 망친다. 구양수는 의리와 이익을 경계선으로 삼아 군자와 소인을 구별했지만 오늘날 가치관에서는 군자도 굳이 이익을 외면할 필요가 없다. 정당하게 얻으면 될 뿐이다. 자신과 세상 모두에 좋은 이익은 결코 모순되지 않는다.

우리 사회는 오랫동안 당파 문제에 알레르기 반응을 보였다. 조선 시대 당파가 남긴 부정적 영향 때문이다. 이런 점에서 구양수의 붕당론은 참고할 가치가 크다. 당쟁이라는 역사적 콤플렉스에서 벗어날 방법을 제시하기 때문이다. 무리를 짓되 건전하게 나와 조직 모두에 이익이 될 수 있는 방향으로 이끌 수 있으면 된다. 이것이 역사의 힘이다.

부국과 망국은 제왕의 자질에 달렸다

• 역사가 정리한 **유능함** •

"유능한 사람을 임용하면 다스려질 수밖에 없고, 못난 자를 기용하면 어지러워질 수밖에 없다."

임현필치任賢必治, 임불초필난任不肖必難.

-사마광, 《자치통감》 〈한기〉

제왕학의 교과서로 불리는 《자치통감》에는 오늘날 각 분야의 리더가 새겨들어야 할 말이 많다. 위 문장은 그중 한 대목이다. 기업을 비롯한 모든 조직은 사람을 떠나서는 존재할 수 없다. 사람을 필요로 하며, 유능한 인재는 더 필요로 한다. 유능한 인재란 많은 이 중 뛰어난 준걸이며 인재 중에서도 더 잘난 사람이다.

예로부터 사람을 쓰는 용인의 방법을 둘러싸고 두 가지 서로 다른 인사 관련 노선이 존재했다. 바로 '오로지 유능한 사람을 기용'하는 노선과 '자신과 가까운 사람을 기용'하는 노선이다. 전자를 '임인유현任人唯賢'이라 하고 후자는 '임인유친任人唯親'이라 한다. 이 두 노선은 사람을 기용하는 방법의 실질적인 내용이었다. 어떤 사람을 기용해야 하는지에 대한 답과 관련이 있기 때문이다.

5,000년을 관통한 인재의 조건 : 덕과 재능, 희생정신을 가진 자

공자는 고대 인재 역사에서 '유능한 인재를 추천하라'는 임인유현 주장을 처음으로 제기한 사상가다. 이 주장은 훗날 중국 인재학의 기본적인 관점이 되어 지금까지 활용되고 있다. 그렇다면 유능함이란 무엇일까? 춘추 전국 시기 '유능한 인재를 존중하라'는 뜻의 '상현尙賢'을 주장한 각 학파는 이 주장의 관철 여부를 매우 중요한 기준으로 삼았다.

유가가 칭찬하는 유능한 인재는 인의에 밝고 예악에 통달한 사람이다. 묵자는 각국의 정치가와 사상가들이 인재를 추천하고, 들여보내고, 기용하는 문제를 논의한 결과를 수집해 《묵자》 〈상현편〉을 지었다. 묵자는 유능하고 어진 인재가 되려면 "반드시 후덕하고 말을 잘하고 각종 학술에 두루 정통해야 한다"라고 했다. 또 귀천빈부, 멀고 가까움을 막론하고 모두 "유능하면 추천하고, 능력을 살펴 벼슬을 주고, 덕으로 서열을 매겨야 한다"라고 주장했다.

한漢나라에 이르면 모든 사상가가 종전 각 학파의 좁은 인재 기준을 버리고 유능한 인재를 존중하자는 주장을 받아들여 인재 판단 기준에 대한 견해가 일치했다. 주된 기준은 폭력을 두려워하지 않고 정직하고 과감하게 발언하는 것이었고, 그다음이 백성을 사랑하고 소중하게 여기는 것이었다. 인재는 이런 자질을 가지고 어진 마음으로 백성을 어루만져 안팎을 모두 이롭게 해야 한다. 그다음은 실질적인 사무 능력이었다. 이와 관련해 무제 때의 경학가 동중서는 "유능하고 어리석고는 바탕에 달려 있지 꾸밈에 달려 있지 않다"라는 주장을 내세웠다. 즉 유능한 인재를 골라 기용하려면 그 본질을 봐야지 겉으로 보이는 현상에 홀려서는 안 된다는 것이다.

이상을 종합하면 옛 사람들이 말하는 유능한 인재란 '덕과 재능을 겸비하여 백성의 이익을 위해 일할 수 있는 이'를 가리킨다. 전설 속의 신농씨가 추앙을 받는 까닭은 그가 백성에게 농사를 가르치고, 백성들의 병을 치료하기 위해 온갖 풀을 직접 맛보고 독초와 약초를 가려냈기 때문이다. 또 수인씨가 추앙을 받는 까닭은 그가 불씨를 취해 백성들이 음식을 데워 먹고, 불을 밝히고, 몸을 데우고 건강을 지킬 수 있게 해 주었기 때문이다.

《한비자》는 〈오두편〉에서 요임금이 천하의 수령이 되었을 때 갈대로 엮은 집에서 거친 양식으로 밥을 지어 야채탕과 먹었으며 짐승 가죽과 삼베옷을 입었다고 했다. 그의 외모는 문지기와 하등 다를 바가 없었다. 하나라의 시조 우임금은 천하의 수령 자리에 오른 다음에도 치수 사업을 할 때 백성을 위해 직접 삽과 쟁기를 들고 다니며 함께 일했다. 이 때문에 두 다리가 비쩍 마르고 정강이 털이 다 빠졌다. 노예나 포로보다 더 고달팠다. 요컨대 그 당시에 수령으로 추대되거나 중책을 맡은 유능한 인재는 모두 경험이 풍부하고 능력이 있으며 신망도 커서 사회 전체를 위해 자신의 온몸을 희생한 사람이었다.

유능한 인재라는 개념에 대한 역사적 해석을 두루 살펴보면 인재가 사업상 얼마나 중요하게 작용하는지를 어렵지 않게 확인할 수 있다. 공자가 당시의 공경 사대부 및 제자들과 문답한 내용을 담은《공자가어》〈변정편〉에서는 인재를 국가와 백성에 행복을 가져다주는 근본으로 보았다. 당나라 때 정치가 장구령은 예로부터 "나라를 얻느냐의 여부는 인재의 보좌에 달려 있지 나라의 흥망성쇠가 순환한다는 따위의 말은 하지 말라"고 했다. 진晉나라 때 시인 완적은 '생각을 시로 읊다'라는 뜻의 〈영회詠懷〉라는 시에서 "제왕의 위업은 좋은 인재의 보좌를 필요로 하고, 공은 영웅을 기다려 세운다"라고 했다. 인재의 역사적 작용을 충분히 긍정한 말이라 할 수 있다.

유능한 리더는 조직의 방향이 되고 조직원을 깨운다

현대 사회에서 우수한 기업가는 사회에서 얻기 어려운 유능한 인재라 할 수 있다. 그렇다면 기업가는 어떤 사람인가?

경제학 관점에서 보면 고전 경제학자 알프레드 마샬은 "기업가는 자신의 창의력, 통찰력, 통제력으로 시장을 발견하고 기회를 창출해 생산 요소를 조직화하는 사람이다"라고 정의했다. 경영학 관점에서 보면 당대의 걸출한 경영학자 피터 드러커는 "기업가는 혁신가다. 용감하게 모험하고 변화를 잘 포착하며 기회를 개발하고 이용할 줄 아는 사람이다"라고 했다. 어떤 관점에서든 기업가는 현대 경제에서 갈수록 중요한 구성 부분이 되고 있다. 정리하면 기업가는 기업을 일으키고 발전시키는 영혼 같은 존재로, 생산 존망의 위기에 놓인 기업을 다시 살리는 중임을 기꺼이 맡는 사람이다.

따라서 우리는 옛 현인들의 말을 빌려 "기업은 좋은 인재의 도움을 필요로 하며, 유능한 인재를 기다려 공을 세운다"라고 말할 수 있다. 좋은 인재와 유능한 인재가 바로 기업가, 특히 뛰어난 기업가들이다. 기업가의 작용을 소홀히 다루는 경제 이론은 크게 잘못된 것이다. "사람 하나 잘 뽑으면 마을 하나가 부유해지고, 우두머리 한 사람 잘 뽑으면 공장 하나가 살아난다"라는 말을 들어 보지 못했는가? 군대에는 "1,000명의 병사는 얻기 쉬워도 장수 한 사람 구하기 어렵다"라는 오랜 격언이, 아라비아에는 "사자가 이끄는 양 떼가 양이 이끄는 사자 떼를 이긴다"라는 의미심장한 속담이 있다. 모두 경험에서 우러나온 명언이다.

기업가의 중요성은 과학 실험을 통해서도 증명할 수 있다. 186개의 탄소, 수소, 산소와 질소로 구성된 고리에서 마그네슘 원자가 핵심을 이루면 식물의 엽록소가 되지만 철 원자가 핵심을 이루면 인체의 적혈구로 바뀐다. 이와 마찬가지로 기업가는 어떤 면에서는 기업 발전의 성질과 수준을 결정하는 요소가 된다.

현실의 경제생활에서도 이런 인재, 즉 리더가 충분히 나타날 수 있다.

이들은 끊임없이 경제에 기적을 창조한다. 자오신셴이 부임하자 선전남광제약회사와 산지우그룹이 단 7년 만에 20억 위엔의 매출을 올리며 중국 의약업계의 다크호스로 성장했다. 왕하이가 오자 해마다 적자에 허덕이던 솽싱그룹이 남북으로 빛을 발했다. 장루이민이 오자 파산 직전의 칭다오하이얼이 천하를 빛냈다. 옥은 산을 빛내고, 구슬은 시내를 아름답게 만든다.

그렇다. 모든 기업은 우수한 기업가와 인재를 너무너무 필요로 한다. 중국을 예로 들면 많은 국유 기업이 만성 적자라는 문제에 직면해 있다. 물론 제도에 문제가 있다. 이런 제도가 진정한 기업가의 출현과 성장에 불리하다는 것이 가장 큰 문제다. 중국 축구에 비유해 보겠다. 사람들은 중국의 축구를 두고 '일류 축구 팬, 이류 축구 선수, 삼류 감독'이라고 부른다. 이를 기업에 적용해 보면 '일류의 시장에 이류의 직원과 삼류의 기업가'라고 할 수 있겠다. 중국의 개혁과 경제는 빠르게 발전하면서 많은 인재를 부르고 있다. 우수한 기업가들이 용솟음치기를 갈망하고 있다. 비단 중국뿐만이 아니다. 우리 현실도 전혀 다르지 않다.

인재의 필요성과 그 필요에 따라 인재를 얻는 방법에 관해 이야기해 보았다. 인재를 얻었으면 활용해야 한다. 관중이 말한 지인과 용인의 단계다. 이제 인재를 활용하는 방법에 관한 이야기로 넘어간다. 그에 앞서 1장의 마무리 겸 2장의 준비를 위해 한마디 보탠다.

리더와 인재의 관계는 당연히 상대적이다. 정도는 달라도 거리가 있다는 뜻이기도 하다. 하지만 이 상대적인 관계의 거리는 두 사람의 행동에 따라 얼마든지 달라질 수 있다. 그 행동을 결정하는 중요한 요소가 바로 방법이다. 이 점을 생각하면서 다음 장을 만나 보기를 권한다.

2장.

적절한 자리와 적당한 권력을 주어라

: 성공의 기회를 품은
인재를 쓰는 법

현명한 군주는 용의 등에 올라탄다

• 인재 활용의 근본 **위임** •

"능력 있는 인재를 기용해 성과를 내게 독려하면 힘이 들지 않는다."

임능자책성이불로任能者責成而不勞.

-환관, 《염철론》〈자복편〉

조직과 기업이 존속하고 발전하려면 자질을 갖춘 인재가 일정한 인원이 있어야 한다. 기업에 사람이 있어도 이들을 활용하지 못하거나 잘못 활용하면 사람이 없는 것이나 마찬가지다. 명나라의 개국 공신인 유백온(유기)은 "사람을 제대로 쓰면 사람을 얻고, 사람을 제대로 쓰지 못하면 사람을 잃는다"라고 지적했다.

인재를 활용할 때 흔히 '위임委任'과 '친정親政'의 문제가 발생한다. 즉 일과 관련한 권한과 책임을 인재에게 맡길 것이냐, 아니면 리더가 직접 관리하고 감독할 것이냐의 문제다. 이 문제를 중심으로 논의하고 아울러 인재가 성과를 내려면 어떤 방법이 필요한지도 생각해 보자.

꽃에 잎사귀가 필요한 이유

사람을 어떻게 쓸 것인가 하는 용인은 큰 학문이자 예술의 경지다. 옛 현인들은 이 방면에서 대단히 값진 경험과 교훈을 남겼다.

춘추 시대 제나라의 재상 관중은 군주가 크고 작은 일에 시시콜콜 직접 간여하며 자신의 능력을 과신하면서 인재의 도움을 깔보면 하나 좋을 것이 없다고 했다. 심지어 자칫하면 망국의 화근이 될 수 있다고 보았다. 전국 시대의 유가 사상을 집대성한 순자는 "군주는 독단해서는 안 된다"라고 단언했다. 전국 시대 진秦나라의 개혁가 상앙은 현명한 군주는 늘 돗자리 위에 앉아 대나무 흔들리는 소리를 들으며 천하 백성을 부리고 천군만마를 지휘하기를 손바닥 뒤집듯 한다고 했다. 법가 사상의 대가 한비자는《한비자》〈주도편〉에 이런 말을 남겼다.

> "현명한 군주의 통치술은 지혜로운 자를 부려 그 지혜를 다 짜내고 군주는 그에 따라 일을 결단하므로 군주의 지혜는 무궁해진다. 또 유능한 자의 능력을 다 발휘시키고 군주는 그에 따라 맡기면 되기에 군주의 재능은 무궁해지는 것이다."

특히 진秦나라 재상이었던 여불위가 편찬한 사론서《여씨춘추》〈찰현편〉은 상호 대비를 통해 다음과 같은 두 가지 통치 방식을 의미심장하게 소개한다.

공자의 제자 복자천과 무마기가 전후에 단보라는 마을을 다스린 적이 있다. 복자천이 통치할 때는 단보가 아주 잘 다스려졌다. 그런데 복자천은 매일 집무실에 앉아 거문고를 연주했을 뿐 다른 일을 하는 모습을 볼 수 없었다. 반면 무마기는 밤낮없이 수년을 일에 매달렸지만 단보를 제대로 다스리지 못했다. 무마기는 심신이 다 지쳐 버렸다.

여기서 우리는 두 사람의 용인이 서로 달랐을 것이라는 점을 짐작할 수 있다. 즉 한 사람은 직접 일을 챙기지 않았고 한 사람은 일일이 몸소 챙겼다. 중국 정치학에서는 각각을 위임과 친정으로 표현한다. 예로부터 어느 쪽이 더 나은가에 대해서는 의견이 갈렸지만 대체로 위임을 후하게 평가한다. 맡겨서 일을 처리하면 일은 쉽게 처리되고 효과는 배가 되는 경우가 많다. 그 결과 몸도 마음도 편해진다. 하지만 리더가 몸소 일을 처리하면 상반된 결과가 나오기 일쑤다.

옛 사람들의 이런 평가는 지금도 의미가 있다. 위아래, 고용과 피고용의 관계가 존재하는 곳이라면 통제와 피통제, 리더와 부하의 관계가 있을 수밖에 없다. "아름다운 꽃은 푸른 잎사귀를 필요로 한다"라는 속담이 있다. 관련해 "일류 리더는 인재를 기용하고, 중급 리더는 사람을 관리하고, 하급 리더는 사람에게 기댄다"라는 말도 있다. 뛰어난 리더라면 직접 나서지 않고 효과적으로 일을 처리하는 리더십을 갖추어야 한다.

모든 일을 파악하되 일을 잘 맡기는 군주가 될 것

옛 사람들의 위임에 관한 인식을 오늘날의 언어로 바꾸면 '충분한 권한을 주어라' 정도가 될 것이다. 아랫사람에게 상응하는 책임과 권한, 이익을 주고 리더는 손을 놓고 그들 스스로 하게 만들라는 뜻이다.

부도 직전의 자동차 제조 회사 크라이슬러를 구원한 미국의 유명한 기업가 리 아이아코카가 "관리는 타인을 움직여 일하게 하는 것이다"라고 한 말과 일맥상통한다.

또 미국의 관리 자문 전문가 에드워드 블리스는 "좋은 CEO에게는 근심 어린 얼굴을 한 조수가 있다"라는 명언을 남긴 바 있다. 사람을 잘 쓰는 리더는 조수나 부하에게 권한을 주어 그들의 주관적 능동성을 충분히 조종한다는 뜻이다. 조금 더 자세히 말하면 임무를 받은 아랫사람은 압박을 느껴 고민을 할 수밖에 없고 따라서 임무 완성을 위해 노력한다는 의미다. 블리스는 현대의 수많은 CEO가 크고 작은 일까지 모조리 몸소 결정하는 만능의 권력을 누리려 열을 올리는데, 이는 자신의 시간을 아주 잘못 사용하는 것에 지나지 않으며 나아가 부하의 창의성 발휘와 성장에도 방해가 된다고도 지적했다.

물론 손 놓고 맡기라는 것이 그저 수수방관하라는 뜻은 아니다. 명나라 만력제 주익균은 48년을 재위했는데, 태후의 수렴청정 기간을 제외한 38년을 통치하면서 무려 25년 동안이나 후궁 깊은 곳에 들어앉아 사람을 만나지 않았다. 나랏일을 완전히 방치했고 심지어 재상조차 황제의 얼굴을 볼 수 없었다. 도대체 그가 무엇을 하는지 누구도 알지 못했다. 이는 위임이 아니라 리더의 책임을 포기하는 극단적 행태다. 같은 명나라 황제인 희종 주유교도 비슷했다. 그는 하루 종일 목공에에 몰두한, 말하자면 일류 목수를 방불케 한 리더였다. 하지만 이 역시 무능과 무책임한 리더의 모습이다.

'직접 하는 것'과 '하지 않는 것'의 관계를 어떻게 처리할 수 있을까? 홍콩의 유명 작가이자 기업가인 량펑이는 이런 말로 비유했다.

"주인이라면 큰일은 직접 자기 힘으로 처리해야 하고, 작은 일은 직접 알고 깨닫고 있어야 한다. 무겁고 가벼운 것을 뒤바꿔서도 안 되고 크고 작은 것을 뒤섞어서도 안 된다."

이렇게 비유해 보자. 바다를 항해하는 배의 조타수는 갑판을 빛이 나도록 닦고 있어서는 안 된다. 리더가 자신의 일을 팽개치고 갑판을 닦는 배는 궤도를 벗어나 전혀 다른 방향으로 표류할 것이다.

무능한 인재는 있어도 무용한 인재는 없다

• 관중의 깨달음 •

"무능하다고 미워하지 않고 무지하다고 미워하지 않는다."

무추불능無醜不能 무오부지無惡不知.

-여불위, 《여씨춘추》〈용중편〉

여러 사람의 장점을 취해 자신의 부족함을 보충해야 한다는 뜻의 문장이다. 이어서 《여씨춘추》는 "무능하다고, 무지하다고 미워하는 것은 병이다"라고 꼬집는다. 이 대목의 요지를 오늘날에 적용하면 '재능과 지식이 조금 떨어진다고 무시하거나 경시해서는 안 된다'는 뜻이다. 그런 사람에게도 장점이 있기 때문이다. 그 장점을 찾아내는 것이 리더의 안목이자 리더십이다. '사무四毋'의 고사를 통해 이 문제를 심사숙고해 보자.

첩이 나의 일을 돕지 못한다는 관중의 착각

중국의 유구한 문화 전통에는 용인과 관련해 수천 년 동안 사람들 입에 오르내린 과학적인 사상과 의미심장한 고사가 아주 많다. 사무와 용인에 관한 아래 고사도 그중 하나다.

춘추 시대 제나라에 영척이라 불리는 은자가 있었다. 그는 제나라 국군國君 환공을 만나려 했으나 뜻을 이루지 못했다. 어느 날 영척은 환공이 외출해서 지나가는 길에 소뿔을 두드리며 노래를 불렀다. 노래가 어찌나 애절했던지 환공은 재상 관중을 시켜 사연을 물었다. 그런데 영척은 시원한 설명 대신 "호호호백수浩浩乎白水"라는 한 구절만 읊어 댔다.

집에 돌아온 관중은 영척이 읊은 구절의 뜻을 풀어 보려고 했으나 도무지 알 길이 없었다. 관중은 닷새 동안 입조하지 않고 끙끙거리며 영척이 한 말의 뜻을 알아내려 애썼다. 조정에도 가지 않고 속앓이를 하는 관중을 보다 못한 관중의 첩 정이 그 까닭을 물었다. 관중이 네가 관여할 바가 아니라며 잘라 말하자 정은 이렇게 말했다.

"제가 '무노노毋老老(늙었다고 무시하지 말라), 무천천毋賤賤(천하다고 깔보지 말라), 무소소毋少少(어리다고 무시하지 말라), 무약약毋弱弱(약하다고 얕보지 말라)'의 '사무' 이야기를 들은 바 있습니다."

솔깃해진 관중이 뜻을 묻자 정은 다시 이렇게 말했다.

"그 옛날 강태공은 나이 일흔에 소를 잡다가 여든에 천자의 스승이 되었고 아흔에 제齊에 봉해졌습니다. 이를 보면 나이 든 사람을 깔볼 수 있겠습니까? 이윤은 원래 탕 임금 아내의 혼수품으로 딸려 온 천한 사람이었지만 탕 임금은 그를 재상으로 기용해 천하를 태평하게 다스렸습니다. 이를 보면 천한 사람을 어찌 깔보겠습니까? 또 고皐의 아들은 다섯 살 때 이미 우임금을 도왔으니 어찌 어리다고 깔보겠습니까? 나귀는 태어난 지 일주일이면 어미보다 더 빨리 달립니다. 그러니 약하다고 얕잡아 볼 수 있겠습니까?"

정의 말에 일리가 있다고 여긴 관중은 자세를 바로 잡고 영척이 소뿔을 두드리며 부른 노래 이야기를 들려주었다. 이야기를 들은 정이 싱긋 웃으며 말했다.

"영척이 재상께 이미 자신의 뜻을 전했는데 아직 모르시겠습니까? 옛날에 〈백수白水〉라는 시에 '호탕하게 흐르는 백수, 헤엄치는 물고기여. 임금께서 나를 부르시니 내가 임금을 편안케 하리라. 나라가 아직 안정되지 못했으니 내가 어찌하면 될까?' 하는 노래가 있습니다. 이는 영척이 나라를 다스리는 일을 하고 싶다는 뜻입니다."

관중은 그제야 크게 깨달아 바로 환공에게 영척을 추천했다. 과연 영척은 환공의 큰 힘이 되었다.

춘추 전국 시대를 배경으로 한 역사 소설《동주열국지》에 영척에 관한 또 다른 고사가 나온다. '영척이 소를 먹인다'는 뜻을 가진 '영척반우寧戚飯牛'의 일화로 내용은 이렇다.

영척은 세상에 나오기 전 시골에서 소를 키우며 살았다. 그는 세상 모두가 제나라 환공의 패업을 칭송할 때 "요순을 만나지 못했도다", "밤이 길어 새벽이 오지 않는다"라며 환공의 업적을 깎아내렸다. 환공이 그 까닭을 묻자 제후의 배반이 잇따르며 군대 동원이 계속되어 백성들의 부담이 가중되는데 무슨 업적이냐며 대놓고 직언했다. 좌우에서 영척을 잡아 죽이려 하자 영척은 "걸왕은 관용봉을, 주왕는 비간을 죽였다. 지금 이 영척이 세 번째가 되겠구나"라며 탄식했다.

이 말에 정신이 번쩍 든 환공이 그를 풀어 주고 대화를 나누었더니 큰 인재였다. 환공이 예를 갖추자 영척은 관중의 추천서를 꺼냈다. 환공이 왜 진작 보여 주지 않았느냐고 묻자 영척은 "신이 듣자 하니 현명한 군주는 인재를 선택해 보좌시키고, 현명한 신하는 군주를 선택해 보좌합니다"라며 군주가 직언을 싫어하고 아부만 좋아해 신하를 홀대한다면 죽어도 추천서를 내놓지 않았을 것이라고 대답했다.

영척은 소를 키우며 자신이 뜻을 펼칠 기회를 줄 리더를 기다렸다. 리더만 인재를 선택하는 것이 아니다.

편견을 버리고
흙속의 진주를 찾아라

앞의 고사들은 대단히 의미심장하다. 관중은 춘추 시대 약 300년을 통틀어 가장 뛰어난 정치가이자 사상가였지만 〈백수〉라는 시를 몰랐다. 위대한 정치가가 이 작은 시 한 수 앞에서 문맹이 되어 버린 것이다. 관중의 첩인 정은 관중이 보기에 보잘것없는 존재였지만 뜻밖에도 관중이 눈앞의 안개를 걷고 사무의 큰 이치를 깨닫게 만들었다.

여기서 꼭 짚고 넘어갈 것은 정이 말한 사무가 가리키는 대상이 주로 그 나름의 특별한 능력을 가진 사람들이라는 사실이다. 다만 약자는 오늘날 능력과 지식이 낮은 진정한 약자와 같은 존재로 보아도 무방할 것이다. 기업 경영에서 이와 유사한 사례를 소개할까 한다.

1940년대 미국의 한 설탕 공장에 카라스라는 노동자가 있었다. 당시에는 백설탕에 습기가 차는 것을 막기 위해 종이로 포장을 했는데, 밀봉용 종이의 두께와 상관없이 어느 정도 시간이 지나면 설탕이 습기에 녹았다. 회사는 습기 문제를 해결하기 위해 전문가를 초빙해 연구했으나 해결 방법을 찾지 못했고, 급기야 회사 노동자와 직원들에게 방법을 내보게 했다.

이 문제를 놓고 고민을 거듭하던 카라스는 어느 날 문득 '포장지에 작은 구멍을 내면 설탕에 습기가 차지 않을 수 있겠다'는 한 가지 묘수를 떠올렸다. 카라스는 배운 것이 거의 없어 최소한의 물리나 화학 지식조차 갖추지 못했다. 그러니 설탕을 만드는 원리 같은 것을 알 턱이 없었다. 하지만 회사 리더의 지지를 받아 반복해서 실험을 거듭했고 결과는 아주 긍정적이었다. 그는 특허를 신청하는 한편 이 특허권을 미국 설탕 제조업체에 팔아서 100만 달러를 받았다.

이상의 사례는 일본 기업들 사이에서 유행하던 "무능無能한 관리는 있어도 무용無用한 인재는 없다", "쓰레기는 자리를 잘못 찾은 재부다", "쓰레기는 발견되지 못하고 사용되지 않은 보물이다" 같은 격언을 상기시킨다. 사람은 누구나 쓸모가 있고, 관건은 사람을 기용하는 사람이 제대로 잘 활용하는 것에 달려 있다는 요지다. 재능이 떨어지는 사람들의 서투름 뒤에는 남들이 모르는 어떤 재능이 숨어 있다. 다만 사람들이 중시하지 않고 발견하지 못했을 뿐이다.

사람들은 늘 말한다. “총명한 자는 일에 진지하지 못하고, 바보는 일을 할 줄 모른다”라고. 리더의 중요한 일 가운데 하나는 직원들의 지식과 지혜를 높이고 그들의 활력을 자극해 인력을 적극 개발하고 활용할 줄 아는 것이다. 이것이 한 차원 높은 리더십을 보여 주는 리더의 능력이기도 하다.

감독은 결코 불신임이 아니라 권한을 나누어 주는 수권 행위와 비슷한 관리 행위다. 감독은 “사람을 썼으면 의심하지 말고, 의심스러워도 써라”라는 현대 사상의 구체적 실현이다. 감독이 없으면 의심 또한 종이 위에서만 논하는 병법에 지나지 않는다.

무한한 관심으로 재능을 살펴라

• 당 태종의 관찰 •

"재능을 헤아리고 능력을 살피는 것이 천하를 다스리는 요체다."

요재핵능料才核能 치세지요治世之要.

-조유, 《장단경》〈임장〉

중국 역사 약 5,000년 동안 약 600명의 제왕이 나왔다. 춘추 전국 시대 제후국의 리더까지 합하면 국가급 통치가가 수천 명이었다. 그렇다면 이 중 누구를 최고의 명군으로 꼽을 수 있을까? 사람마다 관점이 다르기 때문에 다양한 답이 나오겠지만 단순 비율로 따지자면 당 태종(599~649)이 단연 으뜸이다.

그가 이룩한 '정관지치貞觀之治(당 태종의 연호인 정관 시대에 이룩한 빛나는 정치)'는 중국 역사상 최고의 전성기를 가리키는 대명사가 되었다. 당 태종이 이런 전성기를 구가하며 최고의 명군이란 평가를 듣는 데는 남다른 인재관과 이에 따른 인재 기용이 크게 작용했다. 관련한 일화, 사례 등을 살펴보자.

당 태종의 원칙
: 정으로 재능을 판단하지 않는다

'재능으로 인재를 추천한다'는 뜻의 '유재시거唯才是擧'는 중국 용인사의 훌륭한 전통이다. 당 태종 이세민은 이 전통을 계승하는 것은 물론 더욱 발전시킨 걸출한 리더였다. 그는 "나는 관리를 뽑고 인재를 등용할 때 재능만을 본다. 만약 재능이 없으면 아무리 친한 사이라 해도 등용하지 않는다. (…) 재능이 있는 자는 설사 원수라 해도 배척하지 않을 것이다"라고 했으며, 또 이 원칙을 실천하기 위해 노력했다.

태종은 자신의 수많은 종친과 친구를 임용할 때 처음부터 끝까지 개인적인 정에 매이지 않고 원칙을 견지했다. 그의 숙부인 상읍왕 이신부는 전투에서 공을 세우기는 했지만 관리 분야에는 적절치 않은데다 다리에 질환까지 있어 행동이 불편했다. 태종은 숙부의 불만에도 불구하고 집으로 돌아가 쉬게 했다.

또 다른 숙부인 이신통은 수를 멸망시키고 당을 건국하는 데 공을 세운 공신이었지만 갈수록 역할이 줄어들어 지위나 대우 면에서 방현령이나 두여회 같은 대신만 못하게 되었다. 이에 이신통은 태종에게 "제가 선봉군을 거느리고 관서에서 싸울 때 방현령이나 두여회 등은 붓만 놀렸을 뿐인데 그 공적이 저보다 크다고 하니 정말 이해가 가지 않습니다"라며 불만을 토로했다. 태종은 다음과 같이 반박해 그의 불만을 잠재웠다.

"전쟁 초기에는 숙부께서 앞장섰지만 그것은 화를 피하기 위해 자청한 것이었고, 두건덕이 산동을 섬멸하자 숙부의 군대는 전멸했습니다. 유흑달이 그 뒤를 이어 진공하자 숙부는 도망쳤습니다. 방현령은 국면 전반을 잘 장악해 나라의 방향을 잘 설계했으므로 공에 따라 상을 내려 숙부보다 앞자리에 놓인 것일 뿐입니다."

황제의 숙부라면 황제와 가장 가까운 사이라 할 수 있다. 황제의 관심과 총애가 자연스러운 위치다. 하지만 사적인 친분과 상을 연계해서는 안 된다. 태종은 이런 공정한 인식과 일 처리로 모든 신하를 감복시켰다. 그래서 신하들은 태종의 공평무사함을 거론하며 "폐하의 지극한 공정함으로 회안왕조차 사사로움을 따지지 않거늘 저희들이 어찌 본분을 지키지 않을 수 있겠습니까"라며 충성을 표시했다.

정관 3년인 629년, 복주자사 방상수가 비리로 파직당했다. 그는 태종이 즉위하기 전 진왕으로 있을 때 신임을 받던 진왕부의 하급 관리였다. 방상수는 지난날 황제와의 관계를 내세워 면죄부를 받으려 했다. 태종도 처음에는 그를 불쌍하게 여겨 복직시키려 했다. 그러나 신하인 위징이 나서 "과거 진왕부에는 수많은 사람이 있었습니다. 그 사람들이 개인적인 친분을 내세워 함부로 군다면 그 악영향을 어찌 할 것입니까"라며 반대했다. 태종은 그의 말에 일리가 있다고 판단해 방상수에게 다음과 같이 말하고 귀향시켰다.

"내가 예전에는 진왕으로서 진왕부의 주인이었지만 지금은 나라의 주인이기에 개인적 감정으로 옛날 사람을 대할 수 없다. 지금 조정 대신들도 이렇게 하거늘 내가 어찌 감히 어기겠는가?"

태종의 인재관과 실천은 그 자신의 자질뿐 아니라 시대적 대세에 따라 만들어졌다는 것이 중요하다. 즉 건국 초기 상황이 많은 인재를 필요로 했고, 마침 자질이 뛰어난 태종이 등장해 인재의 전성기를 맞이한 것이다. 여기에 과거제 같은 인재 선발 시스템이 정착한 것도 큰 역할을 했다. 요컨대 인재의 번영은 덕 있는 리더의 자질, 시대의 대세 그리고 원칙 있는 시스템이 삼위일체로 조화를 이룰 때만 가능하다.

상하의 재능을 가늠해 마주를 등용하다

태종은 인재를 기용할 때 출신과 경력 등 정해진 틀에 얽매이지 않고 인재를 발탁해 적합한 자리에 앉혔다.

마주의 자는 빈왕賓王이며 박주 치평 출신이다. 가난했지만 공부를 좋아해 포기하지 않았으며 경전과 역사에 정통했다. 그는 천성이 소탈하고 지엽적인 일에 얽매이지 않았는데 이런 성격 때문에 주변으로부터 따돌림을 당하기도 했다. 마주는 자기 고장인 박주에서 보잘것없는 주조교로 시작해 여러 곳을 떠돌았지만 내내 중용되지 못했다. 그 뒤 당나라의 수도인 장안으로 올라가 중랑장 상하의 문객이 되었다.

정관 5년인 631년, 태종이 여러 신하에게 치국의 득실에 관한 글을 올리라는 명령을 내렸다. 무관 출신인 상하는 문장력이 좋지 않아 마주가 대신 써 주었다. 태종이 이 글을 보고는 "20여 가지 일이 모두 지금 절박하구나"라며 칭찬을 아끼지 않았다. 상하에게는 이런 문장을 쓸 재능이 없음을 안 태종이 자초지종을 물었고, 상하는 사실대로 대답하며 마주의 능력을 칭찬했다.

목이 마른 듯 인재를 갈망하던 태종은 즉각 마주를 불러오라고 했다. 마주가 오지 않자 태종은 연속 네 번이나 사람을 파견해 독촉했다. 마침내 마주가 오자 태종은 함께 천하의 일을 토론했고, 마주의 식견에 탄복한 태종은 그를 문하성에서 일하게 한 다음 이듬해 감찰어사로 승진시켰다. 마주 또한 최선을 다해 자신의 직무에 책임을 다했다. 태종은 인재를 추천한 상하에게는 비단 300단을 내렸다.

마주는 임기응변에 강하고 문장을 잘 썼으며, 일의 맥락을 잘 헤아렸기에 무슨 일이든 적절하게 잘 처리했다. 그는 태종에게 중앙에 위협이 되는 지방 세력인 봉번封藩에 대한 제도 개혁을 건의해, 지방의 여러 왕이 자신의 봉지에서 나오는 세금 등은 누리게 하되 그들에게 군사와 행정권은 주지 못하도록 했다. 또 황제 스스로가 근검절약할 것, 주와 현의 지방관을 신중히 선택할 것, 지방관의 공무 집행을 개선할 것, 한 가지 틀에만 얽매이지 말고 여러 경로로 인재를 등용할 것 등을 건의했다. 태종은 그의 건의를 대부분 채택했으며 이는 정관지치의 국면을 만드는 데 중요하게 작용했다.

태종은 마주를 자신의 팔다리 같은 '고굉股肱'의 신하에 비유하면서 "나는 마주를 잠시만 못 봐도 보고 싶다"라고 말할 정도로 귀하게 여겼다.

태종은 마주가 자신의 능력을 더욱더 발휘할 수 있도록 불과 10년 사이에 대여섯 차례 승진시켰고, 다시 이부상서로 발탁하고 은청광록대부에 임명했다. 마주는 태종의 기대에 부응해 어떤 자리에서든 뛰어난 성과를 냈고 위징, 대주, 두여회 등 정관 시대의 유명한 대신들과 이름을 나란히 올렸다. 태종은 이런 마주를 다음과 같이 칭찬했다.

"마주는 일을 민첩하게 처리하고 성격이 곧으며 인물을 논함에 직선적이어서 사람을 나보다 잘 기용한다. 짐의 가까이서 충성을 다 했으니 실로 이 사람을 빌려 시정을 건강하게 이끌었도다."

정관 22년인 648년에 마주가 병으로 세상을 떠나자 태종은 슬픔을 이기지 못했으며 그를 유주도독으로 추증하고 자신의 장지로 선택한 소릉에 묻게 했다.

마주는 오십이 안되는 짧은 일생 동안 평민에서 재상의 자리까지 오른 입지전적인 인물로 초고속 승진을 이루었을 뿐 아니라 정치적으로 중요한 역할을 해냈다. 마주의 재능이 뛰어났기 때문이기도 하지만 인재를 제대로 볼 줄 알았던 태종의 안목 덕분이기도 했다.

태종은 무관 출신의 상하가 올린 훌륭한 대책을 보고 한눈에 상하의 문장이 아님을 알았다. 이는 태종이 평소 문무백관의 자질을 하나하나 꿰고 있었다는 것을 말해 준다. 그렇지 않았더라면 마주는 영원히 떠돌이 신세에 머물렀을지도 모른다. 글이 그 사람의 전부를 나타내지는 못하지만 적어도 식견이나 사물에 대한 인식 수준은 충분히 보여 줄 수 있다. 리더는 평소 소속 인원들이 올린 문서에 신경을 써야 할 것이다.

반대하는 이라면
더욱 유심히 보아라

당 태종은 과거에 자신에 반대했더라도 능력이 있는 사람이라면 중임을 맡겼다. 가장 좋은 사례가 바로 위징의 중용이다. 위징은 하북 대명 출신으로 일찍이 와강군瓦崗軍에 참가해 수 왕조에 맞섰다가 다시 당 왕조에 투항했다. 이후 그는 태자 이건성의 집에서 태자세마라는 자리를 맡아 이건성의 심복이자 핵심 참모로 활약했다. 위징은 일찌감치 이세민과 태자가 암암리에 대권을 놓고 싸우는 상황을 감지하고는 건성에게 대책을 준비하라고 경고했다. 그 뒤 진왕 이세민이 현무문 쿠데타를 일으켜 형 건성과 동생 원길을 죽인 다음 고조 이연을 압박해 황제 자리에서 물러나게 하고 자신이 황제 자리에 오르니 이가 바로 태종이다.

그대는 나의 거울과 같다, 위징

진작부터 위징의 재능을 알았던 태종은 위징이 한때 건성에게 자신에 대해 대책을 세우라고 건의한 사실에 궁금증을 품고는 위징을 불러 "그대가 우리 형제를 이간질한 까닭이 무엇인가"라며 다그치듯 물었다. 주위 사람들은 태종의 기세에 놀라 위징을 걱정했지만 위징은 태연하게 "황태자(이건성)가 만약 제 의견에 따랐더라면 오늘 같은 화는 없었을 겁니다"라고 대꾸했다.

태종은 위징의 힘찬 성품을 흠모해 노여움을 풀고는 그를 간의대부로 모셔 수시로 나라를 다스리는 데 이해득실을 자문했다. 위징은 위징대로 자신을 알아 중용해 준 태종을 위해 최선을 다했고 과감한 직언을 서습지 않았다. 위징은 전후 200건이 넘는 일에 건설적인 견해를 밝혔는데 거의 대부분 시기와 요점에 맞았다고 하며, 그 후 비서감, 시중 등의 요직을 맡아 일하면서 나라를 위해 큰 공을 세웠다. 당 태종은 위징을 다음과 같이 평가했다.

"정관 이후 과인에게 마음을 다 바쳐 정직하고 충성 어린 간언을 많이 하고, 국가를 안정시켜 백성에게 이로운 일을 많이 하면서 과인의 대업을 성사시켰다고 할 수 있는 사람이라면 하늘 아래 위징밖에 없다. 고대의 어떤 이름난 대신도 그를 따르지 못할 것이다."

위징이 세상을 뜨자 태종은 다음과 같이 말하며 통곡했는데 태종이 위징을 얼마나 믿고 의지했는지를 충분히 알 수 있다.

"사람이 거울 없이 어찌 옷차림을 단정히 할 수 있겠는가? 마찬가지로 역사를 거울로 삼지 않고 어찌 흥망성쇠의 교체를 알 수 있으며, 사람을 거울로 삼지 않고 어찌 득실을 알 수 있겠는가. 위징이 죽었으니 과인의 거울 하나가 사라졌구나!"

군주의 성찰을 이끌어 낸 간관, 왕규

정관 시대의 유명한 대신 왕규도 한때 태종과 대립한 인물이다. 그는 태자 건성의 궁중에서 태자중윤의 직무를 맡으며 건성의 신임을 얻었다. 평소 그가 인재임을 잘 알았던 태종은 즉위 후 과거의 감정을 잊고 그를 간의대부에 임명했다. 왕규도 진심으로 신하로서의 충성을 다하면서 훌륭한 모략을 많이 건의했다. 또 태종이 잘못을 저지르면 늘 직접 대놓고 지적했다. 언젠가 태종는 왕규에 대해 이렇게 말했다.

"그대가 내게 한 말은 모두 나의 잘못한 점이다. 예로부터 군주치고 나라를 영원히 안정시키려 하지 않은 군주는 없었다. 다만 그렇게 하지 못한 것은 자신의 잘못을 지적하는 말을 들으려 하지 않거나 알고도 고치지 않았기 때문이다. 과인의 잘못은 그대가 늘 직언해 과인이 이를 듣고 고쳤으니 나라의 안정을 걱정할 필요가 어디 있겠는가? 또 그대가 간관으로 내 곁에 있어 준다면 과인은 영원히 잘못을 범하지 않을 것이다."

태종은 왕규를 황문시랑, 참예정사로 승진시킨 다음 다시 시중에 임명해 방현령, 위징, 이정, 온언박, 대주 등 대신들과 국가 정사를 돌보게 했고, 이들은 힘을 모아 정관지치라는 전성 국면을 창조해 냈다.

당 태종은 권력이 황제 한 명에게 집중되었던 전제주의 중앙 집권 체제의 군주였다. 모든 것을 좌우할 수 있고, 인재를 기용할 때도 무소불위의 권력을 휘두를 수 있는 위치였다. 하지만 사람을 등용할 때 정에 얽매이지 않았고 원수나 적대 세력이었던 인재도 배척하지 않았다. 이는 당 태종의 확고한 인재관 내지 인재 철학에서 나온 귀중한 지혜의 산물이다. 후세가 붙인 '개명開明한 황제'라는 별명이 결코 지나치지 않다.

많이 안다는 것이 잘 가르친다는 뜻은 아니다

• 유기의 **식별** •

"재능을 잘 살펴서 자리를 줄 수 있다면 성공한 군주가 될 수 있다."

찰능이수관자察能而授官者 성공지군야成功之君也.

-유향, 《전국책》 〈악의보연왕서〉

절강 지역 청전 출신의 유기(1311~1375)는 명 왕조를 세우는 데 큰 공을 세운 개국 공신이자 뛰어난 지략을 갖춘 명 태조 주원장의 핵심 참모였다. 명 왕조 건국 초기 그는 어사중승 겸 태사령이라는 중책을 맡았는데, 황제 주원장은 늘 그를 찾아와 중요한 국사, 특히 인재를 등용하는 문제를 상의하곤 했다. 주원장은 유기를 총애하며 '나의 장자방(한고조 유방의 책사였던 장량)'이라고 부를 정도였다. 이제 인재를 아꼈던 유기의 인재관에 초점을 두고 관련 일화와 사상 등을 알아보겠다. 특히 사심이 없었던 그의 인재관은 지금 보아도 충분히 참고하고 받아들일 만하다.

자리에 필요한 능력과 지도자의 기질을 따져 추천하라

유기는 지혜로운 인물로서 인재를 잘 판별할 줄 알았다. 황제 주원장이 언급한 몇몇 재상 후보의 자질에 대한 그의 관찰은 아주 치밀했다. 그는 또 자신에 대해서도 잘 알아서 스스로 재상감이 아니라는 것을 인정하는, 이른바 지기지피知彼知己의 지혜를 잘 발휘했다. 남을 알기보다 자신을 알기가 훨씬 더 어려운데 유기는 이런 점에서 모범을 남겼다.

명 왕조 초기 또 다른 개국 공신인 이선장은 여러 차례 태조 주원장에게 야단을 맞았고 주원장은 그를 파면하려 했다. 이에 유기는 주원장에게 "이선장은 개국 공신으로 장수들의 관계를 잘 조정할 수 있는 사람입니다"라며 파면에 반대했다. 주원장은 "그 사람은 여러 차례 당신을 나쁘게 말하면서 해치려 했는데 어째서 그를 감싸는 것이오? 내가 그대를 승상에 임명할까 하오"라고 말하자 유기는 황급히 절을 하며 "승상을 바꾸는 것은 집의 기둥을 바꾸는 것과 같으므로 반드시 큰 목재를 써야 합니다. 만약 작은 목재 여러 개를 묶어 큰 기둥을 대신하려 한다면 집은 삽시간에 무너지고 말 것입니다"라며 극구 사양했다.

얼마 후 이선장은 승상 직위에서 해임되었고 주원장은 양헌을 승상으로 삼으려 했다. 양헌은 유기와 관계가 좋았기에 유기가 틀림없이 자신을 지지할 것으로 생각했다. 그런데 뜻밖에 유기는 "양헌은 재상의 재능은 있지만 재상 그릇으로는 부족합니다. 재상이라면 마음이 물같이 고요해야 하고 의리로 시비를 가려야 하는데 양헌은 그런 점이 부족합니다"라며 반대하고 나섰다.

주원장은 다음 후보로 왕광양이 어떠냐고 묻자 유기는 왕광양은 아량이 좁고 천박해 양헌만 못하다고 했다. 이어 주원장은 호유용이 어떠냐고 물었고 유기는 호유용은 마치 수레를 끄는 말과 같아 자칫하면 수레를 엎을 수 있기에 안 된다고 대답했다.

한참을 생각하던 주원장은 승상이 될 만한 인재로 유기를 따를 사람이 없다는 생각이 들어 자신의 생각을 밝히자 유기는 "저는 나쁜 일이나 나쁜 사람을 원수처럼 증오하고, 성격이 너무 강직하며 번잡한 일을 처리하는 데 참을성이 없기 때문에 제가 승상 자리를 맡으면 폐하께 심려를 끼칠 수 있습니다. 천하에는 인재가 수두룩하기 때문에 폐하께서 잘 살핀다면 알맞은 이를 분명 찾을 수 있을 것입니다만 말씀한 인물 중에는 마땅한 사람이 없습니다"라며 사양했다.

그 후 양헌을 비롯해 왕광양, 호유용 등이 모두 정도는 다르지만 고위직을 맡았다. 심지어 호유용은 8년 동안 승상 자리에 있었으나 유기가 예언한 대로 잇따라 패가망신했다.

유기는 다른 사람의 자질은 물론 자신의 한계도 잘 알았던 현명한 인물이다. 황제 주원장의 성격과 기질은 더 잘 알고 있었을 것이다. 그는 자신의 능력 부족도 문제지만 재상이라는 관직이 얼마나 위험한 자리인지를 심각하게 고려한 것으로 보인다. 이후에 벌어진 주원장의 공신 학살은 유기의 처신이 현명했다는 것을 확실히 입증했다. 급류 앞에서 물러설 줄 아는 것도 용인의 큰 요령이다. 특히 최고 통치자나 경영자의 기질을 정확하게 파악한 참모라면 조직의 격변기에 어떤 처신과 인재 기용이 필요한지 심사숙고할 필요가 있다.

자리에 마땅한 인재를 알아보는 식별의 기술

유기는 원 왕조 말기에 관료 생활을 하면서 당시 사회의 부패상을 목격하고 자신의 정치적 주장과 철학 사상 등을 우화로 표현한 《욱리자》라는 특이한 책을 썼다. 그는 잡문 형식인 이 정치 논평서에서 용인과 관련한 전문적인 글을 20편이나 남겼다. 여기서 유기는 인재 등용에 관한 개인적 관점을 논술한 다음 당시 사회 실정을 아주 뚜렷하고 절묘하게 결합해 치밀한 용인론을 제기했다. 즉 이 책은 인재 문제를 담론한 훌륭한 용인 저서라 할 수 있다.

하나, 옛것이 다 좋다고 착각하지 말아라

먼저 유기는 겉치레보다 진정한 인재를 구하라고 말한다. 봉건 통치자들은 흔히 인재 문제에서 현재보다 과거에 나은 점이 있다고 생각해 헛된 명성에만 끌려 실질적인 인재를 추구하지 않았다. 유기는 이런 낡은 관념을 날카롭게 비판했다. 그는 《욱리자》 〈양동편〉에서 다음과 같은 유명한 이야기를 들려준다.

거문고를 잘 만드는 공지교라는 사람이 있었다. 하루는 좋은 오동나무를 얻어 거문고를 만들었는데 영롱한 소리가 천하제일이었다. 공지교는 이 거문고를 궁중 음악을 책임지는 태상에게 바쳤다. 거문고를 본 태상은 오래된 물건이 아니라면서 고개를 저었다. 공지교는 거문고를 가지고 돌아와 옻칠하는 사람을 찾아 무늬를 바꾸고, 글자를 새기는 사람을 찾아 옛날 문자를 새겨 넣게 한 다음 땅속에 파묻었다.

얼마 뒤 공지교가 거문고를 다시 파내 시장에 내다 팔았는데 지나가던 귀인이 100금을 주고 사갔다. 귀인은 그 거문고를 다시 조정 태상에게 보였는데, 태상은 정말 귀한 물건이라며 감탄을 금치 못했다. 이 이야기를 전해 들은 공지교는 "정말 슬프도다! 이런 일이 어디 거문고뿐이겠는가? 하루라도 조치를 취하지 않으면 함께 망하게 생겼다"라며 깊은 한숨을 내쉬었다.

새로 만든 좋은 거문고는 오래된 것이 아니라는 이유로 버림을 받고, 오래된 것처럼 꾸미니 그 값이 백배로 올라갔다. 이는 거문고에만 국한된 이야기가 아니라 사회 전체에 널리 퍼져 있는 편견이기도 했다. 공지교는 한탄을 하며 세상을 피해 깊은 산속으로 숨었는데, 이 이야기는 사실 유기 자신의 상황을 비유한 것이다. 과거에 대한 집착 내지 과거로의 회귀인 복고復古를 반대했다는 점에서 유기의 용인 사상은 혁신적이다.

둘, 재능은 존비귀천을 가리지 않는다

유기는 인재를 말에 비유하기도 했다. '여덟 마리의 준마'라는 뜻의 〈팔준八駿〉이라는 문장에는 이런 이야기가 있다.

말을 잘 감별하던 조보가 죽자 사람들은 말의 우열을 감별할 줄 몰라 말을 산지에 따라 분류했다. 이들은 기 지역의 말만 우수하다 여기고 나머지는 모두 열등한 품종으로 간주했다. 왕궁의 말 중에서도 기에서 난 말은 상등으로 분류해 군주가 탔고, 중등으로 분류한 잡색 말은 전투마로 사용했으며 기주 이북에서 나는 말은 하등으로 분류해 고관들이 타고 다녔다. 그리고 강회에서 나는 말은 산마散馬라 하여 잡일에 동원했다.

어느 날 강도가 궁중에 침입했다. 사람들이 강도를 잡기 위해 급히 말을 동원하려는데 안쪽 마구간의 말들은 "우리는 군왕이 외출할 때 타는 말이라 동원될 수 없다"라며 버텼다. 그러자 바깥 마구간의 말들도 "네놈들은 먹기는 잘 먹고 일은 적게 하는데 왜 우리더러 나가라고 하느냐"라며 버텼다. 말들이 서로에게 미룬 결과 적지 않은 말이 강도에게 약탈당했다.

사람을 기용할 때도 출신지나 종족 따위로 존비귀천을 나누지 않고 진짜 재능을 따져야 한다는 의미다. 가상을 제거하고 진위를 가리듯 겉으로 드러나는 허식을 떨치고 진정한 재능을 추구해야 할 것이다.

셋, 허세에 속지 말아라

사람에게 선악이 있듯 인재에게도 진위가 있다. 역사적으로 악당 소인배들이 유능한 인재로 가장해 온갖 재앙을 저지른 사례가 많다. 이와 관련해 유기는 전국 시대 초나라의 춘신군을 예로 든다.

춘신군 밑에는 식객이 삼천이나 있었으나 그는 인재의 우열을 가리지 않고 다 받아들였다. 그의 문하에는 개나 쥐새끼 같은 무뢰배가 득실거

렀지만 춘신군은 그들을 과분하게 대접하면서 언젠가 자신에게 보답할 것을 희망했다. 결국 춘신군은 자신이 그렇게 믿었던 이원이라는 자에게 살해당했다. 그런데 놀랍게도 식객 중 누구 하나 나서서 이원에 대항하거나 성토하지 않았다.

인재의 선악은 약초나 독초처럼 실제와는 다른 모습이 적지 않기 때문에 겉모습을 꿰뚫고 감별할 수 있어야 한다. 유기는 인재를 약초에 비유하면서 산골의 경험 많은 한 노인의 말을 소개한다.

"민산의 응달에 황량이라는 약초가 자라는데 이 약초는 맛이 쓸개처럼 쓰고 약성이 강해서 다른 것과 섞이지 않는다. 하지만 황량을 삶아서 복용하면 몸의 나쁜 성분을 모두 제거해 증세를 단번에 해결하고 독기를 단숨에 빼낼 수 있다. 맛이 쓰고 약성도 강하지만 효능이 뛰어난 좋은 약이다. 반면 해바라기처럼 예쁘게 생긴 어떤 약초는 그 잎에서 떨어지는 물방울이 상처에 닿으면 근육과 뼈를 상하게 만들 정도로 독해 단장초斷腸草라 부른다. 겉모습은 멋있지만 실제로는 악독한 풀이니 그 모습만 보고 잘못 복용하는 일은 없어야 할 것이다."

발탁한 인재의 능력을 100% 발휘시키는 법

유기는 실사구시의 태도로 인재를 선발하고, 이를 바탕으로 인재를 마음 놓고 사용할 수 있는 조건을 창조하라고 주장한다. 특히 유기는 인재에 대해 너무 각박하게 요구하는 군주의 행위를 비판하면서 인재에게 필요한 조건을 제공해 일을 성사시켜야 한다고 했다. 그는 〈청박득위벌請舶得葦伐〉에서 진시황과 서불의 일화를 소개한다.

서불은 바다로 나가 봉래산을 찾아 불사약을 구해 올 수 있다고 큰소리를 치면서 진시황에게 큰 배를 마련해 달라고 요구했다. 이에 진시황은 "큰 배를 타고 바다로 나가는 것은 누구나 할 수 있는 일이다. 네가 그렇게 신통하다면 풀로 뗏목을 만들어 나가도 될 것 아닌가"라고 했다. 서불이 난감해하자 진시황은 "큰 배를 타고 갈 것 같으면 나라도 갈 수 있는데 네가 무슨 필요가 있겠는가"라며 면박을 주었다. 각박한 진시황을 본 서불은 혼자 큰 배를 마련해 동남동녀 3,000명을 데리고 바다로 나가서는 다시는 돌아오지 않았다. 바다로 나가 선약을 구해 불로장생하려던 진시황의 꿈은 물거품이 되었고, 얼마 뒤 사구라는 곳에서 병으로 죽고 말았으니 천하의 웃음거리가 따로 없다 하겠다. 이 야사는 역사적 사실과 다소 다르지만 문맥이나 내용에 문제가 없어 그대로 인용했다.

인재가 공을 이루고 업적을 남기려면 일정한 물질적 조건이 필요하다. 배 없이 어떻게 바다로 나간다는 말인가? 또 유기는 앞서 언급한 《욱리자》라는 고대 중국 사회에서의 인재 문제를 논의한 전문적인 저술을 남겼다. '욱리자郁離子'라는 이름에 대해 당시 사람들은 '《역易》에서 '리離'는 불이다. 문명의 상징이다. 그것을 잘 사용하면 문장이 더욱 훤하게 드러나 문명으로 세상을 다스리는 성세를 맞이할 수 있다'고 해석했다. 《욱리자》는 지나간 역사와 유기 당대의 용인 경험을 종합한 다음, 이론과 실천을 긴밀하게 결합한 한 차원 높은 저술로 유기의 정치적 주장과 철학 사상을 대표한다. 또한 유기 자신을 대변하는 작품이기도 하다.

특히 세속의 헛된 명성이나 평가 같은 겉모습에 현혹되어 중책을 맡겼다가는 낭패를 보는 것은 물론 심하면 망국을 초래할 수 있다는 유기의 지적은 지금 우리 현실을 침통하게 꾸짖는 것 같아 가슴이 철렁 내려앉는다.

적절한 배합은 재주에 날개를 단다

• 공자의 조화 •

"우열에 맞추어 얻게 하지 않으면 그 사람을 충분히 활용할 수 없다."

비령기우열소득非令其優劣所得 불능진인지용不能盡人之用.

-좌종당

청나라 때의 정치가이자 군사가인 좌종당의 말이다. 이를 풀이하면 '뛰어나고 조금 모자람이 있더라도 각자에 맞는 일을 맡겨야만 모두의 능력을 합리적으로 사용할 수 있다'는 뜻이다. 인재가 충분히 작용하게 하는 것 또한 용인에서 중요한 원칙이자 방법이다. 이 문제를 역사 사례와 현대 경영 사례를 통해 조금 더 생각해 보자.

모두 잘하는 것이 다르다는 이치

이 방면에서 공자가 모범적인 사례를 남겼다. 공자가 제자들과 여러 나라를 떠돌 때의 일이다.

타고 다니던 말이 도망가서 농민의 농작물을 뜯어 먹었다. 성이 난 농민은 말을 붙잡아 놓고 돌려주지 않았다. 공자의 제자인 자공이 가서 농민에게 사정했지만 말을 돌려받지 못했다. 공자는 "이해하지 못할 말로 사람을 설득하는 것은 종묘 제사에 쓰는 최고급 희생물들을 들짐승에게 바치는 것과 같고, 가장 아름다운 음악으로 나는 새를 기쁘게 하려는 것과 같으니 무슨 소용이 있겠느냐"라며 탄식하고는 말을 모는 사람을 그 농부에게 보냈다. 말을 모는 사람은 농부에게 이렇게 말했다.

"당신은 동해에서 농사짓는 사람이 아니고, 나 또한 서해를 여행하는 사람이 아니오. 말이라는 놈은 풀을 보면 뜯어 먹기 마련, 어찌 일부러 당신의 농작물을 침범했겠소?"

이 말에 농부는 흔쾌히 말을 풀어 그에게 넘겨주었다. 공자의 남다른 점이 바로 여기에 있다. 그는 사람마다 특징과 역할이 모두 다르다는 점에 근거해 사람을 보내고 활용해 그 사람의 능력을 충분히 발휘시켰다. 이렇게 일은 쉽게 풀렸다.

우열에 맞게 성과를 얻어 내는 관건은 그 '집단'을 제대로 활용하는 데 있다. 어떤 인재를 활용하든 그 집단에 속하기 때문에 개체의 자질과 집단의 자질이 서로 맞물려야 한다는 점에 주의해야 한다. 요컨대 인재를 적합한 위치에 기용하려 할 때 그 인재의 자질이 특정한 집단에 녹아들 수 있는지, 전체적으로 그 집단의 다양한 개개인의 자질과 조화를 이루어 보다 이상적인 집단적 자질로 조합될 수 있는지를 충분히 고려해야 한다. 그래야만 인재가 이 집단에서 자신의 위치를 찾아 충분히 그 재능을 펼칠 수 있다.

최고가 모이면 최강이 될 것이라는 착각

집단을 제대로 활용하는 것은 실제로는 인재의 조합 또는 인재의 조화 문제이기도 하다. 한 사람만을 고려한다면 당연히 능력 있고 지혜로운 사람을 찾는다. 그러나 대부분의 일은 집단으로 진행된다. 그런데 능력 있고 지혜를 갖춘 인재를 한데 모아 놓는다고 해서 가장 이상적인 조합이 된다는 보장은 없다. 오히려 능력과 일의 성질 및 요구를 기반으로 우열을 배합해 집단을 이룬다면 최상의 능력을 발휘할 수 있는 가장 좋은 조합이 될 수도 있다.

예를 들어 어떤 일에 열 명의 사람이 필요한데 열 명을 모두 재능이 뛰어난 청년으로만 배치한다면 결과는 어떨까? 모르긴 해도 자신의 재능과 능력만 믿고 맡은 일에 대해 제각각 견해와 주장을 내세울 것이다. 모두가 자기 생각과 주장대로 일이 진행되기를 바랄 것이니 의논만 분분하고 집행은 되지 않는 상황이 벌어지기 십상이다. 심하면 서로 옳다며 우기고 다투다가 날이 샐 수도 있다. 사실 재능 있고 지혜로운 인재는 열에 한둘이면 충분하다. 나머지는 그저 평범한 재능의 보통 사람이면 된다. 그러면 뛰어난 사람의 의견을 따를 것이고, 일도 순조롭게 진행될 것이다.

시스템 과학의 원리로도 이 점을 설명할 수 있다. 시스템 이론에 따르면 시스템을 구성하는 요소가 성능 면에서 뛰어나더라도 조합이 불량하면 전체 시스템의 성능이 불량하게 나올 수도 있다. 과거 동남아 일부 국가가 전자 제품을 생산하기 시작하던 초기에 이런 상황이 적지 않게 발생했다.

선진국으로부터 최고 성능의 기본 부품을 비싼 값으로 수입해 조립했는데도 성에 차지 않은 완제품이 나온 것이다. 그래서 선진국의 전문가를 초빙해 원인을 추적한 결과 이런 분석이 나왔다. 선진국에서는 모든 부품을 최고급으로 사용하지 않는다. 그런데도 좋은 제품이 나오는 것은 선진국 기업들은 각 부품의 전체적인 성능에 각별히 주의를 기울이며, 각 부품을 어떻게 조립하는 것이 최상인가를 특별히 연구하기 때문이다. 동남아 몇몇 나라는 이 점을 소홀히 한 것이다.

인재의 조합은 대단히 복잡한 시스템 공정이다. 인간 자체가 대단히 복잡하기 때문이다. 사람마다 생활 환경이 다르고 문화적 소양이 다르며 개성도 다르다. 좋아하고 싫어하는 기호와 특기가 다르며 결점도 다르다. 능력과 지력, 용기와 열정, 방법과 책략, 대담과 소심, 진보와 보수, 적극과 소극 등등 전부 다르다. 따라서 기업을 경영하는 리더는 사람을 쓸 때 반드시 재능에 맞게 기용해야 하며, 심지어 남녀의 성비도 합리적으로 안배해야 한다. 속담에 "남녀가 잘 어우러지면 일이 밀리지 않는다"라고 했는데 일리 있는 말이다. 요컨대 인재의 운용에 대해 기업은 그 사람의 본성에 맞는 일을 배합하는 데 신경을 기울여 기업 전체가 유기적으로 작동해 끊임없이 발전할 수 있도록 해야 한다.

훌륭한 목수는 재목을 버리지 않는다. 재목에 맞게 깎고 다듬는다. 당 태종은 버리는 인재 없이 크든 작든 맞게 활용하는 용인의 대가였다. 그가 거느린 대신 중에서 방현령은 일을 꾀하기는 잘했는데 결단력이 부족했다. 반면 두여회는 결단력이 남달랐다. 그래서 당 태종은 이들을 각각 좌복야와 우복야에 임명해 서로 합심해 자신을 보좌하게 만들어 정관지치라는 번영을 이룰 수 있었다. 이 두 사람으로부터 '방현령이 일을 꾀하면 두여회가 결단을 내린다'는 '방모두단房謀杜斷'의 고사성어가 나왔다.

최적의 조합으로 정상에 오른 경영자들

작고한 일본의 저명한 기업가 마쓰시타 고노스케는 적절한 인재 조합의 이치를 깊이 인식했다. 마쓰시타는 인재들을 교묘하게 배합해 기업의 각 단위에서 각자의 특기를 발휘하게 만드는 고수였다. 그는 인재의 선발과 조합을 하나의 학문으로 보았다. 조합이 적절하면 1 더하기 1이 3 또는 5가 될 수 있고, 그 반대면 제로나 마이너스가 될 수도 있다.

인간의 능력은 영원불변이 아니다. 위치에 따라 10의 능력으로 20의 실적을 내는가 하면 20의 능력으로 10의 실적밖에 내지 못할 수도 있다. 일본 소니의 총재 모리타 아키오 역시 같은 맥락에서 기업의 경영인은 교향악단의 지휘자와 같다면서 모든 연주자가 그 재능을 충분히 발휘하게 해야 완벽한 화음을 얻을 수 있다고 했다.

프랑스의 패션 디자이너 피에르 가르뎅은 대단히 독특한 인물이다. 가르뎅은 '프랑스 문명의 두 가지 핵심(패션과 요리)을 쥐고 세계를 향한다'를 기업의 모토로 삼아 세계 시장을 공략했다. 그는 인재를 활용하는 용인에 남다른 안목이 있었다. 어떤 방면에서 누군가의 특기나 장점을 발견하면 주저하지 않고 그를 기용했다. 관련 사례를 하나 소개한다.

1983년 가르뎅은 북경에다 막심 레스토랑을 열었다. 처음에는 업무 능력이 뛰어난 사장을 파견했으나 그는 중국 상황에 어두워 임기응변 능력이 떨어졌다. 이 때문에 상당 기간 현상을 타개하지 못해 레스토랑의 정상 영업에 지장이 생겼다. 이 사실을 안 가르뎅은 바로 28세의 젊은 경영자와 중국 정황에 밝은 쏭화이귀 여사를 물색해 경영을 맡겼다. 두 사람은 각자의 특기를 발휘해 경영을 정상화시켰다. 가르뎅은 두 사람이 동시에 결재하면 자신의 결재와 효력이 같다고 규정했다. 이렇게 전폭적인 신임을 표시함과 동시에 두루 살피지 못하고 혼자 결정하는 데서 나오는 착오를 막을 수 있었다. 실제로 이 방법은 정확한 해결책이었다. 두 사람은 말없이 협조하면서 뛰어난 성과를 냈다.

피에르 가르뎅은 사람을 과감하게 잘 기용해 성공적으로 '가르뎅 왕국'을 이루었다. 오늘날 전 세계 100여 개 나라에 대략 1,000곳의 공장과 기업이 들어섰고, 가르뎅 패션과 막심 레스토랑은 세계 대도시에서 모르는 사람이 없을 정도로 명성을 얻었다. 가르뎅이 이같이 사업의 성공을 거둔 것은 인재의 능력을 최대한 발휘하게 한 그의 남다른 용인술이 당연히 크게 작용했다.

오직 신만이
모든 일을 혼자 할 수 있다

• 제갈량의 분배 •

"자신의 능력만 믿는 자는 일을 망치고 공을 이루지 못한다."

임기자사폐이무공任己者事廢而無功.

-환관, 《염철론》

무수한 사실이 입증하듯이 리더나 관리자가 모든 것을 초탈해 느긋하게 자유자재로 아랫사람을 활용하는 일이 불가능하지는 않다. 그 기본이 되는 방법이라면, 비유컨대 자신의 몸을 나누는 '분신술分身術'을 택하는 것이다. 즉 대권을 자신이 장악하고 있다는 전제하에서 자신이 굳이 권력을 행사할 필요가 없거나 자신이 직접 처리할 필요가 없는 일을 아래로 넘겨 권한과 책임을 다하게 하면 된다.

하지만 리더십을 발휘하거나 사람을 기용하는 실제 문제에 부딪히면 이따금씩 이 방법과는 어긋나거나 상반되는 여러 가지 상황이 발생한다.

권력은 잡으려 하면 잃고 나누려 하면 커진다

가장 많이 발생하는 문제는 주로 두 가지다. 하나는 조직과 기업의 리더들이 '바빠 죽겠다'를 연신 외치면서도 권한과 일을 아래로 넘기지 않는 것이다. 이런 문제가 나타나는 근본적인 원인은 권한을 넘기는 문제에 대한 의미를 정확하게 인식하지 못하기 때문이다. 이런 리더들은 수중의 권력이 떨어져 나가는 것을 막는 일과 권한을 아래로 넘기는 일을 대립해 생각한다. 즉 권한을 넘기면 권력을 잃는다고 여긴다. 어리석은 인식이 아닐 수 없다. 요컨대 권한의 폭과 범위에 대한 성찰이 요구된다는 뜻인데, 이 문제를 조금 더 살펴보자.

'권력'이라는 단어에서 '권權'은 물건의 무게를 다는 저울추를 말한다. 즉 권력은 무작정 움켜쥐는 것이 아니라 힘의 균형을 잡는다는 뜻이다. 힘의 균형을 잡으려면 나누는 법을 알아야 한다. 영어로 '밸런스 오브 파워Balance of power'다. 마찬가지로 '리더가 큰 권력을 장악한다'는 문장에서 리더가 가지는 권력이란 전체 국면에 영향을 주는 주요한 권력을 가리키는 것일 뿐 모든 권력이 아니다. 한번 생각해 보자. 리더가 아주 사소한 권력까지 모두 자기 손에 넣으려 했다가는 곁가지만 쫓다가 근본을 놓치는 결과를 초래하기 십상이다. 나아가 권력을 통제할 수 없을 뿐만 아니라 도리어 권력을 잃게 된다.

모든 리더는 누구나 일정한 수의 아랫사람을 거느린다. 적으면 수십, 많으면 수만 명을 통제한다. 리더가 일의 크기나 경중을 따지지 않고 모든 일을 전부 몸소 처리한다는 것은 한 사람의 리더가 같은 시간, 서로 다른 공간에서 발생하는 복잡다단한 일에 주의를 기울이고 처리해야 한다는 뜻이다. 이는 전설이나 신화 속에서나 가능한 일이다. 현실 세계를 사는 리더는 신이 될 수도 없고 초인적 능력을 가지고 있지도 않다. 억지로라도 그렇게 했다가는 일 더미에 파묻혀 빠져나오지 못한 채 첫머리에서 인용한 대로 '자신의 능력만 믿는 자는 일을 망치고 공을 이루지 못하게' 된다. 이제 제갈량과 현대 경영의 사례를 비교하고 이를 통해 이 문제의 심각성을 생각해 보자.

불세출의 천재도 저지른 한 번의 실수

역사서에 따르면 제갈량(181~234)은 촉나라를 다스릴 당시 "크든 작든 모든 일을 자신이 결정하고, 오로지 자신이 했으며, 조정의 법률 제정, 재정과 식량 문제, 소송 등 모든 일이 그의 결재를 거쳤다"라고 한다. 이런 관리 방법의 문제는 현대 용어로 '관리의 폭'을 적절하게 조정하지 못한, 즉 관리를 해야 될 것과 하지 않아도 되거나 해서는 안 되는 일까지 모조리 관리하려 들었다는 데 있다.

모든 일을 반드시 몸소 돌보아야 하는 제갈량의 일 처리 스타일과 리더십은 상대적으로 적을 기쁘게 만들었다. 삼국 시대 위魏나라의 역사서인《위씨춘추》에 이와 관련한 대목이 있다.

> "제갈량의 사신이 오자 사마의는 제갈량의 잠자리와 식사, 그리고 그 일처리가 번거로운지 간략한지 등을 물었다. 군대에 관한 일은 묻지 않았다. 사신이 '제갈 공은 밤 늦게까지 주무시지 않으며 웬만한 일은 몸소 돌보고 식사는 조금밖에 안 하십니다'라고 대답했다. 그러자 사마의는 '제갈량이 곧 죽겠구나'라고 했다."

제갈량처럼 모든 일을 직접 돌보는데 먹는 것은 적고 일은 많다면 어떻게 견뎌 낼 수 있을까? '제갈량이 곧 죽겠구나'는 사마의의 희망 사항이었겠지만 합리적인 예측이라 하지 않을 수 없다.

이렇듯 만기친람萬機親覽하는 제갈량의 리더십과 제대로 먹지 못하고 일에 치여 사는 생활 습관 때문에 주변 측근들은 그의 건강을 크게 걱정했다. 제갈량의 주부 양옹은 '위아래가 서로의 일을 침범하지 않아야 한다'면서 이에 대해 직언했으나 제갈량은 정중하게 이를 물리쳤다.

231년 봄, 제갈량은 10만 대군을 이끌고 5차 북벌에 나섰다가 그해 5월 오장원에서 쓰러져 일어나지 못했다. 그의 나이 54세였다. 제갈량의 죽음을 보면 두보가 〈촉상蜀相〉이라는 시에서 애석해한 대목이 절로 떠오른다.

> "군대를 내어 승리하지 못하고 몸이 먼저 죽으니

오래도록 영웅의 눈물이 옷깃을 다 적시는구나!”

제갈량의 이른 죽음으로 촉은 중원 수복과 왕조의 중건이라는 숙원을 이루지 못했을 뿐만 아니라 인재 부족 등으로 쇠락을 길을 걷지 않을 수 없었다. 양옹의 “위아래가 서로의 일을 침범하지 않아야 한다”라는 말에는 결코 심오한 이치가 있지 않았다. 다만 적수였던 사마의와 측근 양옹 등은 이 이치를 너무 잘 알고 있었고, 제갈량은 이를 인정하지 않았으니 “지혜로운 사람이 1,000번을 심사숙고해도 한 번은 실수가 있기 마련이다”라는 말이 실감 나는 대목이다.

독단은
독의 다른 말이다

현대 경영에서도 이 ‘한 번의 실수’를 범하는 리더가 적지 않다. 듀폰은 1802년 프랑스 출신의 화약 제조 기술자 듀폰이 건립한 방위 산업체다(프랑스 문구 회사 듀퐁과는 다른 기업이다). 화약상으로 시작해 지금은 미국 내에서 가장 큰 군수 업체이자 다국적 기업으로 성장했다. 그런데 이 기업의 리더 몇 사람이 제갈량과 비슷한 실수를 범한 적이 있다.

듀폰은 초창기에 리더 한 사람이 결정하는 독단적 경영 방식을 줄곧 고수했다. 2대 리더 헨리는 특히 자신을 보좌하는 사람을 두지 않고 크던 작던 모든 일을 직접 처리했다. 그가 재직한 40년 동안 직접 쓴 편지가 25만 통에 이른다는 말이 있을 정도다. 헨리는 신체가 건강할 뿐 아니라 정력이 남다르기도 했고, 당시에는 회사 규모가 작고 상품도 단순하며 시장도 안정적이었기 때문에 어려움을 이겨 냈을 수 있다.

하지만 3대 경영자인 유진 때는 모든 방면의 객관적 조건이 크게 변했다. 갈수록 시장 변화는 예측하기 힘들어졌고 경쟁이 더욱 치열해졌다. 특히 갈수록 경영 업무가 다양해졌지만 모든 일을 혼자 결정하는 듀폰의 전통적 경영 방식은 전혀 바뀌지 않았다. 그 결과 유진은 심신이 지칠 대로 지쳐 결국 과로로 쓰러졌고 회사도 절체절명의 위기에 놓였다. 제품은 싼값에 처분할 수밖에 없었다. 다행히 다음 경영자가 전통적 방식을 바꾸어 집단 정책 결정 방식을 도입해 재기할 수 있었다.

여기서 새삼 노자의 사상이 떠오른다. 노자는 무엇인가를 하고 싶다면 먼저 아무것도 하지 말라는 '무위無爲'를 제안했다. 아무것도 하지 않는, 즉 일삼지 않는 무위야말로 가장 크게 일하는 '유위有爲'가 된다는 의미다. 이 이론을 사람을 기용하는 경영 관리에 응용하면 리더는 이런저런 잡다한 일에서 빠져나와 직접 일을 처리하기보다 다른 사람에게 넘겨 처리하고 스스로는 '일삼지 말라'는 뜻으로 해석할 수 있다. 이런 무위의 방법을 통해 사업의 성공적인 유위라는 목적을 달성할 수 있다. 많은 사람의 노력에 기대어 일을 자연스럽게 성취하면 모든 사람이 마음으로 복종한다. 이것이 '분신分身 공부'이자 '무위의 경지'다.

신의를 저버리면 공든 탑이 무너진다

• 가도벌괵 속 신뢰 •

"(눈은) 가는 터럭까지 보면서도 자기 속눈썹은 못 본다."

견호모이불견기첩見毫毛而不見其睫.

-사마천, 《사기》〈월왕구천세가〉

《삼십육계》의 하나로 편입되어 있기도 한 '가도벌괵假道伐虢'은 '길을 빌려 괵을 친다'는 뜻의 유명한 사자성어다. 여기서 '괵'은 나라 이름이다. 이 고사의 원전은 《춘추좌씨전》이다. 가도벌괵과 관련한 역사 사례는 적지 않게 남아 있는데, 여기서는 역사 일화 몇 개와 경영에서 활용한 사례를 통해 이 고사의 의미를 생각해 볼까 한다.

눈앞의 보물을 얻으려 적군을 들인 우나라

춘추 시대 진晉나라 대신 순식은 괵을 치기 위해 굴 지방에서 나는 좋은 말과 수극 지역에서 나는 귀한 옥을 뇌물로 써서 우나라에 길을 빌리려 했다.

그런데 진 헌공은 "그것들은 내 보물이다"라며 난색을 표했다. 다음은 당시 두 사람의 대화다.

"우나라가 만약 길을 빌려주기만 한다면 우리 보물은 남의 집 창고에 임시로 보관해 두는 것이나 마찬가지입니다."

"그렇지만 우나라에는 궁지기라는 신하가 있지 않은가?"

"궁지기는 위인이 나약해서 강력하게 이야기하지 못합니다. 게다가 임금과는 어려서부터 함께 자라 스스럼이 없는 사이이기 때문에 충고한다 해도 임금이 듣지 않을 것입니다."

헌공은 순식에게 이 보물들을 뇌물로 주어 우나라의 길을 빌리도록 했다. 순식은 우나라 임금에게 가서 이렇게 말했다.

"지난날 기(지금의 산서성 하진 동북)가 무도하게 굴었기에 전령(산서성 평륙의 동북 지역)의 고개를 넘고 명(평륙 동북 20리)의 삼문산까지 공격해서 기를 이미 병든 신세로 만들 수 있게 된 것은 오로지 그 나라 임금 덕분이었습니다. 그런데 지금 괵이 무도하게도 귀국을 발판으로 우리의 남쪽 국경을 침범하고 있습니다. 괵을 치도록 길을 빌려주십시오."

우공이 이를 허락한 것은 물론 앞장서서 괵을 치기를 희망했다. 궁지기가 충고했으나 듣지 않았다. 마침내 여름, 진나라의 순식과 이극이 군사를 거느리고 우나라 군대와 함께 괵을 치고 하양을 쳐 없앴다.

괵과 우는 본래 이웃한 작은 나라였다. 진나라는 이 두 나라를 모두 손아귀에 넣으려고 먼저 괵을 공격할 계획을 세웠다. 그런데 진나라 군대가 괵으로 가려면 우를 거쳐야만 했다. 만약 우가 진의 군대를 막거나 괵과 연합해 진에 맞선다면 진이 강하다 해도 성공하기 어려울 판이었다. 그래서 대부 순식의 꾀를 받아 들여 뇌물로 우의 임금을 꼬드겨 길을 빌리는 데 성공했다. 그렇게 큰 힘들이지 않고 괵국을 멸망시켰다.

진나라 군대는 승리를 거두고 돌아오는 길에 군대를 정돈한다는 구실로 우나라에 잠시 주둔했다. 우나라는 의심하지 않고 경계를 전혀 하지 않았다. 그런데 진나라는 갑자기 군대를 동원해 단숨에 우까지 멸망시켰다. 우의 임금은 포로로 잡혔고, 뇌물로 받은 귀중한 명마와 옥은 다시 진 헌공의 손으로 돌아갔다. 헌공은 "그 사이에 옥은 더 좋아진 것 같고, 말은 이빨이 더 길어진 것 같구나"라며 교활하게 웃었다.

서로를 배신한 채나라와 식나라의 망국

거의 같은 사례를 하나 더 보자. 춘추 시대 초기 제후국들은 주 왕실의 힘이 빠진 상황에서 서로 자기 세력을 넓히기 위해 열을 올렸다. 남방의 강국 초나라 문왕도 국력을 크게 키웠고, 한수 동쪽의 작은 나라들이 속속 초나라에 굴복해 조공을 바쳤다. 당시 소국 중 채나라는 동방의 강국 제나라와 혼인 관계를 맺은 다음 제나라를 믿고 초나라에 고분고분하게 굴지 않았다. 초 문왕은 이를 마음에 담아 두고 채나라를 없앨 기회를 엿보고 있었다.

채나라는 또 다른 소국 식이라는 나라와 사이가 아주 좋았다. 두 나라의 군주는 모두 진陳나라 여자를 부인으로 맞이해 동서 관계가 되어 늘 서로 왕래했다. 한번은 식나라 군주의 부인이 채나라를 지나가면서 대접을 잘 받고 돌아왔다. 그런데 돌아온 식 부인은 남편에게 채나라 군주에 대한 욕을 잔뜩 늘어놓았다. 알고 봤더니 식사 자리에서 채나라 군주가 처제인 식 부인을 희롱한 것이었다.

분노한 식나라 군주는 채나라 군주에게 이를 갈았으나 힘이 없어 어쩔 수가 없었다. 그러다 문득 강국 초나라 생각이 들어 초나라로 사람을 보내 한 가지 제안을 했는데, 일부러 자기 나라를 공격해 달라는 것이었다. 그러면 자신이 채나라에 구원을 요청하고, 구원하러 온 채나라를 함께 공격하자는 의도였다.

초나라 문왕은 속으로 뛸 듯이 기뻤다. 호박이 넝쿨째 걸어 들어온 꼴이었다. 초나라는 즉각 식나라를 공격했고, 그 후의 일은 예상대로였다. 초나라는 바로 개입해 채나라 군주를 포로로 잡아갔다. 초나라는 식나라의 길을 빌려 채나라를 깨부수고 그 군주마저 잡아 돌아가는 큰 성과를 올렸다.

포로로 잡힌 채나라 군주는 진상을 알고는 식나라 군주에게 이를 갈았다. 생각 끝에 채나라 군주는 초나라 문왕에게 식 부인의 미모에 대한 칭찬을 잔뜩 늘어놓았다. 여자를 밝히던 문왕인지라 그 말에 혹해서는 식나라 도성을 순시한다는 명목으로 식나라를 방문했다.

문왕의 의도를 모르는 식나라는 은인이나 다름없는 초나라 문왕을 극진히 환대했다. 술자리에서 문왕은 식 부인을 찾으며 나와서 술 한 잔 정도는 따라야 하는 것이 예의 아니겠느냐고 농담을 던졌다. 식의 군주는 하는 수 없이 식 부인을 불렀다. 식 부인을 본 문왕은 그만 넋이 나갔다. 이튿날 문왕은 환대에 대한 답례로 술자리를 베풀어 그 자리에서 식나라 군주를 잡아 버리고는 가볍게 식나라를 멸망시켰다.

식나라 군주는 홧김에 초나라에 길을 빌려 주어 채나라를 멸망시켜 원한을 갚았지만 그 자신도 나라를 잃었다. 이후 식 부인은 초나라로 잡혀가 문왕의 아내가 되어 자식을 둘이나 낳았지만 평생 말을 하지 않고 살았다고 한다. 자신의 입이 멸국이라는 화를 초래한 것에 대한 죄책감 때문이었을까?

손권의 간사한 말에
넘어가지 않은 제갈량의 승리

《삼국지연의》에도 가도벌괵 이야기가 나온다. 삼국 정립의 과정에서 유비는 손권으로부터 형주를 빌리고 나아가 손권의 누이를 아내로 맞이하기까지 했다. 오나라는 형주의 반환을 위해 노숙을 유비에게로 보냈다. 유비는 제갈량이 일러 준 대로 노숙 앞에서 엉엉 울었다. 당황해하는 노숙에게 제갈량은 당초 사천을 취하고 나면 형주를 돌려주기로 했는데, 사천의 주인이 유비의 동생뻘이니 이러지도 저러지도 못해 저러는 것이라며 돌아가 잘 말해 달라고 신신당부했다.

돌아온 노숙은 손권에게 이를 보고했다. 주유는 제갈량의 수를 금세 간파하고는 다시 형주로 가서 오나라가 사천 지역을 빼앗아 줄 테니 그 때 형주를 돌려주면 된다고 전하게 했다. 제갈량은 주유가 가도벌괵 계책을 쓰려 한다는 것을 알았다. 자칫 사천 정벌을 위해 길을 빌려 주었다가는 사천은커녕 형주마저 빼앗길 것이 뻔했다.

제갈량은 일단 주유의 제안을 받아들이겠다며 노숙을 돌려보낸 뒤 주유의 군대가 오자 복병으로 기습을 가했다. 주유는 길을 빌리기는커녕 도리어 공격을 당해 강동으로 후퇴했다. 가도벌괵의 계책이 실패로 돌아간 후 주유는 화병이 나서 요절했다.

신뢰는 성과와 발전의 양분이다

가도벌괵은 현대 경영에서도 활용된다. 그 사례 하나를 보자.

홍콩의 선박왕으로 불리는 포옥강은 남다른 사업적 안목으로 성공한 기업인이었다. 경제 호황기에 그는 고객들을 위해 선박 수송비를 낮추어 고객의 신뢰와 금융 기관의 신용도를 동시에 확보하는 독특한 경영 방식으로 주위를 놀라게 했다.

포옥강은 여기서 한 걸음 더 나아가 고객사들과 은행에서 장기 저리로 대출을 받아 좋은 선박을 함께 구매했다. 이렇게 한결 순조롭게 화물을 전 세계 각지로 운송할 수 있었다.

포옥강의 이 같은 경영 전략은 이후 불어닥친 석유 파동 등 메가톤급 세계 경제 위기를 무사히 잘 넘기는 든든한 기반으로 작용했다. 고객들은 공동 투자로 미리 사둔 선박을 통해 전과 별 차이 없는 수송비로 화물을 보낼 수 있었다.

포옥강의 이런 경영 전략을 가도벌괵에 비유할 수 있다. 포옥강은 평소 확실하게 얻어 둔 신용을 바탕으로, 은행과 금융권으로부터 길을 빌리는 '가도'를 통해 안정적으로 좋은 선박을 구입하는 '벌괵'을 함께 활용해 경제 위기를 극복했다. 단기 이익을 포기하고 장기적 안목으로 사업을 성공으로 이끈다는 포옥강의 사업 전략과 믿음이 길을 빌리는 힘이 되었던 것이다.

가도벌괵은 전통적으로 군사 전략의 일환이었다. 그러나 경영에서는 의미가 다양하게 변용된다. 상대를 없애기 위한 가도가 아닌 윈-윈win-win을 위한 가도로 바뀌고 있다. 또 약자에게 가도하지 않고 강자에게 가도해 동업자나 거래처와 함께 이익을 창출하는 전략으로 바뀌고 있다. 그런가 하면 '일대일의 가도'가 아닌 '다자간 가도'로 전략적 의미를 넓혀가고 있다. 이렇듯 경영은 물론 조직을 이끄는 리더라면 누구든 상황에 따라 다양한 가도벌괵을 구사해야 할 것이다.

썩은 사과를 골라내야 함께 망하지 않는다

• 간신의 **검열** •

"흐르는 물은 썩지 않고, 문지도리는 좀먹지 않는다."

유수불부流水不腐, 호추불두戶樞不蠹.

-여불위, 《여씨춘추》

간신은 엄연한 역사 현상이다. 크게는 권력자, 흔히 혼군昏君으로 표현되는 간군奸君과 그 권력에 기생하는 간신이란 이란성 쌍생아이자 숙주와 기생충의 관계로 정리되지만 그 현상의 내용과 이면을 파고들면 훨씬 복잡하다. 간신 현상은 이 같은 관계가 존재하는 한 어떤 조직에도, 어떤 나라에도 나타날 수밖에 없다. 크기와 정도만 다르지 인간 사회의 보편적 현상이기도 하다. 따라서 간신과 그 현상을 방지하는 일은 대단히 심각하고 중요하다. 역사상 간신 때문에 신세를 망친 권력자는 부지기수였고 나라가 망할 때는 단 하나의 예외 없이 간신 매국노들이 득세했다.

조직에서 간신이 득세하면 인재는 억압받고 떠난다. 간신의 득세는 인재의 무덤이다. 역사적 사례를 잘 살펴 이 점을 분명하고 심각하게 인식해야 할 필요가 있다. 수많은 역사적 사례가 있기 때문에 얼마든지 교훈을 얻고 계시를 받을 수 있기 때문이다.

곳간이 가득 차면
음식이 상하기 시작한다

당나라 역사에서 현종은 즉위 초기에는 깨어 있는 의식으로 나라를 제대로 이끌었다. 기라성 같은 인재들이 모여 들었고, 태종의 정관지치에 이어 '개원지치開元之治'라는 제2의 전성기를 구가했다. 현종은 밤낮을 가리지 않고 나랏일에 힘을 썼다. 그가 과로로 살이 빠지자 신하들은 휴식을 권했다. 이에 현종은 "나는 말랐지만 천하가 살찌지 않았는가"라고 했다. 이 얼마나 듣는 이의 마음을 울리는 기가 막힌 말인가? 현종은 이렇듯 현명했다.

현군이었던 현종은 후반기로 갈수록 간신배들을 기용해 정치를 그르쳤다. 밤새 주색 놀이에 빠져 조회에도 참석하지 않았다. 신하들이 이 점을 지적하자 현종은 "천하의 제왕이 조회에 꼭 나가야 하는가"라며 면박을 주었다. 통치 초반기 송경을 비롯해 유능한 재상들을 기용해 전성기를 누렸던 현종은 후반기로 오면서 판단력을 잃고 자신에게 듣기 좋은 소리만 하는 간신들을 가까이 해 나라를 망쳤다. "나는 말랐지만 천하가 살찌지 않았는가"라고 말한 그때 그 현종과 조회에 꼭 나가야 하느냐며 충고하는 대신들에게 면박을 준 그 현종이 다른 현종이었을까?

아무리 뛰어난 지도자라도 오랜 시간 별일 없이 안정을 유지하다 보면 현상에 안주하려는 경향이 강해진다. 이때 자성하지 못하면 판단력에도 문제가 발생한다. 자성과 함께 새로운 인재들을 등용해 조직의 신진대사가 원활해지도록 손을 써야 하는데 도리어 간신배를 기용하는 경우가 많다. 몸에 비유하자면 새로운 영양소를 공급해 피가 원활하게 돌아가도록 해야 하는데, 현종처럼 새로운 인재는커녕 간신배들에게 의존하면 나라가 동맥 경화에 걸린다. 즉 초심을 잃으면 간신이 달라붙는다.

낡은 부대에 새 술을 담지 못하는 이유

과거 제도는 본디 평등하게 인재를 발탁하는 제도였다. 그러나 남송 시대에 와서는 일부 권신이 사리를 꾀하는 도구로 전락했다. 이들은 권력을 믿고 현명한 인재들을 억압하고 자신들과 가까운 자들을 등용했다.

위대한 문학가의 한 사람으로 꼽히는 육유는 과거에서 우수한 성적을 거두었지만 간신 진회의 압력 때문에 급제자 명단에서 제명되었다. 진회는 권력을 이용해 자신의 손자인 진훈을 일등에 올려놓았다.

소흥 23년인 1153년, 남송 조정은 태평을 가장하고 인심을 농락해 구차하게 안정을 구걸할 필요성을 느끼고 수도 임안(지금의 절강성 항주)에서 예부가 주관하는 대규모 초시를 시행했다. 일종의 보여 주기식의 대규모 행사였다. 당시 시험관은 양절전운사 진지무였는데 청렴한 성품의 그는 공정하게 인재를 선발하고자 했다. 이 과거 시험에는 승상 진회의 손자도 참가했고, 권력을 쥔 간신 진회는 자신의 손자를 1등으로 뽑으라는 암시를 주었다.

초시가 끝나고 답안지가 진지무의 손에 들어왔다. 그중 한 답안지에는 금나라와 맞서 봐야 나라가 망하는 화를 초래하는 등 좋은 결과가 없으니 송은 계속해서 금과 사이좋게 지내야 하며, 금에 대항해 싸우자는 항금론자들은 내쫓아야 한다는 주장이 있었다. 더욱 심한 것은 답안지에다 '나의 할아버지 진회'라는 내용을 적어 자신이 실권자 진회의 손자임을 암시해 은근히 특별 대우를 요구했다는 사실이다. 진지무는 이 답안지를 한쪽으로 치워 버리고 무시했다.

한편 다른 답안지 하나에는 확고한 의지로 조국 땅을 되찾을 것을 주장하면서 투항주의자들의 논리와 추한 행동들을 통렬하게 꾸짖고 있었다. 그러면서 자신은 나라를 위해 온 몸을 바칠 각오가 되어 있음을 분명하게 밝혔다. 답안의 문장은 유창하고 기백이 흘러넘치는 것이 타의추종을 불허했다. 진지무는 당연히 이 답안을 1등으로 뽑았다. 답안이 공개되고 밝혀진 답안의 주인공은 다름 아닌 산음 출신의 유명한 문장가 육유였다.

초시가 끝난 뒤 황제 앞에서 치르는 전시가 시행되었고, 진지무는 육유를 1등으로 뽑았다. 진회의 손자는 2등으로 뽑혔다. 이에 화가 난 진회는 시험을 주관했던 관리에게 죄를 물었고, 이듬해 예부 시험에서 육유가 또 1등을 차지하자 질투에 사로잡혀 어쩔 줄 몰랐다.

진회는 진지무가 자기 손자를 일등으로 뽑지 않은 데 대노했다. 그는 조정에서 2차 시험을 치르기 전에 육유의 이름을 빼야 한다고 주장했다. 조정은 금과 화친하고 있는데 육유가 공공연히 조정과 황제의 뜻에 맞서고 있으니 자격을 박탈하고 도읍에서 내쫓아야 한다는 구실이었다. 그리고는 공평하게 채점을 하지 않았다는 구실을 붙여 진지무의 책임을 추궁하고, 끝내 자신의 손자를 1등으로 올렸다. 이 일로 조야는 한바탕 소동이 벌어졌으나 실세 진회의 억지를 말릴 수는 없었다.

초심으로 돌아가 간신을 대신할 인재를 구할 것

진회가 권력을 함부로 휘둘러 과거에 개입해 인재를 내치고 자기 손자를 뽑은 것은 참으로 추악한 행위였다. 더 말도 안 되는 것은 이런 짓이 공평을 생명으로 하는 과거라는 명목하에 벌어졌다는 사실이다. 이는 사회가 부패하면 아무리 공평하고 원래의 취지가 좋은 제도라도 변질할 수밖에 없음을 말한다. 훌륭한 임용 제도가 마련되어 있더라도 이것이 변질되는 것을 방지할 수 있는 장치가 있어야 하며, 특히 개인적인 이익 때문에 불법으로 제도에 개입하는 행위를 철저하게 막을 수 있어야 한다.

인재가 억압당하고 출세의 길이 막히는 이유는 제도나 법률이 갖추어져 있지 않아서가 아니다. 역사상 모든 제도는 그 나름의 시대적 한계를 가지기 마련이었다. 하지만 그보다 더 크고 근본적인 문제는 그것을 운용하는 인간에게 있다. 아무리 좋은 제도와 법률이 있어도 그것을 운용하는 개인이나 집단의 도덕성이 해이해지거나 혹은 개인이나 특정 집단의 사리사욕에 이용하면 인재가 제 아무리 뛰어나도 무용지물일 수밖에 없다. 예나 지금이나 가볍게 생각해서는 결코 안 되는 문제다.

고대 중국에서는 리더를 나무, 인재를 새에 비유했다. 여기서 '나무(리더)가 새(인재)를 선택한다'는 '택조擇鳥'라는 전통적인 인재관이 나왔다. 이후 이 인재관은 '인재가 리더를 선택한다'는 '택목擇木'으로 발전했고, 다시 '인재가 리더를 발전시킨다'는 '육목育木'으로까지 진전했다. 물론 '인재를 기른다'는 '육조育鳥'도 필요하다. 다음 장은 인재와 리더를 성장하도록 돕는 육조와 육목의 이야기다. 육목이나 육조의 다음 단계는 무엇일까를 생각하면서 읽었으면 한다.

3장.

큰사람으로 자랄 환경을 조성하라

: 천금을 낳는 인재를 키우는 법

아무것도 바꾸지 않으면 아무것도 변하지 않는다

• 한유의 **혁신** •

"낡은 것을 혁파하지 않고 어찌 새롭게 출발할 수 있겠는가?"

불혁기구不革其舊 안능종신安能從新.

-사량좌, 《상채어록》 권2

정해진 기간만 학습해 졸업증을 받고, 특정 시험에 합격하면 자격증을 얻어 벼슬을 받아 평생 행세하고 특권을 누리던 시대가 오랫동안 이어졌다. 이렇게 기득권층이 형성되어 사회 각 분야의 높은 자리와 부를 독차지했다. 그 결과 다른 뛰어난 인재들이 배척되어 사회 발전이 늦어지는 등 각종 문제점이 나타났다. 당초 획기적인 인재 기용의 방법으로 제도화된 과거제는 시간이 흘러 특정 계층이 부와 권력을 독점하는 수단으로 변질되어 사회 모든 분야의 발전을 가로막는 원흉이 되었고, 급기야 망국의 근원으로 지목되었다. 기득권의 이익을 지키는 데 급급한 제도로 인해 한번 자리를 차지하면 더 이상의 자기 계발이 필요 없는 퇴행적 기풍이 깊이 뿌리를 내렸다.

그러나 역사의 진보는 누구도 막을 수 없다. 시대는 급변했고, 이제 평생 배우지 않으면 사회적으로 인정받지 못한다. 집단 지성의 힘은 학력이 아닌 실력을 더 요구하고, 자격이 아닌 품격을 요구한다.

어떤 물건도 시간이 지나면 녹슬기 마련이다

당나라 때의 문인이자 정치가였던 한유(768~824)는 당시 쇠퇴하던 문단과 지식인 사회를 개혁하기 위해 고문古文 부흥 운동을 펼쳤다. 기존의 형식적이고 기교만 중시하던 문체로는 사회적 기풍을 바로잡을 수 없으니 소박하고 진솔한 옛 문체를 되살려야 한다는 취지였다. 또한 한유는 사회적 폐단을 바로잡는 방법의 하나로 과거 역사를 깊게 통찰하고, 여기에서 인재를 위한 유익하고 의미 있는 이론을 마련할 것을 주장했다.

현실 사회의 폐단을 바로잡기 위해 한유는 역사적 사례를 통해 현재를 논하는 '통고논금通古論今'의 방법을 취했다. 당시 당나라는 전성기를 지나 쇠퇴기에 접어든 터라 한유의 이 같은 주장은 상당한 파문을 일으켰다. 이렇게 그는 고대의 인재 기용 원칙을 찾아내 인재가 성장하는 데 유리한 이론적 환경을 마련하기 위해 노력했다.

한유는 인재라면 사심 없이 기꺼이 추천해야 한다고 주장하면서, 당왕조 중기 이후 문벌과 관계를 중시하는 풍조에 큰 불만을 토로했다. 그는 친우인 최군에게 자신이 있는 곳으로 돌아와 달라는 마음을 담아 보낸 〈여최군서與崔群書〉라는 글에서 세금만 축내는 기득권층을 비판했다.

"예로부터 유능한 인물은 적고 못난 자가 많았는데 지금 또 유능한 인재들이 때를 만나지 못하는 반면 못난 자들은 호화로운 옷을 걸치고 거들먹거린다. 유능한 사람들은 스스로를 지키지 못하는 반면 못난 자들은 득의만만하다. 유능한 인재는 겨우 한 자리 얻어도 이내 죽고 그렇지 못한 자들은 장수를 누린다."

한유는 유능한 인재가 못난 자들보다 못사는 현실은 능력에 따라 기용하는 인재 기용 정책과 시스템이 파괴되었기 때문이라고 진단했다. 관련해서 〈진사책문삼십수進士策問三十首〉라는 글에서 지금 보아도 많은 것을 생각하게 만드는 문제를 제기했다.

그는 춘추 전국 시대를 예로 들며 "그 당시는 땅도 좁고 제대로 갖추어진 과거제도 없었지만 유능한 인재가 각국의 군주들에 의해 숱하게 발탁되었다. 그런데 지금 천하가 통일되어 인구도 늘고 제도도 갖추어져 있는데 왜 인재가 없다고 느끼는가? 이는 지금 사람이 옛날 사람만 못해서가 아니라 유능한 인재들이 파묻혀 있기 때문이다"라고 지적했다. 이어서 그는 이렇게 주장했다.

"등용과 진퇴는 멀고 가까운 것으로 선택해서는 안 되고 오로지 그 사람이 맞으면 되는 것이다."

그는 미천한 출신이라도 유능한 인재면 기용해야 한다고 주장하면서 인재를 추천할 때의 유일한 조건은 재능이란 점을 강조했다. 이 주장은 당시 중소 지주 계급의 목소리를 대변한 것이기도 했다.

훌륭한 스승 밑에 뛰어난 제자가 난다는 진리

한유는 배워서 인재로 성장해야 한다고 주장했다. 그러면서 그는 공부하는 방법을 적지 않게 전하는데, 〈사설師說〉이라는 글에서는 인재로 성장하려면 스승의 지도에 따라 배워야 한다는 점을 대단히 설득력 있고 정교하게 피력했다.

"옛날의 학문에는 반드시 스승이 있었다. 스승이란 길을 안내하고 학업을 전수하고 의혹을 풀어 주는 분이다. 태어나면서부터 다 알고 태어나는 사람이 어디 있는가? 그러니 누군들 의문이 없겠는가?"

여기서 우리는 한유가 선천적 천재론 따위에 찬성하지 않고 후천적 학습을 중시하고 있음을 알 수 있다. 그는 자신의 경력과 경험을 회고하면서 "나 한유는 어릴 적에는 남들이 다 깨우칠 때까지 깨우치지 못할 정도로 아둔했다"라고 고백하고 "그저 열심히 배우고 부지런히 가르침을 청했기에 이 정도 성취한 것이며, 성인께서도 학문이 자기만 못한 사람에게 묻는 것을 부끄러워하지 않았거늘 우리 같은 보통 사람이 왜 허심탄회하게 스승을 모시지 못하는가"라며 세태를 한탄했다.

한유는 거드름만 피우는 당시 사대부들의 경박함을 비판하면서, 스승에게 지식을 배우면서 스승의 역할은 인정하지 않고 심지어 존경조차 않는다고 꼬집었다. 한유는 스승과 선배를 존중하라 호소하고 마음을 비우고 겸손하게 배우라 충고했다. 한유 이전에는 스승의 역할이나 작용에 냉철한 논의를 펼친 사람이 없었다. 한유는 인재에 대한 교육적 이론과 원칙 그리고 방법에 대해 귀중한 모범적 사례를 제기했다고 할 것이다.

성장하는 경쟁을 하되
서로 비방해서는 안 된다

한유는 비판의 화살을 당시 깊게 박혀 있던 세속적 관념, 즉 시기와 질투로 돌렸다. 당시나 지금이나 사회적 지위와 정치·경제적 이익이 걸린 문제에서 수구 기득권 세력은 어질고 유능한 사람을 질투하고 미워하며 심지어는 이들을 박해하는 뒤떨어진 의식을 갖고 있다. 한유는 당대 최고의 인재였던 이하가 진사 시험조차 치르지 못한 것을 두고 이하가 시험에 응시하면 결과적으로 유명해질 것이기 때문에 그와 경쟁하는 자들이 그를 헐뜯은 결과라고 비난했다.

한유는 비방과 훼방의 원인을 논한 〈원훼原毁〉라는 글에서 옛 군자들이

호탕하고 넓은 아량으로 인재를 추천한 사례를 들면서 다음처럼 꼬집었는데 마치 지금 우리의 현실을 보는 듯 생생하다.

> "지금 사람들은 그렇지 못하다. 남의 잘못에 대해서는 엄격하게 나무라고 자신의 잘못에 대해서는 지나치게 너그럽다. 남이 자신을 앞지를까 두려워 눈에 불을 켜고 남의 결점을 찾고, 심지어 성공한 사람들과 도덕적으로 훌륭한 사람조차 비방을 일삼으니 이런 기풍에서 어떻게 유능한 사람들이 칭찬을 받고 상을 받을 수 있겠는가?"

한유는 능력 있는 사람을 기용하고, 스승의 학식과 인품을 배워 인재로 성장하고, 뛰어난 인재들을 질투하는 문제 등에 깊이 있는 논의를 남겼다. 이를 통해 한유는 옛 사람들이 인재 문제에 깊은 사상을 갖추었으며, 인재 사상사에서 중요한 위치를 차지하고 있다는 점을 밝혔다.

왜 인재에 대한 지원을 아까워하는가?

한유는 인재 이론을 실천으로 옮긴 사람이기도 했다. 당 왕조 중기의 문단을 이끈 한유는 많은 인재를 돕고 키워 냈다. 장적, 맹교, 노륜, 이하 등 당시 뛰어난 인재가 모두 한유의 도움을 받았다. 인재를 아낌없이 지원한 한유는 명마를 식별하는 명인이었던 백락에 비유할 수 있다. 한유가 발굴하고 도와서 훗날 재상이 된 우승유의 이야기는 특히 유명하다.

시골에서 처음 수도 장안에 올라온 우승유는 먼저 명망가인 한유와 황보식을 찾았다. 우승유의 문장을 본 한유는 "그대의 문장이라면 과거 급제는 물론 훗날 널리 이름을 떨칠 것이네"라며 감탄했다. 한유와 황보식은 급히 우승유에게 거처를 마련해 주는 등 물심양면으로 도움을 아끼지 않았다.

어느 날 한유는 우승유에게 청룡사로 놀러가서 늦게 돌아오라고 한 다음 황보식과 함께 주인 없는 우승유의 거처를 찾아 일부러 대문에 "한유와 황보식이 함께 찾아왔지만 뵙지 못하고 갑니다"라는 글을 써 놓았다. 당시 문단의 거목으로 불릴 정도로 천하에 이름을 떨치던 이 두 사람이 무명의 후배를 찾아가 만나지도 못하고 발길을 돌렸다는 소문이 퍼졌고, 조정에도 우승유가 평범치 않은 인물이라는 이야기가 두루 퍼졌다. 그 후 많은 사람이 우승유를 찾았고 우승유는 자신의 재능과 명성에 힘입어 승상의 자리까지 올랐다.

인재가 자신의 힘만으로 출세하기란 여간 힘든 일이 아니다. 여러 통로가 열려 있는 지금도 마찬가지다. 자신을 알아주고 홍보해 주는 사람과 네트워크가 필요하다. 국가와 사회는 이러한 네트워크 구축에 투자를 아끼지 말아야 한다. 우리는 우승유라는 인재를 키우기 위해 고군분투한 한유의 사례에서 인재의 출세에 진정 무엇이 필요한가를 심각하게 고민하게 된다. 한유는 인재가 바로 성장하고 발전하기 위해서 격려와 추천이 필요하고, 동시에 끊임없는 노력과 자기 학습이 중요하다는 점을 힘주어 강조했다. 이는 마치 오늘날 새로운 리더의 한 유형으로 떠오른 '끊임없이 배우는 리더'인 CLO Chief Learning Officer의 원형을 보는 듯하다.

참된 스승이 올바른 길로 이끈다

• 범중엄의 지도 •

"착한 사람 하나를 심으면 많은 사람을 착한 쪽으로 이끌기에 족하다."

수일선인樹一善人 족이도중인위선足以導衆人爲善.

-구양수, 《신당서》〈마주전〉

다음은 북송 시대 개혁가이자 군사가, 문인이었던 범중엄(989~1052)의 우국충절 심경이 넘치는 문장 〈악양루기岳陽樓記〉의 앞부분이다.

"높은 자리에 올라서도 백성의 고통을 걱정하고, 멀리 강호에 있으면서도 나라의 큰일을 걱정한다. 나아가도 걱정하고 물러나도 걱정한다. 그러니 언제 즐거워할 겨를이 있겠는가? 천하의 근심을 먼저 걱정한 다음 내 걱정을 하고, 천하가 즐거워진 다음 나도 즐거워하리라!"

전국 시대 초나라의 애국지사 굴원은 "장탄식으로 흐르는 눈물을 감추고, 백성들의 힘겨운 삶이 슬프구나"라고 노래했고, 당나라 때 시인 백거이는 "귓가에 굶주리고 얼어 죽는 백성들의 신음 소리가 들리는 것 같다"라고 했다. 깨어 있는 중국 지식인들은 천하의 일을 자신의 책임처럼 생각하고 늘 언제 어디서나 나라와 백성, 시대와 세태를 걱정하는 좋은 전통을 유지했다. 범중엄은 이러한 전통을 "천하의 근심을 먼저 걱정하고 천하가 즐거워진 다음 즐거워하리라"는 만고에 길이 전해 오는 말로 요약했다.

조건 없이 후학을 양성한 범중엄

시대를 불문하고 많은 사람의 존경을 받는 리더는 무엇보다 강렬한 사회적 책임감으로 무장해야 한다. 이것이 이른바 노블레스 오블리주다. 부와 권력을 많이 가진 리더일수록 사회와 세상에 미치는 영향력이 클 수밖에 없기 때문에 이들의 사회적 책임감은 사회와 세상을 보다 나은 쪽으로 이끄는 엄청난 원동력이 된다. 범중엄은 평생 이런 자세를 유지했고, 어려운 처지의 인재들을 아끼고 도왔다. 범중엄의 인재관과 관련 일화를 통해 존경받는 리더의 사회적 책임감이라는 문제를 생각해 보자.

어렸을 적 범중엄은 종이와 붓을 살 돈이 없을 정도로 가난하고 외로

웠다. 4~5세 때부터 깊은 산속에 있는 낡은 암자를 빌려 글을 읽었고, 돈이 없어 하루에 한줌 밖에 안 되는 쌀가루로 죽을 쑨 다음 그것을 네 등분해 점심과 저녁에 각각 두 그릇씩 먹었다. 이런 경험을 겪었기에 그는 가난한 독서인의 고통을 잘 이해했고, 그래서 가난하지만 큰 뜻을 품은 지식인들을 특히 동정했다.

범중엄이 수양 지역에서 지역의 교육과 학문을 책임진 제학으로 있을 때였다. 어느 날 외모는 준수하지만 옷차림이 초라한 손 씨 성을 가진 수재가 찾아와 범중엄에게 거리낌 없이 1,000전을 달라고 했다. 이듬해에 또 범중엄을 찾아와 작년처럼 1,000전을 요구했다. 범중엄은 이 젊은이의 집안 형편을 물었고, 손 수재는 "늙은 노모가 계시는데 모실 길이 없습니다. 100전이라도 얻으면 감지덕지겠습니다"라고 대답했다. 범중엄은 수재의 처지가 안쓰럽긴 했지만 이런 식으로 남에게 의지해서 살아가는 것은 옳지 않다고 생각해 손 수재에게 학생들을 가르치는 작은 자리와《춘추》한 권을 주며 분발해서 공부하라고 격려했다.

그 후 10년 동안 범중엄은 벼슬길을 전전했고, 자연스럽게 이 일을 완전히 잊었는데 하루는 조정에서 비서성교서랑 겸 국자감직강으로 있는 수재 한 분을 모셔 왔다. 범중엄이 만나 보니 다름 아닌 지난날 자신의 도움을 받은 수재 손 씨였다. 그는 본명이 손복에 산서 평양 사람으로 이 무렵에는 이미 뛰어난 경학가로 이름을 날리고 있었다. 그가 쓴《존왕발미》등의 작품은 문장의 새로운 경지를 보여 주어 널리 인정을 받았고, 훗날 호애, 석개와 더불어 송나라 초기 3인의 스승으로 존경받았다.

범중엄은 인재를 아끼고 돕는 것을 자신의 소임으로 생각했고, 그 도움으로 손복은 큰 성과를 거둘 수 있었다. 역사서에는 범중엄이 세상을 떠나자 이야기를 들은 사방의 모든 사람이 탄식했다고 기록되어 있다. 어려서부터 힘들게 공부한 범중엄은 어려운 처지의 인재를 무척 아끼고 후원했던 인물이다. 손복의 사례는 그중 하나에 지나지 않는다. 가정 형편이 어렵거나 실의에 빠진 인재를 조건 없이 후원할 수 있는 사회적 풍조와 문화의 정착은 시대를 불문하고 중요하다.

큰일은 분명히 탓하되 작은 일은 너그러이 품어라

범중엄은 강직하고 청렴한 성품으로 조정에서는 물론 변방에서 외적을 방어하는 데도 두드러진 재능을 발휘했다. 범중엄은 애증이 분명해 비리를 저지른 관리는 반드시 처벌했다. 반면에 재능은 있지만 가난 등으로 곤경에 처한 인재는 흔쾌히 도와주곤 했다.

인종 때 범중엄은 참지정사를 맡으면서 개인적 친분 관계나 집안의 배경을 믿고 관직을 얻는 풍조를 확실하게 근절해 관료 사회와 문화 풍토를 정돈했다. 각지의 감사를 선발할 때도 재능 없는 사람은 누구인지를 막론하고 단호히 제외시켰는데, 범중엄과 막역한 친구였던 부필이 너무 무정한 것 아니냐며 "그렇게 붓으로 좍좍 그어 제외하기는 쉽겠지만 그러면 그 사람 가족이 통곡하지 않겠나"라 했다. 그러자 범중엄은 다음과 같은 유명한 말로 반박했다.

"한 집안이 통곡하는 것과 한 마을 전체가 통곡하는 것 중 어느 쪽이 나은가?"

한 집안을 울리는 것이 관리 하나를 잘못 뽑아 마을 전체가 수난을 당하는 것보다 낫다는 뜻이다. 역사 기록에 의하면 "범중엄은 사람을 쓸 때 기질이나 절개를 많이 보는 대신 작은 일에는 얽매이지 않았다"라고 한다. 특히 그가 산서에서 군대 일을 주관할 때는 과실이나 좌천 또는 유배당한 관리라도 그들의 절개를 주로 보아 가며 기용했다.

말하자면 사소한 잘못이 있더라도 나라에 도움이 되는 능력을 가진 인재라면 거시적인 안목에서 당연히 기용해야 한다고 주장한 것이다. 그렇지 않고 작은 과실 때문에 인재를 파묻어 두고 제때 기용하지 않으면 그 인재는 다시는 자신의 재능을 드러낼 기회를 갖지 못할 가능성이 크다고 생각했다. 그가 추천한 손위민, 등달 등이 바로 이런 인재였다.

시대마다 도덕 기준이나 윤리적 잣대가 한결같을 수는 없지만 잘못을 저지른 사람을 용서하고 다시 기용하는 문제는 민감하기 마련이다. 하지만 시대의 한계를 떠나 변치 않는 사실은 인간은 누구나 실수할 수 있고, 실수를 충분히 뉘우치고 다시는 같은 실수를 반복하지 않은 사람이라면 과거의 잘못은 용서받아야 한다는 것이다.

물론 같은 실수를 반복하거나 비슷한 잘못을 계속 저질렀는데도 재주 하나 때문에 모든 것을 덮고 용서하거나 권력을 행사하는 자리에 앉혀서는 절대 안 된다. 이는 강도에게 칼을 쥐어 주는 것이나 다름없다. 범중엄은 이 점을 충분히 헤아린 다음 사람을 기용했다.

따라 하고 싶은 스승의 표본이 될 것

• 손숙오의 **모범** •

"윗사람이 예를 좋아하면 백성들은 감히 공경하지 않을 수 없고, 윗사람이 의를 좋아하면 백성들은 감히 따르지 않을 수 없으며, 윗사람이 신의를 좋아하면 백성들은 감히 성실하게 행동하지 않을 수 없다. 이처럼 하면 사방의 백성이 그의 자식을 등에 업고서 올 것이다."

상호례즉민막감불경上好禮則民莫敢不敬, 상호의즉민막간불복上好義則民莫敢不服, 상호신즉민막간불용정上好信則民莫敢不用情, 부여시즉사방지민夫如是則四方之民.

—공자, 《논어》 〈자로편〉

춘추오패 중 한 명인 초나라 장왕은 나라의 세 가지 보물로 인재를 중시하는 정책을 꼽았고, 자기를 뛰어넘는 인재가 보이지 않으면 먹지도 자지도 않고 걱정한 리더였다. 그런 리더에게서 손숙오(생몰 미상)라는 역사상 최고의 청백리가 나온 것은 어쩌면 당연한 일이다.

누구도 불만을 품지 않은 손숙오의 세 가지 자세

손숙오는 중국 역사상 손에 꼽히는 명재상의 반열에 오른 인물이다. 그는 초 장왕 때 재상에 해당하는 영윤이라는 고위급 벼슬을 지냈다. 민간의 처사로 있던 손숙오를 영윤 우구가 자신의 후임으로 장왕에게 추천해 불과 세 달 만에 영윤이 되었는데, 이후 초나라에는 새로운 기풍이 생겨났다. 사마천은 손숙오가 영윤으로 있을 당시의 상황을 다음과 같이 기록했다.

> "관료 사회는 평화롭게 단합했고, 풍습은 훌륭하게 유지되었다. 정치는 느슨했으나 단속하는 대로 지켜졌고, 사사로운 이익을 취하는 하급 관리도 없어졌다. 도적 떼도 사라졌다. (…) 모든 사람이 편익을 얻으면서 백성은 모두 자신의 생활에 만족했다."

도대체 손숙오가 어떤 인물이었기에 한 나라를 이런 경지로 끌어올렸을까? 이와 관련해 《열자》에 실린 일화를 소개한다. 호구장인狐丘丈人이라는 은자가 손숙오를 찾아와 몇 가지를 물었다. 두 사람의 대화다.

"사람에게는 세 가지 원망이 있는데 아시오?"

"세 가지 원망이 무엇입니까?"

"작위가 높은 자는 사람들이 질투하고, 권력이 큰 자는 군주가 미워하고, 녹봉이 많은 자는 원망이 뒤따릅니다."

"저는 작위가 높아질수록 뜻을 더욱 낮추었고, 권력이 커질수록 마음을 작게 먹었고, 녹봉이 많아질수록 더 많이 베풀었으니 세 가지 원망을 피할 수 있겠지요."

벼슬하는 사람에게 일반적으로 따라오는 작위, 권력, 녹봉의 크기는 관직의 높낮이에 비례한다. 사람들이 더 높은 관직을 원하는 이유이기도 하다. 더 높은 작위, 더 큰 권력, 더 많은 녹봉이 있다면 보다 많은 것을 누리고 더 큰 만족을 얻을 수 있기 때문이다. 그러나 인간사란 양면성을 갖기 마련이다.

첫째, 보다 높은 작위일수록 그 위치에 있는 사람은 적을 수밖에 없다. 그런데 많은 사람이 그 높은 작위를 목표로 삼는다. 결국 높은 작위에 있는 사람이 출세를 꿈꾸는 사람들이 오르려는 좁은 길을 막고 있는 모양이 되고, 필연적으로 여러 사람의 시기와 질투를 받을 수밖에 없다.

둘째, 정권이 사회에 베풀 수 있는 권력의 총합에는 객관적인 한계가 있다. 누군가가 아주 큰 권력을 가진다면 군주의 권력이 작아질 수밖에 없고, 나아가 군주의 지위를 위협하니 권력을 가진 인재는 군주의 미움을 살 수밖에 없다.

셋째, 많은 녹봉을 받으면 사치와 안일한 생활에 쉽게 빠져든다. 그렇지 않은 사람과 생활 수준의 격차가 생기며 많은 사람에게 위화감을 주고 원망을 산다. 호구장인은 이런 점을 염두에 두고 손숙오에게 사람들의 인식을 전면적으로 통찰하고 깊게 생각하기를 권유한 것이다.

손숙오는 세 가지 원망 자체를 부정하지 않았다. 그런 원망을 듣고 싶지 않았던 손숙오는 한 시대의 명재상으로서 고위직에 있으면서도 세 가지 원망을 피할 수 있는 방법을 이야기한다.

첫째, 그는 작위가 높아질수록 마음가짐을 더욱 낮게 가진다고 했다. 낮은 작위와 무작위는 높은 작위가 존재할 수 있는 기초다. 한 사람이 영광스러운 고위직을 차지하고 있다는 것은 본질적으로 그렇지 못한 다수의 사람이 존재하기에 가능하다. 따라서 손숙오는 백성을 멋대로 대하거나 능멸하지 않고 늘 존중하는 마음으로 백성에게서 나온 영광을 최대한 돌려주려고 했다. 손숙오는 이런 마음가짐을 유지했기 때문에 시기와 질투를 피할 수 있었다.

둘째, 권력이 커질수록 손숙오는 더 근신하고 조심스럽게 처신했다. 자신이 가진 권력의 한계를 잘 알았기에 한계선상에서 조심스럽게 행동을 통제했으며, 절대 권력을 남용하지 않았다. 군주가 충분히 자신의 의지를 발휘할 수 있는 여지를 남겨 철저하게 위협을 피했다. 동시에 그는 자신에게 주어진 권력의 양을 잘 알고 있었다. 따라서 정해진 예의 규범과 각종 현실적 요구에 맞추어 신중하게 처신하면서 평온과 적절함을 유지하는 데 최선을 다했다. 이렇게 손숙오는 최고 권력의 자리에서 군주의 미움이나 증오를 피했다.

마지막으로 녹봉이 커질수록 백성들에게 그만큼 더 많이 베풀었다. 손숙오에게는 많은 녹봉이 향락과 안일한 생활의 밑천이 아니었다. 빈민을 구제하고 백성에게 은혜를 베푸는 자본이었다. 이렇게 손숙오는 백성을 위해 일하는 공평무사한 관리로서 고상한 정조를 나타냈고, 백성들 역시 그에게 어떤 원망도 품지 않았다.

없는 자리에서조차 존경할 인재의 표본이 되어라

이러니 손숙오가 다스린 나라가 어땠겠는가? 또 손숙오의 통치는 유연했다. 늘 백성들을 염두에 두고 정책을 시행했다. 다음 일화는 우리에게 통치와 정책의 시행에 관한 유용한 지혜를 선사한다.

초나라 민간에서는 바퀴가 작고 몸체가 낮은 수레인 비거庳車가 유행하고 있었다. 장왕은 비거가 말에게 불편하니 수레를 높이라는 법령을 하달하라고 지시했다. 손숙오는 "법령이 자주 내려가면 백성은 어떤 것을 지켜야 할지 모릅니다. 수레의 높이를 올리고 싶으시다면 마을 입구로 들어오는 문의 문턱을 높이십시오. 수레를 타는 사람은 대개 높은 사람들로서 솔직히 이들이 문턱 때문에 번번이 수레에서 내릴 수는 없는 것 아니겠습니까"라고 말하며 대응책을 내놓았다. 반년이 지나자 백성들은 스스로 수레를 높였다. 사마천은 손숙오의 통치 방법을 "결국 이는 가르치지 않아도 백성들이 절로 감화되어 따르는 것이다. 즉 가까운 곳에 있는 사람은 직접 보며 본받고, 먼 곳에 사는 사람은 주변에 보이는 것을 모방하게 되어 있다"라고 평가한다.

관리와 지도층의 솔선수범이야말로 순조로운 통치와 정책 시행을 위한 최상의 방법임을 강조한 것이다. 그래서 손숙오는 세 차례나 재상 자리에 올랐어도 기뻐하지 않았는데, 자신의 재능 덕분에 그 자리에 올랐다고 믿었기 때문이다. 동시에 세 번이나 파면되었지만 후회하지 않았는데 이는 그것이 자신의 허물이 아니라는 것을 알았기 때문이다.

손숙오가 얼마나 청렴결백한 관리였는지는 그가 세상을 떠난 뒤 자손들이 끼니를 걱정할 정도였다는 기록만 보아도 알 수 있다. 손숙오와 신분을 뛰어넘는 우정을 나눈 악사 우맹은 손숙오의 식솔이 형편없이 가난하게 사는 것을 보고는 손숙오로 분장해 장왕 앞에서 이런 노래를 불렀다고 한다.

> "탐관오리 노릇은 해서는 안 되는데도 하고,
> 청백리는 할 만한데도 하지 않는구나.
> 탐관오리가 되면 안 되는 까닭은 더럽고 비천해서인데
> 그래도 하려는 까닭은 자손들의 배를 불릴 수 있기 때문이지.
> 청백리가 되려는 까닭은 고상하고 깨끗해서인데,
> 그래도 하지 않으려는 까닭은 자손이 배를 곯기 때문이라네.
> 그대여, 초나라 재상 손숙오를 보지 못했는가?"

장왕은 앞서간 청백리 손숙오가 새삼 그리워 눈물을 뚝뚝 흘리며 손숙오 분장을 한 우맹을 향해 정중한 예를 갖추어 절을 올렸다. 청백리 손숙오와 그런 손숙오를 새삼 상기시킨 우맹을 진심으로 공경했기 때문이다.

장왕은 이튿날 바로 손숙오의 후손들이 끼니를 걱정하지 않고 살 수 있도록 충분한 배려를 해 주었다.

장왕에게 손숙오는 부하 관리이기에 앞서 평생 마음에 품고 살아갈 정신적 멘토였다. 리더와 그를 따르는 인재와의 관계는 장왕과 손숙오처럼 담담해야 한다. 두 사람은 물질적 풍요로움과 권력이 가져다주는 편리를 초월해 나라와 백성을 위해 함께 봉사한다는 차원 높은 경지에서의 감동적인 조우를 2,600년이라는 시간을 초월해 우리에게 선사한다.

웃음과 말은 칼과 총보다 강하다

• 안영의 충고 •

"말이 적절하면 다툼도 해결할 수 있다."

담언미중역가이해분談言微中亦可以解紛.

-사마천, 《사기》 〈골계열전〉

리더에게 유머 감각은 이제 선택이 아닌 필수가 되었다. 유머는 별 의미 없는 우스갯소리나 천박한 개그와는 질적으로 다르다. 유머에는 그윽한 인생의 깊이가 함축되어 있고, 때로는 촌철살인으로 문제의 핵심을 찌른다. 중국 현대 문학사에서 수필가로 명성을 떨친 임어당은《유머와 인생》에서 유머의 뜻을 이렇게 표현했다.

"세상 사람들이 과연 유머의 중요성이나 유머가 우리 전체 문화생활을 바꿀 가능성, 즉 유머의 정치·학술·생활에서의 기능을 체험한 적이 있을까? 그 기능은 물질적이라기보다는 차라리 화학적이다. 이로 인해 우리들의 사상과 경험의 근본적인 조직이 변화한다. 따라서 국민 생활에서 유머의 중요성을 인정하지 않으면 안 된다."

"민주주의 국가의 대통령은 웃을 줄 알지만 독재자는 입을 한 일자로 굳게 다물고 무슨 결의에 찬 듯 아래턱을 내밀고는, 마치 그 어떤 일도 등한시 할 수 없으며 자신이 아니면 세상이 곧 세상이 될 수 없다는 표정을 짓는다. 독재 정권이 좋지 않다는 가장 나쁜 이유는 바로 여기에 있다."

역사상 유머 감각이 가장 뛰어난 인물을 들라면 단연 춘추 시대 제나라의 재상이었던 안영(?~기원전 500)이다. 그의 유머 감각이 잘 나타난 일화가 적지 않다. 촌철살인 안영의 유머를 감상해 보자.

큰소리를 내기보다 웃으며 간언하라

안영은 기원전 556년 국정에 참여한 이후 영공, 장공, 경공까지 모두 세 국군을 보좌했다. 그중 경공과 함께한 시간은 장장 50년에 이른다. 경공은 술을 좋아해 지나친 음주로 국정을 그르치곤 했다. 안영이 몇 번이고 충고했지만 경공은 나쁜 습관을 못 고치고 수시로 잘못을 범했다. 경공의 신임이 두터웠던 안영은 바른 소리를 했는데, 경공이 자신의 충고를 잘 받아들이도록 늘 물 흐르듯 자연스레 충고해 효과를 거두었다.

한번은 경공이 술자리를 베풀어 많은 사람을 불러들였는데 그렇게 시작된 술자리가 일주일 밤낮으로 계속되었다. 마시고 놀다가 자고를 반복하기를 며칠, 함께 마시던 관료와 궁녀들도 피곤에 지쳤다. 그러나 경공은 피곤한 줄도 모르고 주색에 빠져 그칠 줄 몰랐다. 홍장이라는 경대부가 참다못해 궁으로 들어가 술자리를 그만 끝내십사 권유했다. 경공은 들은 척도 하지 않았다. 강직한 성품의 홍장은 속을 부글부글 끓이며 "국군께서 더 이상 내 말을 들으려 하지 않는다면 차라리 저를 죽여 주십시오"라고 큰소리를 쳤다. 경공은 껄껄 웃으며 "술은 과인의 생명과 같거늘 어떻게 끊나"라며 모르는 척했다.

홍장이 죽기를 각오하고 다시 아뢰려 할 때 안영이 들어왔다. 홍장을 본 안영은 황급히 예를 갖추며 두 손을 모아 "축하드립니다, 대부! 정말 축하드립니다, 대부!"라며 인사를 드렸다. 홍장은 깜짝 놀라 영문을 모른 채 고개를 갸웃거렸고, 경공도 이상하다는 듯 연신 안영의 눈치를 살폈다. 정작 안영은 아무렇지도 않게 미소를 흘리면서 말했다.

"우리 군주처럼 신하의 충고와 의견을 잘 받아 주시는 주인을 만난 것을 천만다행으로 아십시오. 행여 걸·주 같은 폭군을 만났다면 진즉 목이 어디론가 달아났을 테니까요."

이 말에 정신이 번쩍 든 경공은 진지하게 "홍장 대부, 그대의 고충을 내가 어찌 모르겠소. 당신의 충고를 받아들여 최대한 절제하겠소이다"라고 말했다. 이 틈에 안영은 한 걸음 더 나아가 경공에게 이렇게 충고했다.

"음주는 인간과 인간의 감정을 소통시켜 우의를 다지게 합니다. 하지만 지나치면 일을 그르칩니다. 그래서 환공 때 남자는 음주 때문에 농사일을 그르쳐서는 안 되고, 여자는 베 짜는 일을 그르쳐서는 안 된다고 명확히 규정해 놓았습니다. 이 규정을 지키지 않으면 처벌을 받았습니다. 그래서 그 당시 기풍은 순박하고 곧았습니다. 밖으로 도적이 늘지 않았고 안으로 음탕한 짓거리가 없었습니다. 지금 대왕께서는 조정 일은 팽개치고 음주에만 빠졌고, 근신들도 그에 따라 못된 짓을 저지르니 이는 나라에 매우 좋지 못합니다."

안영의 충고에 감동한 경공은 잘못을 고치기로 결심했다. 그러나 이 결심은 얼마 가지 못했다. 이에 안영은 경공의 술버릇을 고치기 위해 자신의 집에다 술자리를 성대하게 차려 놓고 경공을 초청했다.

이 자리에서 안영과 경공은 술과 더불어 국가와 세상사에 대해 이런저런 이야기를 나누었다. 평소 안영의 검소한 생활을 잘 아는 경공인지라 이런 파격적인 접대에 몹시 감격해 한 잔 두 잔 계속 술잔을 기울였다. 두 사람은 대낮부터 날이 어두워질 때까지 마셨다. 취기가 돌자 경공은 사람을 불러 등불을 밝히고는 계속 통쾌하게 마셨다. 이때 안영이 간절한 목소리로 경공에게 이렇게 말했다.

"《시경》 300편에는 술에 관해 이렇게 충고하는 대목이 보입니다. '음주는 수양이 뒷받침되어야 한다. 적당할 때 그칠 줄 알아야 하며, 마시고 나면 자리에서 일어설 줄 알아야 한다. 그래야 손님과 주인의 예를 잃지 않는다'라고 말입니다. 마시고 취했는데도 자리를 뜰 줄 모르면 손님의 예의를 잃는 것입니다. 저는 오늘 대왕을 초청해 낮까지만 술자리를 안배했지 밤까지는 안배하지 않았습니다. 대왕께 늦은 밤까지 술을 권한다면 이는 신하가 대왕의 잘못을 부추기는 꼴이 됩니다. 오늘 대왕을 모신 뜻이 바로 여기에 있습니다. 부디 깊게 살펴 주십시오."

경공은 안자의 성의에 깊이 감동해 바로 술자리를 파하고 나랏일에 관한 이야기를 나누었다. 이로부터 경공은 안영의 충고를 가슴속에 새기고 자신을 절제해 철야 음주를 크게 줄였다.

안영은 특히 통치자의 그릇된 행동이나 명령을 절묘한 충고로 멈추거나 고치게 만드는 데 남다른 능력을 보였다. 그의 충고에는 가히 '안영의 지혜' 내지 '안자어록'이라고 할 수 있을 정도로 지혜가 충만하고, 발랄하고 유쾌한 유머와 위트, 그리고 익살이 들어 있다. 이 때문에 통치자는 마음 상하지 않고 흔쾌히 충고를 받아들였다. 지혜 속에 번득이는 유머 감각 또는 유머 속에 번득이는 지혜의 칼날이라고 할 수 있겠다.

감정이 아닌 논리를 담아라

'귤이 회수를 건너면 탱자로 변한다'는 뜻의 '귤화위지橘化爲枳'라는 유명한 속담이 있다. 같은 식물이나 사람이라도 풍토와 환경에 따라 달라진다는 의미다. 이 속담에는 재미난 일화가 딸려 있다.

이야기는 2,500여 년 전 춘추 시대로 거슬러 올라간다. 당시 제나라 재상이었던 안영이 외교 사절로 남방의 강대국 초나라를 방문했다. 초나라 영왕은 왜소하고 못생긴 안영을 깔보고는 고의로 모욕을 주려 했다.

연회가 시작되고 술이 몇 잔 도는데 갑자기 주변이 시끄러워지더니 초나라 병사가 느닷없이 웬 오랏줄에 묶인 남자 하나를 끌고 들어왔다. 이야기인즉 도둑질하다가 잡힌 자인데, 알고 보았더니 안영과 같은 제나라 출신이라는 것이다. 초왕은 거만한 자세로 제나라 사람들은 질이 나쁘다며 경멸의 눈초리로 안영을 노려보았다. 안영이 보기에 제나라 대표로 온 자신과 제나라에 모욕을 주려고 사전에 짜 놓은 각본이 분명했다.

초왕의 천박한 의도를 단번에 간파한 안영은 조금도 당황하지 않고 더할 수 없이 부드러운 목소리로 "귤이 강을 건너면 탱자로 변한다더니, 원래 순박하고 착한 제나라 사람이 초나라에 와서 도둑으로 변했습니다 그려! 초나라의 풍토가 사람을 이렇게 만들다니요"라고 반박했다. 초왕은 겉으로는 껄껄 웃으며 안영을 칭찬했지만 안영의 통렬한 반박에 속이 뜨끔했다. 안영은 후한 대접을 받고 귀국했다.

참으로 절묘하고 통쾌한 반박이 아닐 수 없다. 이 일로 안영의 명성은 제후국 사이에 널리 퍼졌다. 춘추 초기 제나라를 부국강병으로 이끌고 환공을 춘추오패의 선두 주자로 만든 명재상 관중과 함께 관중 이후 쇠락을 면치 못한 제나라를 중흥시킨 또 한 명의 명재상, 안영의 언변을 엿볼 수 있는 외교 활동 일화였다.

당시 초나라 영왕은 초나라가 대국이라는 사실만 믿고 작은 나라를 깔보는 등 매우 오만했다. 그는 이번에 제나라에서 파견한 안영이 몸집은 작고 비쩍 마른 것이 볼품없다는 말을 듣고는 이 기회를 이용해 안영에게 수치심을 주어 초나라의 위엄을 과시하려 마음먹었다.

초의 궁으로 들어온 안자는 초나라 백관과 상견례를 가졌다. 영왕은 미리 말 잘하는 교윤 두성연이 안자를 맞이하도록 안배했다. 두성연은 "선생은 제나라의 상국 안평중(안영의 자) 아니십니까?"라고 물었다. 안자는 예를 갖추어 "그렇습니다만, 혹 무슨 가르침이라도"라며 정중히 대답했다. 그러자 두성연은 기다렸다는 듯이 청산유수처럼 말을 뱉어 냈다.

"듣자 하니 제나라는 강태공이 봉해진 나라로 무력은 진晉·초에 맞먹고 재력은 노·위衛나라도 따르지 못했다는데, 어찌 하여 제 환공이 패자로 군림한 이후 갈수록 쇠퇴해 궁정에서는 정변이 잇따르고 송·진陳이 얕잡아 보고 공격하지를 않나, 신하들은 아침에는 진晉으로 저녁에는 초로 도망치는 등 하루도 편안할 날이 없으니 어찌 된 일입니까?

지금 경공의 의지는 환공 못지않고 선생의 유능함은 관중에 비교할 정도인데, 어째서 한마음 한뜻으로 힘을 모아 발전을 꾀해 지난날의 대업을 다시 한 번 펼치지 않고 노복처럼 큰 나라를 섬기고 있으니 도무지 이해가 가지 않습니다."

명백한 조롱이었다. 아주 지독한 조롱이었다. 안영은 태연하게 두성연의 말을 되받아 공격했다.

"때맞추어 힘쓸 줄 아는 사람을 준걸이라 하고 틀의 변화에 통달한 사람을 영웅호걸이라 합니다. 주 왕조가 힘을 잃은 이래 제·진晉이 중원의 패자로 군림했고, 진秦은 서융 지역에서 초는 남만 지역에서 패자로 군림했습니다. 이들 나라에서 인재가 배출되었다고는 하지만 기운과 대세가 그렇게 만든 면이 많습니다.

진晉 문후는 웅대한 포부를 가졌으나 여러 차례 침략당했고, 진秦 목공은 강성함을 자랑했으나 자손 때는 쇠약해졌으며, 그대의 나라 초는 장왕 이후 여러 차례 진晉·오, 두 나라에게 멸시당했습니다. 사정이 이러한데 그대가 감히 지금 제나라가 지난날만 못하다고 말할 수 있습니까?

우리 제나라 왕께서는 천운의 성쇠를 잘 알고, 틀의 변화에 따라 때맞추어 힘써야 할 것을 파악하고 있습니다. 그래서 장수와 병사들을 훈련시키면서 움직일 때를 기다리고 있습니다.

오늘 그대 나라에 온 것은 주 왕조가 마련한 의례 기록에 따라 이웃 나라를 왕래하는 외교 행위인데 어찌 하여 노복 운운하시는 겁니까? 그대의 조상 자문 선생께서는 초나라의 명신으로 시세의 변화에 통달한 분인데 지금 보니 그대가 과연 그분의 후손이 맞는지 의심이 가는군요. 그렇지 않고서야 이렇게 사리에 맞지 않는 말을 하실 수가 없는데 말입니다."

안자의 논리정연하고 날카로운 반박에 두성연은 벌게진 얼굴로 고개를 움츠린 채 자리를 떴다.

이어서 초의 대부 양개가 안자를 비꼬았다.

"안영 선생께서는 스스로 때를 알아 힘쓰고 변화에 통달했다고 자부하는데, 그렇다면 귀국의 최저라는 자가 군주를 시해하고 난을 일으켰을 때 문거 등은 대의를 위해 죽었지요. 그런데 제나라의 명문가인 선생의 집안은 최저를 토벌하지도 않았고 자리를 피하지도 않았고 죽지도 않았습니다. 왜 이렇게 명예와 이익 그리고 자리에 연연하는 것입니까?"

이 무례한 도발에 안자는 주저하지 않고 다음과 같이 대답했다.

"대의를 가슴에 품은 사람은 자잘한 일에 얽매이지 않습니다. 멀리 내다보는 사람이 어떻게 눈앞의 득실을 따지겠습니까? 제가 듣기에 국군이 나라를 위해 죽으면 신하는 그를 따른다고 합니다. 그러나 우리 선왕

장공은 결코 나라를 위해 죽지 않았습니다. 그러니 그를 따라 죽은 자는 모두 장공이 총애하던 이지요. 이 몸이 덕이 있지는 않지만 어찌 그런 총애를 받는 사람의 대열에 낄 수 있겠습니까? 어찌 한 번 죽음으로 명예를 건져 올릴 수 있겠습니까?

신하가 국가의 위기를 만나면 달려가 그 위기를 구하는 것이 당연합니다. 능력이 없으면 떠나면 그만입니다. 제가 제나라를 떠나지 않은 것은 새로운 왕을 세워 사직을 지키고자 했기 때문이지 개인의 욕심을 채우기 위해서가 아니었습니다. 모두가 떠나면 나라의 큰일은 누구에게 의지합니까? 하물며 군주가 시해당하는 정변 같은 변고가 일어나지 않은 나라가 어디 있습니까? 귀국에 그런 정변이 발생하지 않았다고 해서 대신 모두가 도적을 토벌하고 희생할 열사라 할 수 있습니까?"

안영의 반박은 강력하고 근엄했다. 양개는 입을 다물지 못한 채 아무 대꾸도 할 수 없었다.

문제의 본질을 꿰뚫어 핵심만을 조언하라

이어 또 몇몇 대신이 나와 안영에게 인신 공격을 가했다. 안영이 너무 인색하고 지독하다는 비난부터 풍채가 보잘 것 없어 상국을 감당할 재목이 못 된다는 말도 있었고, 심지어는 닭 잡을 힘조차 없다는 어처구니없는 말로 숙덕거렸다. 안영은 상대방의 비열한 인신 공격에도 전혀 화를 내지 않고 차분하게 논리적으로 반박했다.

"당신들의 견해가 참으로 천박하구려! 내가 상국이 된 이래 본가는 물론 외가와 처가의 생활이 전보다 훨씬 좋아졌소이다. 더욱이 나는 70호 이상의 백성을 구제할 수 있게 되었습니다. 내 집은 비록 근검절약하며 살지만 친족은 부유해졌고, 나는 비록 인색하다는 소리를 듣지만 나머지 모두가 풍족해졌지요. 내가 이렇게 해서 국군의 은혜를 드러낼 수 있다면 더 좋은 일 아니겠소이까?

내가 듣기에 저울추는 작지만 천근을 누를 수 있고, 노는 길지만 물에서 사용할 수 있다고 합니다. 교여는 키가 크고 몸집이 좋았지만 노나라에서 피살되었고, 남궁만은 힘이 센 역사였지만 송나라에서 처형되었습니다. 낭와 선생 당신은 키도 크고 힘도 세니 이들 같은 전철을 밟지 않도록 조심하십시오! 저는 스스로 무능하다는 것을 잘 알지만 질문이 있으면 바로 답을 얻습니다. 어찌 감히 말재주 따위를 부린단 말입니까?"

안영은 진작부터 자신을 골탕 먹일 준비를 한 초나라 대신들에 맞서 차분하게 예의를 지켜가면서 하나하나 물리쳤다. 이는 그의 말재주가 좋았을 뿐 아니라 그의 박학다식함이 큰 위력을 발휘했기 때문이다. 그는 상대방의 신분과 질문 등에 근거해 정확하게 반박했으며, 논리에 근거가 있었기 때문에 상대를 굴복시켰다.

안영은 춘추 시대에 살았다. 따라서 그의 사상과 정치적 주장 그리고 외교력은 당시의 시대적 제한을 받을 수밖에 없다. 하지만 안영은 평생을 정치에 종사하면서 뛰어난 재능과 풍부한 지모를 발휘했고, 늘 공평무사하게 혼신의 힘을 다해 나라와 군주에 충성했다. 또 백성을 위하는 일을 천명으로 여겼으며 외교에서도 커다란 성과를 남겼다. 그의 명성과 업적은 청사에 길이 남을 것이다. 이와 함께 수많은 상황에서 보여 준 깊이 있고 수준 높은 유머 감각과 기지가 번득이는 언변은 배워 두면 큰 도움이 될 것이다.

철은 불에 달구어야, 사람은 고난을 만나야 단련된다

• 한계를 높이는 **경험** •

"좋은 재목과 그릇은 그 용도를 다하게 해야 한다."

양재미기良材美器 의재진용宜在盡用.

-이연수, 《남사》 〈소사화〉

인재의 활용은 기물을 사용하는 것과 같아 리더라면 기물의 용도를 다하게 하듯이 인재도 그 능력을 한껏 발휘하게 만들어야 한다는 뜻이다. 여기서 말하는 능력, 즉 재능은 덕, 능력, 부지런함, 실적을 포함한다. 실력이나 일에 대한 적극성, 창조성 및 일의 성과를 포함하는 통일체를 가리킨다는 견해도 있다.

송나라 때의 문학가 구양수는 "선비를 얻는 방법으로는 반드시 그 실력을 보아야 하고, 사람을 쓰는 기술로는 그 재능을 충분히 발휘하게 해야 한다"라고 했다. 요컨대 앞서 알아보았듯 능력을 파악하는 것이 사람을 쓰는 기술의 전제와 출발점을 장악하는 것이자 기업이 성공하는 길이기도 하다.

사람을 더 크게 쓰고 싶은 리더라면?

속담에 "부담을 많이 지면 더 많은 힘을 낸다"라고 했다. 사람의 재능을 충분히 발휘시킬 생각이면 먼저 인재가 자신의 능력을 충분히 펼칠 수 있는 자리를 마련해 주어야 한다. 즉 마땅한 자리에 기용해야 한다는 것이다. 마땅한 자리란 인재의 능력과 자리가 요구하는 능력이 서로 맞는 곳이다.

그런데 능력은 인재가 발휘할 효능 면에서 질적인 차이를 보인다. 또 자리는 인재가 질적으로 다른 선택을 하도록 만들 수도 있다. 쉽게 말해서 인재의 능력 자체와 자리가 요구하는 능력이 일치할 수 없다는 것이다. 자리가 인재의 능력에 비해 낮다면 인재를 낭비하는 꼴이다. 이를 '대재소용大材小用'이라 한다. 큰 재목을 작은 데 사용한다는 뜻이다. 반대로 인재의 능력이 자리를 감당하지 못한다면 인재를 잘못 쓴 셈이다. 이를 '소재대용小材大用', 즉 작은 재목을 큰 데다 사용하는 것이다. 인재의 능력과 자리가 서로 맞지 않는 상황을 흔히 전공과 직업이 맞지 않는다고 한다. 이런 경우에는 인재가 그 능력을 발휘하기 아주 어렵다.

사실 그 자리, 즉 전공과 직업을 맞추기는 그리 어렵지 않다. 하지만 능력과 자리가 완전히 맞아 떨어지기란 불가능하다. 실제로는 대재소용하거나 소재대용하는 두 가지 상황이 흔히 나타난다. 고용자와 피고용자 사이의 모순과 충돌이 빚어내는 두 개의 심리 상태 때문이다. 고용자는 일반적으로 기용한 사람이 대재소용하기를 바란다. 인재가 남는 힘을 리더와 조직을 위해 써야 마음을 놓는다. 반면 피고용자는 대부분 소재대용하기를 원한다. 어느 쪽을 탓할 수 없는 자연스러운 심리 현상이다.

사람은 어려운 일을 만나 한계를 높인다

그렇다고 피고용자가 그저 할 수 있는 능력의 활동 범위에 머물러도 된다는 말은 아니다. 할 수 없는 불능에서도 배워야 한다. 쉬운 일의 틀에서만 맴돌아서도 안 된다. 어려움 속에서도 노력할 줄 알아야 한다. 이렇게 보면 대재소용보다는 소재대용이 더 의미 있다. 리더가 인재가 그 재능을 충분히 다 발휘하게 하면 된다. 일로 보자면 대재소용이 상대적으로 안전하다. 그러나 사람으로 보자면 소재대용이 스스로 분발하면서 앞으로 나아갈 수 있다.

기업 경영자는 자신에게 인재를 지휘해 인재를 충분히 활용할 권리와 책임이 있다는 사실을 잘 알아야 한다. 동시에 인재를 길러 내야 하는 의무도 있다. 그렇다면 어떻게 해야 인재를 길러 내는 의무를 다할 수 있을까? 인재를 기용하는 과정에서 잠재적 재능을 가진 인재에 대해 손실과 실패의 위험을 무릅쓰고 소재대용하는 시도를 마다하지 않아야 한다. 그렇게 해서 인재가 자신의 잠재된 남다른 능력을 발휘할 기회를 주어야 한다. 이와 관련한 고사 하나를 소개한다.

춘추 전국 시대 제나라는 노비를 천시했다. 생각하는 노비는 더욱 싫어했다. 그러나 조한이라는 상인은 달랐다. 그는 노비를 대량 기용했을 뿐 아니라 생각하고 머리를 쓸 줄 아는 노비를 전문적으로 찾았다. 기용된 노비들은 먼 곳으로 나가 소금 매매업에 종사했다. 그들은 용기와 지혜로 자기 한 몸을 지켜 내는 것은 물론 조한의 사업을 번창시켰다. 조한은 그들을 믿었고 또 그에 맞는 대우를 해 주었다. 이 때문에 노비들은 조한을 위해서라면 기꺼이 목숨까지 바칠 각오로 일했다. 조한은 이렇게 해서 억만금을 버는 대부호가 되었다. 그래서 당시 제나라에는 '벼슬하기보다 조한의 노비가 되라'는 말이 유행했다. 여기서 '벼슬하기보다 조한을 좋아한다'는 뜻의 '녕작호조寧爵好刁'라는 고사성어가 나왔다.

일본 기업인 소니는 인재에게 기회가 얼마나 중요한가를 잘 알았고 인재를 선발할 때도 이 점을 충분히 고려했다. 소니는 직원 기용 방침을 제정해 놓고 주로 예상하고 기대하는 능력에 집중했다. 즉 한 사람의 현재와 특히 미래의 능력을 함께 평가해 기용했다. 그런 다음 힘든 일을 주고 그를 격려해 반드시 자신이 할 수 있는 최대한의 노력으로 일을 완수하게 했다. 이 과정을 거치면 인재는 빠르게 성장할 수 있다.

인재가 그 재능을 다하게 만들려면 그 사람의 힘을 다하게 해야 할 뿐만 아니라 더 중요하게는 그 사람의 지혜도 다하게 해야 한다. 인간의 주관적 능동성은 주로 스스로의 사상과 지혜에 집중되어 있기 때문이다.

원하는 일을 최적의 환경에서 할 수 있도록 지원할 것

과학적 분석에 따르면 사람의 몸은 수십 개의 화학 원소로 구성된다. 그 원소로 일용품을 제작할 수 있는데 지방은 일곱 장의 비누를, 인으로는 성냥 2,200개비를, 철분은 쇠못 한 개를 주조할 양밖에는 없다. 이 밖에 20파운드의 초탄, 소량의 유황, 석회 등을 만들 수 있다. 돈으로 따지면 정말 얼마 되지 않는다.

인간의 몸과 체력은 다른 동물과 비교하면 결코 우세하지 않다. 이는 인간의 가치가 몸뚱이나 체력이 아닌 지혜나 지식 및 그것을 운용하는 창조적 노동에 있다는 의미다. 전국 시대 사상가 한비자는 이 점을 인식해 "삼류 군주는 자신의 힘을 다 쓰고, 이류 군주는 타인의 힘을 다 쓰고, 일류 군주는 타인의 지혜를 다 쓴다"라고 했다. 뛰어난 리더는 타인의 힘을 최대한 쓸 뿐만 아니라 타인의 지혜를 충분히 쓴다는 뜻이다.

누군가의 재능을 한껏 발휘시키려면 반드시 그 사람이 원하는 것을 다 하게 해야 한다. 직업 선택 과정을 겪은 무수한 사람이 적나라하게 경험한 사실이다. 누구든 자신이 흥미를 느끼고 좋아하는 일을 하고자 한다면 언젠가는 그 일을 경험할 시기가 온다. 하지만 일의 필요성에만 굴복해 자신의 흥미와 호기심을 눌러 버리면 이상적인 생활 방식을 찾기 어렵다.

따라서 리더는 조건이 허락하는 상황에서 기용한 인재의 흥미, 애호 및 개인의 뜻과 바람에 근거해 일을 안배해야 훨씬 효율적인 성과가 나온다. 인재의 뜻을 무시하고 그저 단순하게 행정 수단으로 압박해 일을 맡기는 것보다 훨씬 큰 사회·경제적 효과를 얻을 수 있기 때문이다. 이를 위해서는 다음의 세 가지 조건을 잘 파악해야 한다.

첫째, 개인의 선택권을 충분히 존중해 가능한 한 그의 뜻에 맞추어야 한다. 둘째, 잠재적 인재를 열정적으로 격려하고 자신을 추천하게 해야 한다. 이는 인재를 발굴하는 좋은 방법이다. 셋째, 충분히 믿고 직권을 주어 마음 놓고 활용해야 한다.

요컨대 인재의 뜻과 바람 그리고 목표 선택에 있어서 정당한 요구를 가능한 만족시키고, 그들을 위해 물질 조건과 심리 조건을 포함하는 모든 조건을 제공하도록 노력해야 한다. 인재가 가장 편한 심리 상태에서 자신의 총명한 재능과 지혜를 충분히 발휘해 기업을 위해, 사회를 위해 최대한의 공헌을 할 수 있게 해야 한다.

나폴레옹은 "기회 없는 능력은 쓸모가 없다"라고 했다. 인재가 능력을 제대로 충분히 발휘하려면 무엇보다 우선 기회를 만나야 한다. 인재 능력 발휘에 있어서 기회 부여의 중요성을 결코 소홀히 해서는 안 된다.

지역, 세대, 계층의 일관성을 허물어라

• 이사의 **상생** •

"태산은 단 한 줌의 흙도 마다하지 않으며, 강과 바다는 자잘한 물줄기를 가리지 않는다."

태산불양토양泰山不讓土壤, 하해불택세류河海不擇細流.

-이사, 〈간축객서〉

중국 역사상 최초의 통일 제국을 세운 진秦나라가 군주를 보필하는 최고 관직인 승상 제도를 도입한 이후 이름을 남긴 승상 25명 중 17명이 외국 출신이었다는 놀라운 자료가 있다. 나머지 일곱 명은 이름이 밝혀지지 않았고 진나라 출신은 단 한 명이다. 성명 불상의 일곱 명도 외국 출신이었을 가능성이 높다. '혹시 승상이라는 자리는 외국 출신의 인재를 위해 마련된 관직이 아니었을까?' 하는 추측까지 가능해 보인다. 그뿐만 아니라 진나라에 건너와 기여한 인재는 승상보다 훨씬 많았다.

통일 제국을 수립한 주인공 진시황을 도운 승상 이사(?~기원전 208) 역시 외국인 초나라 출신이었다. 이사는 진나라로 건너와 실세였던 여불위의 집에서 식객으로 있다가 추천을 받아 진나라에서 벼슬을 시작했다. 그러나 얼마 되지 않아 젊은 진왕(훗날의 진시황)이 내린 축객령逐客令 때문에 쫓겨날 위기에 처한다. 이에 이사는 진왕에게 〈간축객서諫逐客書〉, 즉 '객(외국 출신의 인재)을 내쫓으라는 명령에 대해 한 말씀 올립니다'라는 제목의 글을 올렸고 축객령은 취소되었다. 대체 이사가 무슨 말을 어떻게 했기에 왕의 명령이 바로 취소되었을까? 이사가 쓴 〈간축객서〉의 내용을 중심으로 인재의 중요성에 대해 논의해 보고자 한다.

축객령은 진나라를 병들게 할 뿐이다

장장 550년에 걸친 춘추 전국 시대의 난국을 수습하고 최초의 통일 왕조를 수립한 진은 기원전 7세기 춘추 시대 목공이 집정하면서부터 일찍이 유능한 인재들을 끌어모으는 정책을 실행했다. 그 후 기원전 4세기 전국 시대 효공 시기에는 전국 칠웅 중 나머지 여섯 개국에서 노골적으로 인재를 빼내 오기 시작했다. 상앙, 장의, 범수, 감무, 채택, 위료, 한비 같은 각국의 인재가 줄줄이 진으로 들어와 문전성시를 이루었고 이에 따라 경제와 상업도 활기를 띠었다.

그러나 진의 수구 기득권층은 외국에서 들어온 인재를 끊임없이 배척하고 질시했다. 위衛 출신인 상앙이 진에 들어오자 대신인 감룡과 두지는 결사반대했으며, 진의 사신이 범수를 몰래 모시고 오려 하자 소왕의 외숙부인 위염은 진나라로 들어오는 수레를 엄격하게 검사해 타국의 인재가 들어오는 것을 막고자 했다. 진왕 10년인 기원전 237년, 한韓에서 온 정국이라는 인물을 남기느냐 추방하느냐를 두고 한 차례 평지풍파가 일었다.

정국은 한의 수리 전문가였는데, 진의 관중 일대의 지리와 물줄기를 살핀 다음 서쪽 경수의 물을 동쪽 낙하洛河로 끌어들이는 길이 300여 리에 이르는 수리 공사를 시행할 것을 제안했다. 진왕은 이에 동의하고 정국에게 수리 공정을 시작하도록 맡겼다.

하지만 공정이 끝나갈 무렵에 누군가가 진왕에게 정국은 한의 간첩으로, 수리 공정은 진의 국력을 소모시켜 진의 6국 정복을 막기 위해 파견되었다는 첩보를 보고했다. 진왕은 깜짝 놀라 정국을 잡아들이고 수리 공사를 중단시켰다. 진나라 대신들은 이 틈을 타서 더 나아가 6국에서 온 자 모두가 진을 약하게 만들기 위한 간첩이니 모두 현직에서 파면할 것을 강력하게 주장했다. 결국 진왕은 외국에서 들어온 모든 손님을 내쫓으라는 이른바 축객령을 내렸다.

이 절박한 상황에서 외국 출신인 이사는 진왕에게 글을 올려 외국 출신 인재들을 내치는 결정에 반대했다. 이때 이사가 올린 글이 《사기》〈이사열전〉에 실린 〈간축객서〉다.

재목을 가리는 땅은 더 넓어지지 않는다

초나라 출신인 이사는 진나라가 다른 나라에서 온 유능한 인사들을 배척하는 것은 옳지 않다고 보았다. 이사는 진나라의 비약적인 발전과 차별 없는 인재 등용의 관계를 지적하면서 이렇게 말했다.

"옛날 진 목공께서 유능한 인재를 원해 서쪽 서융에서 유여를, 동쪽 완에서는 백리해를 얻었으며 송에서는 건숙을 맞이했고 진晉에서는 비표와 공손지를 모셔 왔습니다. 이 다섯 인재는 진에서 태어나지 않았지만 목공께서는 그들을 기꺼이 기용해 20개의 제후국을 합병하고 서융을 제패했습니다.

그 뒤 효공께서는 상앙의 변법을 시행해 부국강병을 이루어 백성들을 따르게 했고, 나아가 초와 위魏를 물리쳐 제후들의 복종을 받아 냈습니다. 또 수천 리의 땅을 차지해 지금까지 강성하게 태평을 누리고 있습니다.

혜왕은 장이의 계략으로 삼천의 땅을 공격해 점령했습니다. 이렇게 서쪽으로 파촉을 아우르고 북쪽으로 상군을 가졌으며, 남쪽으로 한중을 함락시키고 초 경내의 소수 민족을 손아귀에 움켜쥐었습니다. 동쪽으로는 성고라는 험악한 지대를 점령하고 풍요로운 토지를 소유했습니다. 그 위세로 6국의 연맹을 와해하고 6국이 서방의 우리 진을 섬기게 하면서 지금에 이른 것입니다.

또 소왕께서는 범수를 얻어 수후를 폐하고 화양 부인을 내쫓아 왕실의 권력을 강화했으며, 대신이 권력을 마구 흔드는 것을 막고 점차 제후 열국을 관할해 우리 진이 대업을 이룰 수 있었습니다. 이 네 군왕께서는 모두 객경의 힘을 빌렸건만 객경에게 무슨 잘못이 있다는 말입니까? 당초 네 군왕께서 객경을 받아 주지 않고, 유능한 인사들을 멀리하고 기용하지 않았더라면 우리나라가 어떻게 부국강병을 이루었겠습니까?"

이어 이사는 또 다른 예로 현재 진이 사용하는 귀중한 물자 대부분이 다른 나라에서 건너왔는데, 이것들을 물리치지 않고 계속 받아들여 갈수록 많아진다면 더 좋지 않겠느냐고 했다. 그런 다음 "이제 와서 사람을 기용할 때 재능을 따지지 않고, 시비를 구분하지 않고, 정의와 사악함을 분별하지 않은 채 그저 진 출신인지 아닌지만을 따져 타국에서 온 사람을 모조리 쫓아낸다면, 진은 미녀와 귀한 물건들만 중시하고 사람은 무시하는 꼴이 됩니다. 이렇게는 다른 제후국들을 이길 수 없습니다"라고 지적했다. 나아가 이사는 객경을 내치는 폐단을 날카롭게 지적했다.

"백성을 버리는 것은 적국을 돕는 것이요, 빈객을 내치는 것은 다른 제후국들에게 공업을 세울 기회를 주는 것입니다. 이렇게 되면 천하의 유능한 인재들이 서쪽에 있는 우리 진으로 감히 들어오지 못할 것이니 이것이야말로 적들에게 무기와 양식을 제 손으로 가져다 바치는 꼴이 아니고 무엇이겠습니까?"

그는 마지막으로 이렇게 〈간축객서〉를 끝맺었다.

"진에서 태어나지 않았지만 진에 한몸 바치려는 인재는 많습니다. 지금 그 많은 객경을 내친다는 것은 우리의 힘을 줄이고 남의 힘을 키우는 것이니, 내부적으로는 힘이 약해지고 외부적으로는 제후들과 원한을 맺어 나라가 위기에 처할 것입니다."

이사의 〈간축객서〉는 먼저 진이 천하의 유능한 인재들을 초빙해 부국강병을 일군 지난 역사를 돌이키면서 외부 인재들이 진에 와서 잘못보다는 공을 많이 세웠다는 점을 상기시킨다. 이사는 이를 강조하기 위해 진에서 나지는 않지만 진에서 잘 활용되는 것을 예로 들어, 물자와 미녀는 거부하지 않으면서 유능한 외부 인재들은 내친다면 이는 미색은 중시하고 인재는 가볍게 여긴다는 것을 자인하는 뜻 아니냐며 반문한다.

〈간축객서〉는 말 그대로 지난 역사의 총결이라 해도 과언이 아니다. 특히 상호 대비의 수법을 사용해 간절한 마음으로 인재 기용의 깊은 이치를 설명한다. 이에 감동한 진왕은 마침내 축객령을 취소하고 이사의 직무를 회복시켰다. 또 억울하게 감옥에 갇힌 수리 전문가 정국을 석방해 계속 수리 공사를 맡겼고, 정국은 마침내 이 공사를 완성해 진의 발전에 크게 이바지했다.

인재에 높고 낮음은 없으며 그저 사용하고 키울 뿐이다

이사는 초나라 상채 사람으로 스스로 "순자에게 제왕술을 배워 당초에는 초왕을 섬기려 했지만 큰일을 해내지 못할 것으로 보았고, 나아가 6국 모두가 대업을 이룰 만한 그릇이 되지 않는다"라고 판단해 서방 진에 들어와 객경으로 지냈다.

객경을 내친다는 축객령은 그에게도 해당되는 명이었지만, 그는 역사적 사실과 설득력 넘치는 웅변으로 진왕을 마음을 돌려 진이 자칫 큰 실수를 저지르는 것을 막았다. 그는 진왕을 도와 6국을 통합하고 마침내 승상 자리에 올랐다. 후에 간신 조고의 모함을 받아 비참하게 죽었지만 그가 남긴 〈간축객서〉의 심오한 이치와 힘이 넘치는 웅변은 인재의 역사와 문화사에 길이 남을 유산이 되었다.

타국 출신 인재의 수는 그 나라의 흥성을 나타내는 지표다. 다른 나라의 인재는 들어오기 전에는 손님이지만 들어온 다음에는 자기 나라의 자원이다. 주객은 언제든지 바뀔 수 있다. 유능하고 현명하면 기용하는 것이고 그렇지 못하면 내치는 것이니 주객을 가려서 무엇하겠는가!

오늘날 외부에서 인적 자원과 기술을 빌리거나 합작하는 일은 보편화되었다. 이것이 이른바 아웃 소싱이며, 심지어 최근에는 아웃 소싱을 못하면 경쟁 사회에서 살아남을 수 없을 정도다. 하지만 우리의 인재 선발 기준은 지독히 폐쇄적이며 각종 차별 요소가 난무한다. 학연, 지연, 혈연, 학벌, 인종 차별 등 사회와 국가의 경쟁력을 떨어뜨리는 온갖 장애 요인에 가로막혀 유능한 인재들이 여건이 나은 타국으로 발걸음을 옮긴다.

춘추 시대 중국 서방의 야만국으로 무시당하던 진나라가 전국 시대에 칠웅의 하나로 비약적으로 발전하고 끝내 중국사 최초의 통일 왕조를 이룬 배경에는 타국에서 건너온 유능한 인재들을 적극 활용한 영리함이 있었다. 우리는 진의 부국강병과 통일 제국 건설 과정에서 차별 없는 인재의 기용이 얼마나 중요한가를 목격할 수 있다. 이사는 바로 이 점을 정확하게 간파하고 진이 과거 인재를 어떻게 기용해 부국강병을 이룩했는지 인재의 역사를 의미심장하게 회고한 것이다.

벗을 최고의 적으로 삼아라

• 소진, 장의의 경쟁 •

"다윈은 인류가 상호 경쟁을 통해 진화했다고 한다. 그러나 각 방면에서 자세히 고찰하면 인류의 진화는 상호 양보를 통해 진화했음을 알 수 있다. 인류의 진화가 합력合力과 상양相讓(상호 양보)의 결과다."

-이종오, 《후흑》〈후흑원리〉

현대 경영에서 경쟁하는 모두가 승리한다는 윈-윈 전략은 이제 보편적인 경영 원리가 되었다. 상대를 무조건 꺾으려는 단순하고 무지막지한 경쟁으로는 살아남을 수 없는 풍토가 조성되었기 때문이다. 윈-윈과 그 뜻이 정확하게 일치하지는 않지만 비슷한 개념으로 '프레너미frenemy'라는 단어가 있다.

프레너미란 친구friend와 적enemy의 합성어로, '친구와 적의 특성을 함께 가진 사람'이라는 뜻이다. 오늘날에는 무한 경쟁에만 몰두하던 기업들의 관계가 점점 프레너미의 관계로 바뀌는 현상이 두드러진다. 따라서 이런 현상에 대한 다양한 접근과 관계 설정이 필요하다.

이런 관계는 역사에서도 어렵지 않게 발견할 수 있다. 특히 춘추 전국이라는 활기찬 경쟁 시대에서 프레너미 관계는 다반사였다. 각국의 이해관계와 국제 사회의 역학 구도에 따라 수시로 어제의 적이 오늘의 동지가 되었고, 이는 개인 사이에서도 마찬가지였다. 이제 전국 시대 말기 천하를 누비며 때로는 경쟁하고 때로는 도우며 천하 정세를 좌우했던 소진과 장의, 두 사람의 행적을 통해 바람직한 프레너미 관계를 생각해 보자.

혼란의 시대에서 살아남은 인재의 유형

기원전 4세기에서 기원전 3세기 초에 걸친 전국 시대 말기는 초강대국 진秦과 이에 맞선 나머지 6국의 극한 경쟁 시대였다. 국가의 모든 정책이 생존을 건 사생결단과 결부되었으며, 진과 6국의 대외 정책 방향이 승리의 관건이었다. 이런 상황에서 각국을 돌며 자신의 주장과 능력을 설파하는 소위 유세가가 우후죽순으로 등장했다.

유세가에게 무엇보다 중요한 능력은 천하 정세의 흐름을 정확하게 파악하는 것이었다. 즉 대세를 파악하고 그에 맞는 대응책을 마련하는 능력에 따라 우열이 갈렸다. 유세가들은 각국의 지도자들을 자신의 식견과 주장을 말로 설득해야 했기에 거의 절대적으로 언변술을 익혀야 했다.

유세가들이 언변술 외에 공부해야 할 과목에는 상대의 심리를 꿰뚫는 기술인 췌마술揣摩術도 있었다. 오늘날 심리학과 비슷한데, 언변이 위력을 발휘하려면 상대의 속마음을 헤아리는 능력이 필수였기 때문이다. 기록에 따르면 소진과 장의 두 사람은 젊을 때 제나라로 유학을 가서 당시 이름을 떨치던 귀곡자에게 함께 유세술을 배웠다.

귀곡이라는 골짜기에 은거하며 후진을 양성했기 때문에 귀곡자로 불린 귀곡자는 중국 사상사에서는 유세가를 가리키는 또 다른 단어인 종횡가縱橫家의 시조로 유명하다. 그는 소진과 장의를 비롯해 손빈, 방연 등 당대 최고의 인재들을 길러 냈다고 한다. 주로 가르친 과목은 유세, 병법, 음양, 술법 등이었고 《귀곡자》라는 책략서를 저술해 남겼다고 전한다. 관련 일화로 사마천은 《사기》에서 소진(생몰 미상)과 장의(?~기원전 309)라는 대표적인 두 유세가의 전기를 소개한다.

자신만의 오리지널을 만든 소진

귀곡자 밑에서 공부를 마친 소진은 자신이 배운 바를 현실에 적용하기 위해 여러 나라를 돌아다니며 유세했지만 아무것도 얻지 못한 채 고향 낙양으로 돌아왔다. 하지만 소진은 포기하지 않았다. 천자의 나라인 주나라의 수도 낙양에서 태어난 그는 조국이 주위 열강에 둘러싸여 껍데기만 남은 채 몰락하는 모습을 지켜보면서 천하 정세를 자신의 힘으로 바꾸어 천자국의 체면을 회복하려 했다. 훗날 소진이 당시 초강국인 '진나라에 맞서 나머지 6국이 동맹해 대항하자'는 내용의 합종책合縱策을 제안한 이유도 이런 배경 때문이었다.

고향으로 돌아온 소진은 주나라의 병법서인《음부》라는 책으로 다음 단계의 공부를 시작했다. 소진은 책에 완전히 머리를 파묻고 1년 정도 집중적으로《음부》를 연구했다. 전국 시대 종횡가들의 정치적 주장과 책략을 기록한《전국책》에는 소진은 공부를 하다가 졸음이 오면 "송곳으로 허벅지를 찌르며 잠을 쫓았는데 피가 발꿈치까지 흐를 정도였다"라고 전한다.

여기서 '송곳으로 허벅지를 찌른다'는 뜻의 '추자고錐刺股'라는 유명한 고사가 나왔고, 소진 공부법의 트레이드 마크가 되었다. 이 밖에 소진은 '두현량頭懸梁'이라는 공부법도 남겼는데, 역시 졸음을 쫓기 위한 방법으로 졸리면 '머리카락을 대들보에 매달았다'는 뜻이다. 이렇게 소진은 자기만의 독특하고 독한 공부를 거쳐 당대 최고의 유세가로 거듭났다.

그렇다고 소진이 단번에 성공한 것은 아니었다. 췌마술을 터득하고도 몇 차례 유세에서 실패했다. 조국에서조차 환영받지 못했는데 이유는 당시 정세의 변화 때문이었다. 몇 차례 유세에 실패한 끝에 소진은 마침내 천하 정세에 대한 정확한 인식과 판단을 내릴 수 있었고, 이어 자신의 유세 상대를 정확히 선택해 합종책을 전파했다. 그 결과 6국의 공동 재상이 되어 천하를 누비는 당대 최고의 유세가로 등극했다.

일인자의 유세법을 벤치마킹한 장의

소진과 동문수학한 장의는 소진에 이어 천하를 주름잡은 유세가였다. 장의의 공부법에 대한 기록은 없지만 유세가로서 철두철미한 프로 정신을 잘 보여 주는 일화가 전한다.

여러 나라를 떠돌며 유세하던 장의는 초나라 재상의 식객으로 있다가 도둑으로 몰려 흠씬 두들겨 맞았다. 만신창이가 되어 집에 온 장의를 보고 아내는 "아이고! 당신이 아무 쓸데없는 책을 읽지 않고 유세만 일삼지 않았더라면 이런 치욕은 당하지 않았을 것 아니오"라며 한탄했다. 장의는 무어라 대꾸하는 대신 입을 크게 벌리며 혀를 쑥 내밀더니 "내 혀가 아직 그대로 붙어 있나 보시오"라고 물었다. 아내가 "아직 그대로 있네"라고 답하자 장의는 싱긋 웃으며 "그럼 되었소"라고 말했다.

유세가는 다른 것보다 혀만 살아 있으면 된다는 것을 생생하게 잘 보여 주는 일화로, '혀는 아직 있다'는 뜻의 '설상재舌尙在' 고사가 여기서 비롯되었다. 유세가들이 오늘날에 살았다면 아마 혀에다 거액의 보험을 들었을 것이다.

장의의 일생을 차분히 추적하면 그의 출세에 관한 흥미로운 이야기를 발견할 수 있다. 유세가로서의 출세가 소진보다 조금 늦었던 장의는 초기의 소진처럼 가는 곳마다 문전박대를 받았는데, 동문수학한 소진에게서조차 인격적인 수치심을 느낄 정도로 심하게 홀대당했다.

당시 조나라에서 크게 위세를 떨치던 소진은 자신을 찾아온 장의를 며칠 동안 허름한 객사에 처박아 놓고 만나지 않았을 뿐만 아니라 음식도 개돼지가 먹는 수준으로 대접했다. 장의는 서러움을 삼키며 당시 최강국이었던 진나라로 발걸음을 옮기면서 복수를 다짐했다.

장의는 천만다행으로 주막에서 만난 귀인 덕분에 편하게 진나라로 갈 수 있었고 그 사람의 주선으로 진나라 왕을 만나 유세하기에 이르렀다. 그런데 놀랍게도 이 모든 것이 친구 소진의 안배였다. 사실을 안 장의는 자신은 소진에게 한참 못 미친다며 소진이 죽기 전에는 그의 합종책을 건드리지 않겠노라 선언했다.

이후 소진은 장의의 앞에서 세상을 떠났다(소진의 죽음에 대해서는 의문이 적지 않아 몇 가지 논쟁이 있지만 글의 요지와는 관련이 없어 기록에 따라 이야기를 전개했다). 소진이 죽자 장의는 소진이 공들여 구축한 6국 합종책을 차례차례 무너뜨린다. 장의가 진나라를 위해 수립한 대외 책략은 '연횡책連橫策'이었다. 남북 6국이 종(남북)으로 연합해 강국 진나라에 대항하는 합종에 맞서 진나라는 횡(동서)으로 6국과 각각 외교 관계를 수립하고 여기에 각국의 내분을 조장하는 첩보술을 가미해 각개 격파한다는 책략이었다.

장의의 연횡책은 소진의 합종책이 있었기에 가능한 전략이었다. 장의는 소진이 수립한 전략을 반대로 적용해 연횡책을 구상할 수 있었다. 말하자면 소진을 벤치마킹한 셈이다.

진정한 프레너미의 의미

장의는 자신의 능력이 소진에 못 미친다는 사실을 잘 알았다. 그래서 소진의 뒤를 따르되 그가 고안한 전략이나 책략과 정반대의 책략을 구사하기로 했다. 소진의 식견과 능력을 잘 알았던 장의에게 이것이 최선은 아니더라도 차선책이었는지 모른다. 탁월한 일인자에 정면으로 맞서거나 일인자가 내세운 논리나 상품과 똑같은 것을 들고 나와서는 경쟁력이 없다고 판단한 것이다.

소진은 소진 나름대로 계산이 있었던 것으로 보인다. 그는 자신이 내세운 합종책의 치명적인 약점을 잘 알았다. 언젠가는 연횡책으로 무너지리라는 것도 예상했다. 그래서 그는 장의를 몰래 보살피며 그가 진나라에서 능력을 인정받도록 배려했다. 당시 천하 정세에서 진나라를 제외한 나머지 6국은 합종이 거의 유일한 외교 정책이었고, 진나라는 합종을 각개 격파할 연횡책이 필요했다. 소진과 장의는 자신들의 능력과 공부에 따라 각각 합종과 연횡을 선택해 서로 도우면서 경쟁했다. 이것이 바로 프레너미의 관계다.

소진과 장의는 단순히 세 치 혀에만 의존해 출세한 것이 아니다. 젊어서부터 단계적으로 철저한 교육을 받았고, 이에 만족하지 않고 자기만의 브랜드를 창출하기 위해 더 깊게 공부에 매달렸다. 특히 중요한 것은 이들이 쉴 새 없이 변화하는 천하 정세에 대한 정보 분석을 한시도 게을리하지 않았다는 사실이다. 지금으로 치면 국제 정세 분석의 최고 전문가들이었다. 이 과정에서 두 사람은 상대가 있어야 내가 있고, '상대가 커야 내가 클 수 있다'는 프레너미의 의미가 무엇인지를 잘 보여 준다.

기업이든 국가든 오늘날의 경쟁은 결코 단순하게 전개되지 않는다. 고려해야 할 부분이 너무 많다. 무조건 공격이나 무작정 수비는 전혀 통하지 않는다. 공수의 전환이 수시로 이루어져야 하고, 상대와 언제든 협력할 준비가 되어 있어야 한다. 필요하면 상대의 도움도 받아야 한다. 이런 상황에서 프레너미는 윈-윈의 좋은 토대가 될 수 있을 것이다.

직접 보여 주지 않으면 백 마디 말도 소용없다

• 무측천의 **실천** •

"인재가 유능하다면 순서를 기다렸다가 천거할 필요가 없다."

현능불대차이거賢能不待次而擧.

–순자, 《순자》〈왕제〉

영화 〈적인걸〉에서 무측천(624~705)은 카리스마 넘치는 황제의 모습이다. 그는 실제로도 위풍당당한 여장부였다. 5,000년 중국 역사상 유일무이한 여성 황제라는 기록을 남겼고, 600명에 이르는 남성 제왕 중 무측천에 필적할 만한 임금이 몇 되지 않을 정도로 정치력 또한 뛰어났다.

대부분은 무측천을 당 왕조의 여황제로 알고 있는데 이는 잘못된 인식이다. 그는 엄연히 당 왕조를 자기 손으로 끝장내고 주周라는 왕조를 세워 자신이 첫 황제로 즉위했고 마지막 황제로 역사의 무대에서 퇴장했다. 그는 남편 당 고종의 통치기 때 이미 고종을 대신해 전권을 휘둘렀는데, 대외적으로 그 시기에 고구려와 백제를 멸망시켰다.

무측천의 정치는 군자와 소인을 고루 기용하는 특이한 스타일이었다. 말년에는 소인배들을 기용해 자신의 사사로운 욕망을 채웠지만 이와 별개로 좋은 인재를 대거 발탁해 맡기는 나랏일에는 남다른 수완을 보여주었다. 그는 잔인하고 무정했지만 그것이 백성들을 향하지는 않았기에 천하에 피해를 주지는 않았다. 또 냉철했기에 만년에 정권을 다시 이씨에게 돌려주어 잠시 끊긴 당 왕조를 연속시켰다. 만년에 그가 이 같은 냉정한 판단을 내리지 못했더라면 아마 큰 혼란과 피해가 생겼을 것이다. 무측천의 진면목을 인재관을 중심으로 조금 더 살펴보자.

최초의 여성 황제가 전성기를 이룩한 용인의 비결

실질적인 당 왕조의 개국 군주라고 할 수 있는 태종은 문벌 사족의 독점 체제를 깨고 정치와 인재 정책의 순조로운 발전을 위한 기초를 닦았다. 649년, 태종이 병으로 세상을 떠나고 고종이 즉위했다. 잔병이 많았던 고종은 정무에 전념할 수 없었고 즉위 후 얼마 되지 않아 황후 무측천이 조정을 장악했다. 690년 무측천은 자신의 아들 예종을 내치고 스스로 황제 자리에 올라 나라 이름을 주라 칭했다. 이는 당 왕조 전반기 최대 사건이다.

무측천은 당 태종의 궁녀로서 말단 직급의 후궁인 재인에서 시작해 놀라운 의지력으로 최고 자리인 황후까지 올랐다. 이어 이씨 황족과 조정 문무백관의 반대를 억누르고 지고무상한 군주 자리에 오르는 기염을 토했다. 그는 수렴청정하는 황태후로는 만족할 수 없었고 결국 자신이 직접 황제가 되었다.

당시 여성에게 주어진 한계와 각종 제한에도 불구하고 무측천은 걸출한 리더의 모습을 보여 주었다. 그는 경전과 역사에 정통했을 뿐만 아니라 권모술수에도 뛰어났다. 기지와 정치적 재능도 넘쳤다. 놀라운 사실은 무측천이 집권한 약 반세기 동안 나라는 분열이 아닌, 중국 역사상 최고의 전성기라는 태종 통치기의 정관지치에 버금가는 전성기를 구가했다는 것이다. 특히 무측천은 문벌을 타파하고 인재 등용의 길을 넓힌 태종의 인재 정책을 더욱 발전시켰고, 이것이 무측천이 성공하는 중요한 요인으로 작용했다.

무측천은 이씨 황제를 몰아내고 황제가 되었기 때문에 황족 세력을 억제할 수밖에 없었다. 태종이 황족의 특권을 제한하면서도 그들의 이익을 어느 정도 보호했다면 무측천은 철저하게 황족의 특권을 박탈했다. 인재 기용 면에서도 태종은 황족이나 지난 왕조의 옛 신하들을 믿고 기용하면서 미천한 출신의 인재도 기용했는데, 무측천은 주로 보잘것없는 집안 출신의 지식인들을 자신의 정치적 기반과 자산으로 삼았다.

역대로 많은 사람이 무측천을 비난했지만 그 내용은 대부분 봉건적 전통 관념에 치우친 관점으로 이루어졌다. 즉 무측천의 황제 즉위를 '천명을 거스른 찬탈'이라는 기존의 관점에서만 평가한 결과들이었다. 무측천이 정치에서 보여 준 탁월한 능력과 인재 등용을 본다면 이런 비난들은 타당치 않다. 《자치통감》은 무측천을 이렇게 평가했는데 비교적 균형 잡힌 평가라 할 수 있다.

> "관직을 가지고 천하의 인심을 매수하려 했지만 자리에 맞지 않는 자는 내치거나 벌을 주는 등 상과 벌이라는 수단으로 천하를 다스렸다. 자신이 직접 정치를 챙겼는데, 현명하게 살피고 제대로 판단했기에 당시의 영재와 유능한 인재들을 기용할 수 있었다."

무측천이 선발한 인재는 양으로 보나 질로 보나 당 태종 시대에 결코 뒤지지 않았다. 이덕소, 두경검, 적인걸, 요숭, 송경, 장간지 등 이름만 들어도 알 수 있는 인재가 모두 무측천 시대를 풍미했다. 무측천 시대는 말 그대로 인재가 몰려든 시대였다.

고인 물은 새로운 물로 견제하라

무측천은 조정 관료의 신진대사를 촉진하려 했다. 새로운 인재를 발탁해 자신의 통치 철학을 지지하게 만들어야 했기 때문이다.

그는 널리 인재를 불러 모았다. 무엇보다 지방에서 인재들을 대거 발탁했다. 중앙 정치에 타성이 젖은 낡은 관료를 대폭 물갈이하겠다는 뜻이었다. 과거 제도도 한껏 활용했다. 무측천은 급제한 인재들을 직접 면접하고 세심하게 자리를 배정하기까지 했다. 이른바 전시제도殿試制度로, 무측천이 처음 시행한 것이었다.

또 무측천은 서적을 편찬한다는 명목으로 공부한 사람을 두루 궁으로 불러들여 조정 정책에 대해 다양한 의견을 발표시켰다. 각지에서 날아드는 보고와 진정서도 처리하도록 지시했으며, 이들은 궁의 남쪽 문으로 다니지 않고 북문으로 다닌다 하여 북문학사北門學士라 불렸다. 무측천은 지난날 과거 시험이 문과에 한정된 것을 바꾸어 무과 시험을 전격 신설해 무예가 높고 강한 사람을 선발하고 중용했다. 자신을 보호하기 위한 친위대 마련과 국방력 강화를 동시에 염두에 둔 절묘한 정책이었다.

더 많은 인재를 확보하기 위해 적의 인재도 마다하지 않았다. 심지어 적진의 인재를 빼내 오기도 했다. 즉위 초기에 수나라 때의 주요 책사였던 유원이 간첩죄로 붙잡혔다. 무측천이 직접 심문에 나섰는데, 유원은 자신의 혐의를 부인하고 무측천을 향해 심한 욕을 퍼부으며 무武와 주周는 양립할 수 없다고 대들었다. 무측천의 존재를 다른 곳도 아닌 무측천의 면전에서 부정한 것이다. 무측천은 유원을 처벌하지 않고 오히려 그를 예부시랑에 임명했다. 유원은 무측천의 정치적 아량에 감격해 눈물을 흘리며 충성을 맹세했다.

무측천의 중요한 비서였던 상관완아는 무측천이 죽인 상관의의 손녀였다. 이 때문에 상관완아의 무측천에 대한 원한은 어려서부터 뼛속까지 사무치게 깊었다. 그럼에도 무측천은 상관완아의 재능을 좋아했으며 실제 행동으로 그를 감화해 가장 가까운 사람으로 두었다.

동북쪽 거란의 추장 이해고는 과거 여러 차례 당나라 군대를 대파한

적이 있고, 그 뒤로도 여러 차례 변경을 침범해 당나라의 큰 근심거리로 떠오른 인물이었다. 무측천은 가장 신임하는 적인걸을 보내 이해고에 맞서게 해 결국 그를 잡았다. 이해고는 장안으로 압송되었다. 조정의 문무 대신들은 당연히 이해고가 참수당할 것으로 예상했다. 또 다들 그렇게 요청했다. 하지만 무측천은 이해고를 사면하고 대장군에 임명했다. 게다가 병력을 이끌고 거란을 공격하게 했다. 감동한 이해고는 완전히 무측천에게 충성을 맹세했다. 이해고가 거란 정벌에 승리하자 무측천은 그를 연국공에 봉하고 특별히 자신과 같은 무씨 성을 내려 주었다.

몸에 좋은 약은 쓰기 마련이다

무측천은 당의 황제를 폐하고 스스로 주 왕조의 황제로 즉위했다. 이 때문에 당 왕조의 황족과 대신들의 격렬한 저항에 부딪혔다. 반란을 일으키거나 암살을 꾀한 자도 있었다. 무측천은 이런 문제들에 경각심을 높였고 적지 않은 사람을 죽였다. 그중에는 억울하게 죽은 자도 상당하지만 동시에 무측천은 날카로운 비판을 환영하고 받아들이는 포용력 또한 보여 주었다. 속으로는 내키지 않았어도 탓하거나 벌주지는 않았다.

조익이 저술한 역사서 《이십이사차기》 권19에 따르면 대신 주경칙은 무측천 앞에서 그의 생활이 너무 사치스럽고 남자를 밝힌다고 노골적으로 비판했다고 한다. 무측천은 이 말을 듣고 자신의 생활을 바꾸지는 않았지만 "그대가 아니면 누구로부터 이런 말을 듣겠소"라며 주경칙을 칭찬하며 비단 100필을 내렸다.

702년에는 무읍 사람인 소안항이 두 번이나 글을 올려 무측천이 당의 황제 자리를 찬탈한 것을 비난하면서 정권을 이씨에게 돌려줄 것을 요구했다. 소안항은 다음과 같이 격렬한 비난을 퍼부었다.

"폐하께서는 보좌가 탐나 모자의 정도 잊었으니 무슨 면목으로 종묘를 대할 것이며 무슨 낯으로 (남편인) 고종을 대할 것입니까? (…) 신의 어리석은 생각으로는 황제 자리를 이씨 집안에 돌려주어야 합니다. 폐하께서는 지금 자리가 편안할지 모르지만 무엇이든 지나치면 뒤집히기 마련입니다. 소신은 목숨이 아까워 나라를 팔고 싶지는 않습니다."

무측천의 가장 아픈 곳을 찌른 말로 큰 타격이 아닐 수 없었다. 그런데 무측천은 소안항을 만나고도 화내지 않고 오히려 궁중으로 불러 술을 내렸다. 소안항을 시작으로 무측천의 퇴위를 주장하는 사람은 끊임없이 이어졌다. 결국 무측천은 중종을 태자에 다시 책봉하고 죽기에 앞서 자신이 세운 주 왕조를 없애고 당 왕조를 복구하도록 명했다. 그 자신도 황제에서 황후로 복귀해 이씨 사당에 위패를 안치하도록 했다.

무측천은 인재를 몹시 아껴 자신에게 고분고분하지 않거나 심지어 자신의 위엄을 손상시킨 사람까지도 포용했다. 684년, 서경업이 당지기와 낙빈왕 등과 함께 양주에서 반란을 일으켜 무측천을 토벌하려 했다. 이때 낙빈왕은 반란군을 위해 '무측천을 토벌하는 격문'을 썼다. 무측천은 미천하고 질투심이 많아 작은 일도 양보하지 않고, 갖은 방법으로 군주를 꼬드겼으며, 간신배를 가까이 하고 충성스러운 사람은 잔혹하게 대하며, 언니와 오라비를 죽이는 것은 물론 군주를 죽이고 그 어미까지 독살

한 지독한 여자라는 신랄하기 짝이 없는 내용이었다.

이 격문을 읽은 무측천은 "순식간에 고아가 된 아이들은 어찌 할 것이며"라는 대목에서는 고개를 끄덕이며 문장이 좋다고 칭찬했고, 마지막 구절인 "보라, 지금 이 천하가 대체 누구의 천하인가"라는 대목에서는 그 기세가 힘차다며 누가 쓴 글인지 물었다. 곁에 있는 사람들이 낙빈왕이 썼다고 하자 무측천은 "이런 문필을 가진 사람이 어찌 그런 곳까지 갔는가? 이는 재상의 잘못이다"라며 방법을 써서 낙빈왕을 데려오라는 명령을 내렸다.

그 후 서경업의 군대는 무측천이 보낸 군대에게 패했다. 낙빈왕은 당시에 살해되었다는 설도 있고 숨어 스님이 되었다는 소문도 떠돌았다. 비록 무측천이 낙빈왕을 얻지는 못했지만 인재를 아끼는 무측천의 넓은 가슴은 특별히 기억할 만하다.

인재가 고른 인재는 능히 쓸 만하다

무측천은 국정 전반을 조정하는 재상의 작용을 매우 중시해 정성 들여 재상을 선발했으며 마음 놓고 일하도록 권한을 맡겼다. 당시 적인걸은 재능과 학식이 출중해 사람들로부터 "적인걸의 유능함은 따를 자가 없다"라는 칭찬을 들었다. 이에 무측천은 적인걸을 재상으로 임용해 철두철미하게 신뢰했다.

언젠가 한번은 무측천이 적인걸에게 "그대가 여남 지방에 있을 때 뛰어난 실적을 보였는데도 내게 그대를 헐뜯은 사람이 있었소. 그 자가 누군지 알고 싶지 않소?"라고 물었다. 이에 적인걸은 "제게 잘못이 있어 폐하께서 지적해 주면 반드시 고치겠습니다. 잘못이 없다고 여기신다면 저로서는 다행이지요. 하지만 저를 헐뜯은 자가 누군지는 알고 싶지 않습니다"라고 대답했다. 이 말에 무측천은 칭찬과 감탄을 금치 못했다. 군주와 신하의 마음이 서로 통했음을 알 수 있다.

무측천이 자신의 조카 무삼사를 태자로 삼으려 했을 때 아무도 나서서 반대하지 못했지만 적인걸이 홀로 나서 공개적으로 반대했다. 무측천이 이유를 묻자 적인걸은 무측천에게 폐위당한 중종과 무삼사를 비교하면서 이렇게 말했다.

"만약 흉노 군대가 변경을 침범했을 때 무삼사에게 적을 무찌를 병사를 모집하라고 하면 한 달이 지나도 1,000명을 채 모집하지 못하겠지만 노릉왕(중종)에게 임무를 맡기면 며칠이 지나지 않아 5만 명은 충분히 모집할 수 있을 것입니다!"

무측천은 적인걸의 말에 일리가 있다고 판단했고 그의 의견을 존중해 노릉왕의 태자 지위를 회복시켰다. 무측천 이후 황위를 다시 이씨에게 돌려줄 수 있게 정비해 일어날 것이 뻔했던 황위 계승 문제의 혼란과 분열을 예방한 것이다.

재상에 대한 무측천의 요구에서 가장 중요한 것이 인재 추천이었다. 장간지라는 인물은 무측천이 적인걸의 추천을 통해 얻은 대표적인 인재다. 어느 날 무측천과 적인걸은 다음과 같은 대화를 나누었다.

"어떻게 하면 뛰어난 인재를 찾을 수 있겠소?"

"당대에 문장과 경력으로 보아 이교와 소미도 등이 모두 상당한 인재들인데 그들의 글재주로도 부족하다는 말씀입니까?"

무측천은 이교와 소미도를 나라를 관리할 능력을 가진 인재로 보지 않았다. 그러자 적인걸은 "형주장사 장간지는 비록 나이는 많지만 재상감이니 등용하면 나라의 복이 될 것입니다"라며 장간지를 적극 추천했다. 무측천은 즉시 명을 내려 장간지를 낙주사마에 임명했다.

며칠 지나지 않아 무측천은 적인걸에게 또 인재를 추천하라고 했다. 적인걸은 "제가 이미 폐하께 장간지를 추천했는데 폐하께서는 그를 등용하지 않았습니다"라고 말했다. 무측천이 이미 발탁했다고 하자 적인걸은 "저는 그를 재상감으로 추천했지 사마를 시키라고 추천한 것이 아니기에 등용하지 않았다고 한 것입니다"라고 대꾸했다. 이에 무측천은 장간지의 출신과 능력 등을 꼼꼼하게 살펴 그를 질관시랑에 임명한 다음 얼마 뒤 재상으로 발탁했다. 장간지는 훗날 조정을 어지럽힌 장창종과 장역지 등을 제거해 당 왕조의 정치를 안정시키는 데 중요한 역할을 했다.

무측천은 책략이 대단한 적인걸을 대단히 존중했다. 적인걸의 이름을 부르지 않고 국가의 원로들에 대한 칭호인 국로國老라 부를 정도였다. 또 적인걸이 무측천에게 절을 할 때마다 "그대가 절을 하면 짐의 몸이 아프다오"라며 적인걸에 대한 극도의 존경심을 나타냈다. 무측천이 얼마나 인재를 아꼈는지 잘 보여 주는 대목이다. 적인걸도 무측천의 기대를 저버리지 않고 장간지 등 많은 인재를 추천해 조정을 안정시키는 데 큰 역할을 했다. 인재에 대한 존중은 그것이 자천이든 타천이든 인재 추천으로 직결되며, 이를 통해 나라와 조직은 든든한 기반을 갖출 수 있다.

나를 떠난 권한은 내 것이 아니다

리더가 사람을 쓸 때 공과 사의 관계를 조절하는 일이 가장 어려운데, 무측천은 공사 구분의 원칙과 책략의 통일을 보여 주었다.

무측천은 여자 황제로서 남총男寵이 적지 않았다. 승려인 회의를 비롯해 장역지, 장창종 등을 가장 가까이 했다. 그러나 무측천은 이들에게 권력을 주지는 않았다. 대신들을 헐뜯는 이들의 고자질에도 일절 귀를 기울이지 않았으며, 조정 일에 절대 간섭하지 못하게 했다. 무측천은 여색에 홀려 정치를 그르치고 나라마저 혼란에 빠트린 남성 황제들에 비교하면 훨씬 냉철했다고 할 수 있다.

무측천의 총애를 등에 업은 승려 회의는 독단적이고 기세등등해 무측천의 형제인 무승사나 무삼사마저도 그를 두려워할 정도였다. 어느 날 회의가 조당朝堂 앞을 보란 듯이 걸어 지나가다가 재상 소량사를 만났다. 회의를 본 소량사는 뻔뻔한 자라고 욕을 한 다음 사람을 시켜 끌고 나가 뺨을 수십 대 때렸다. 분을 못 이긴 회의는 무측천에게 달려가 이 일을 일렀다. 그러자 무측천은 "네가 나를 보기 위해 궁에 들어올 때는 북문을 이용해야 한다는 사실을 몰랐더란 말인가? 상서들이 드나드는 곳을 무례하게 다녔으니 그렇지. 그들에게는 책임지고 관리해야 할 일이 있단 말이야"라고 말하며 도리어 회의를 나무랐다.

어사대중승 송경은 아첨을 모르는 강직한 성품으로 법을 엄하게 집행하기로 명성이 자자했다. 송경은 장역지와 장창종 형제가 조정을 어지럽히자 이들을 죽이려고 이를 갈았다. 이를 눈치챈 무측천은 총애하는 두 형제에게 자진해서 숙정대(감찰을 담당하던 관아)로 가서 심문받도록 시켰는데, 심문이 채 끝나기도 전에 특별 명령을 내려 이들을 사면했다. 그리고는 형제에게 송경을 찾아가 잘못을 빌게 했다. 형제는 마지못해 송경을 찾아갔지만 송경은 아예 만나 주지 않았다. 그러면서 "공적인 일은 공적으로 처리해야지 사적으로 만날 수 없다. 법에는 '사私'란 있을 수 없다"라고 말하며 이들을 내쳤다. 장역지 형제는 무측천 앞에서 송경을 욕하며 도움을 요청했지만 송경에 대한 무측천의 신임은 변함이 없었다.

무측천은 이들의 갈등을 해소하기 위해 송경에게 잠시 외지로 나가 있을 것을 권유했지만 송경은 장씨 형제가 조정에서 불미스러운 일을 저지를까 봐 수도를 떠나려 하지 않았다. 무측천이 양주로 가서 일을 처리하라고 하자 주현을 감찰하는 일은 감찰어사의 일이니 자신은 갈 수 없다며 거부했고, 유주로 가서 도독 굴돌중상의 사건을 조사하라고 했을 때도 송경은 큰일이 아니면 지방으로 나가지 않거늘 탐관오리의 죄 때문에 자신을 보내려고 하는 것은 필시 자신을 해치려는 자의 소행이라며 완강하게 버텼다. 이래도 안 되고 저래도 안 되자 무측천은 그를 이교의 조수로 삼아 농촉 지방으로 나가라고 했다. 송경은 마찬가지로 거절하며 "농촉 지방에 아무런 일이 없는데 어사중승의 자리에 있는 자가 이교의 조수가 되는 것은 당 왕조의 관례에 어긋나는 일입니다"라고 말했다.

무측천은 세 번을 명령했지만 송경을 그때마다 거부했다. 무측천도 하는 수 없이 아무런 벌도 내리지 않고 송경을 그대로 두었다. 이렇듯 무측천과 가까운 인척이나 측근들은 조정 일에 끼어들거나 인사 문제에 개입할 수 없었고, 조정은 비교적 안정을 유지했다. 그리하여 재상과 주요 관리들은 자신들에게 주어진 권한과 책임을 바탕으로 각자 맡은 직무에 최선을 다할 수 있었다.

리더도 인간이기 때문에 개인적 취향이 없을 수 없다. 과거 봉건 시대의 제왕들은 대개 주색이나 사냥을 가까이 했다. 그러나 이런 개인적 취미와 공적인 국가 정치를 엄격리 구분해 균형을 유지한 제왕은 그리 많지 않았다. 지금 리더들도 개인의 취미나 사생활 때문에 공적인 사무에 영향을 주는 우를 흔히 범한다. 이런 점에서 무측천의 공사 구분은 충분히 본받을 만하다.

무측천은 자신의 힘으로 숱한 난관을 극복하고 직접 황제 자리에 오른 중국 역사의 유일한 여성 황제였다. 그는 시대의 한계를 뛰어넘은 동시에 시대의 한계와 타협할 줄 아는 균형감을 갖춘 정치가였다.

특히 인재 기용이라는 면에서 군자와 소인을 동시에 기용해 서로를 견제시켜 통치의 효율성을 높이는 절묘한 수단을 보여 주었다. 이러한 인재 기용술은 지금으로 봐서는 그다지 실효성이 없지만, 특수한 상황에서는 나름대로 효과를 발휘할 수 있다. 조직이나 기업의 분위기가 신구 세대 간에 조화를 이루지 못하고 있거나 가치관이나 이념 등에서 갈등을 겪고 있다면 무측천의 인사 정책을 참고해도 나쁘지 않을 것이다.

무측천은 군자와 소인을 고루 기용해 이 두 파의 세력 균형을 절묘하게 맞추었는데, 국가 정치는 군자 계층에게 맡기고 자기 개인의 기호나 취향을 위해서는 소인을 기용하는 운영의 묘를 보여 주었다. 특히 소인들을 가까이 하면서도 그들에게 절대 지나친 권세를 주지 않았으며, 이들이 군자의 정치에 간섭하지 않도록 최선을 다했다. 인재 기용과 사용에 아무런 원칙도 철학도 없는 통치자나 리더라면 명군들의 용인관을 어설프게 흉내 내느니 차라리 무측천의 용인관을 따라 배우는 편이 낫다.

인재와 리더가 안정적으로 성장하고 발전하기 위한 틀을 마련하는 것, 즉 우리가 앞서 이야기한 육목과 육조의 기반을 조성하는 일은 개인의 힘으로 이루기에는 역부족이다. 조직, 기업, 국사, 사회가 공감대를 형성해 가장 이상적인 시스템을 끌어내야 한다. 이 시스템을 만드는 과정이 앞서 질문으로 남겨 둔 육목과 육조의 다음 단계인 인재를 심는 '식목植木'이다.

이 식목 단계에서 인재는 물론 리더도 나온다. 인재와 리더가 별개가 아닌 세상이다. 이 식목의 시스템이 정착되면 인재를 떠나보내는 일도 훨씬 줄어들 것이다. 4장은 인재에 대한 존중의 마지막 단계로, 인재를 머물게 하는 이야기들이다.

4장.

한결같이 진심을 보여라

: 제왕을 정상에 올리는
인재를 남기는 법

소를 잃고 외양간을 고치면 무엇하랴?

• 유출된 인재의 가치 •

"이웃 나라에 성인(뛰어난 인재)이 있으면 적국으로서는 근심거리다."

인국유성인적국지우야隣國有聖人敵國之憂也.

-사마천, 《사기》 〈진본기〉

인재 유출은 단순히 유출로만 끝나지 않는다. 유출된 인재의 능력과 그가 가진 정보가 경쟁자에게 넘어가면 그 결과는 심각할 수밖에 없다. 사람은 보다 높은 곳을 향해 나아가기 마련이고, 물은 높은 곳에서 낮은 흐르기 마련이다. 그 사람의 몸을 붙잡는 것보다 그 마음을 얻는 것이 중요하다. 춘추 시대의 인재 유출과 이를 역이용한 사례를 통해 이 문제를 생각해 보자.

네 명의 초나라 인재로 전쟁에서 승리한 진나라

채성자는 춘추 시대 소국이었던 채나라 사람으로 탁월한 웅변가이자 외교가였다. 그는 초나라의 인재를 진晉나라가 역이용한 사건에 대한 논평으로 역사에 이름을 남겼다.

기원전 547년 채성자는 초와 진 두 나라를 넘나들며 양국의 갈등을 조정했는데, 진나라를 떠나와 초나라를 방문했을 때 초나라의 영윤이었던 자목과 대화를 나눈 적이 있다. 자목은 진의 정황을 묻고는 진의 대부와 초의 대부를 비교할 때 어느 쪽이 더 나은지 질문했다. 곤란한 물음이었지만 채성자는 명확하면서도 의외인 답변을 했다. 진의 대신은 초의 대신에 미치지 못하지만 진의 대신은 모두 대업을 이룰 인재라는 대답이었다. 예를 들면 초에서는 구기자나무, 가래나무, 가죽 등이 많이 생산되어 끊임없이 진으로 수출하는데, 초에는 원자재가 많지만 그 활용은 오히려 진이 하고 있다는 뜻이었다.

이어 자목은 진의 군주는 자신의 인척만 높은 자리에 앉히지 않느냐고 물었다. 채성자는 물론 그런 경우가 있지만 초의 인재를 더 많이 기용했다고 답했다. 채성자는 계속해서 다양한 역사 사례를 들며 자신이 듣고 생각하는 정치관과 인재관, 용인 사상 등을 밝혔다. 주요 내용은 이렇다.

"나라를 잘 다스리는 사람은 상을 적절히 내리고 형벌을 함부로 사용하지 않는다. 상을 마구 내리면 나쁜 사람에게도 상을 내릴 수 있고, 형벌이 지나치게 엄격하면 자칫 좋은 사람도 처벌할 수 있기 때문이다. 《시경》〈상송〉에 보면 '상탕은 상과 벌을 명확히 사용해 사람을 써 모두가 자신의 직책에 충실했고, 결국은 천명을 받아 천하를 얻었다'라고 했다. 고대의 성군들은 신중하게 정성껏 예의와 법을 지켰다.

그런데 지금 초의 정황은 좀 다르다. 초는 사람을 함부로 구박하고 형벌을 남용해 모두가 위태로움을 느낀다. 그러다 보니 인재들이 끊임없이 다른 나라로 도망쳐 그 나라를 위해 일하는 바람에 초에 나쁜 영향을 미치고 있다. 그럼에도 초는 이런 잘못에 속수무책이다. 이는 결국 인심이 형벌의 남용에 더 이상 참지 못하고 있다는 뜻이다."

이렇게 초의 상황을 설명한 채성자는 이어 신공申公 자의子儀의 난에 연루되어 진으로 떠난 석공을 거론했다.

초의 내부 사정을 분석해 역공한 석공과 분황

초의 대부 석공이 자의의 난 때 진으로 도망가자 진은 그를 중용했다. 이후 초와 진이 싸움을 벌였는데, 진의 국군은 석공을 자기 바로 뒤에 세워 자신이 석공을 얼마나 중시하는가를 과시했다. 진의 군대가 불리한 상황에 놓여 철수해야 하는 상황에 이르자 석공은 초의 군대는 의지가 굳지 못하고 교만하다고 말하며, 야밤에 군사를 정돈해 우렁차게 고함을 치며 공격하면 초의 군대는 두려워하며 도망칠 것이라는 작전을 제안했다. 진은 그의 건의를 받아들였고 초의 군대는 석공의 예상대로 도망쳤다. 진은 그 기세를 타고 채나라와 심나라를 잇달아 공격해 심의 국군을 사로잡았고, 초의 신나라와 식나라를 공격해 승리했다. 이 여파로 정나라는 초와의 연맹을 포기했고, 결국 초는 중원을 잃었다. 모두 석공이 초의 정황을 꿰뚫고 있었기 때문이 아니겠는가?

또 기원전 605년 초나라의 대부 분황이 진으로 도망가는 일이 생겼다. 언릉에서의 싸움에서 초는 새벽에 거센 기세로 진을 공격해 패배 직전까지 몰았다. 분황은 초의 정예 부대는 왕족이 거느린 중군이므로 진의 군대가 결사적으로 적군의 공격을 막는 한편 난서와 사섭 등을 시켜 적을 매복 지점으로 유인해 집중 공격하면 틀림없이 초의 군대를 물리칠 수 있다고 건의했다. 결국 초의 군대는 크게 패해 물러났다.

민심을 얻어 군을 정비한 옹자

채성자의 분석은 다른 사례로 계속 이어졌다. 초나라 대부인 옹자는 아버지와 형이 자신을 모함하는 등 가족 간의 갈등에 시달렸다. 옹자는 초나라 국군이 이를 제대로 처리하지 못하자 진으로 달아났다. 진나라는 옹자에게 토지를 주고 책사로 등용했다. 이후 진과 초가 팽성에서 전투를 벌였는데 이번에도 진이 패해 철군할 수밖에 없는 상황에 처했다.

이 상황에서 옹자는 늙은이와 어린이, 고아와 환자는 돌려보내고, 한 가정에서 두 사람이 나오면 그중 한 명은 돌려보냈다. 그리고는 군대를 정돈하고 군마를 배불리 먹여 진을 치고는 군영을 태워 결사항전의 의지를 굳혔다. 이에 진의 군대는 사기가 올라 그날 밤으로 초와 싸워 이겼다. 초나라는 동이東夷를 잃고 영윤 자신子辛은 그 책임을 지고 처형당했다. 초의 기세는 이 싸움으로 꺾였다. 이 모든 것이 옹자의 공로였다.

오와 초를 이간질한 자영

채성자의 이야기는 계속되었다. 기원전 589년에 초의 대부 자영과 사마자반은 하희라는 여자를 두고 갈등을 빚었다. 이 여자 때문에 자영은 배척당해 진으로 도망갔다. 진에서는 그에게 형이라는 지역을 하사하고 국군의 자문 역할인 모신으로 중용했다. 자영은 북으로 융적을 막았고, 남으로 오나라와 연합해 오와 초를 이간했으며, 나아가 오를 위해 활쏘기와 수레 몰기를 가르치는 등 군사력을 차츰 강화해 초를 사방으로 위협했다. 이러한 모든 것이 자영의 공이라 할 수 있다.

리더에게는 사소한 일이 인재에게는 떠나는 이유가 된다

채성자의 이야기를 다 들은 자목은 한동안 말을 못하다가 "당신 말이 옳다"라고 인정했다. 그럼에도 불구하고 채성자는 초는 안타깝게도 아무런 변화가 없다고 지적하고 이야기를 이어 갔다.

"얼마 전 초의 대부인 오거가 신자모의 딸을 아내로 맞이했는데, 신자모가 죄를 지어 도망가자 초는 오거가 신자모를 도와 달아나게 했다고 억지를 부리는 바람에 오거도 어쩔 수 없이 정나라로 도피하지 않았던가? 그는 매일 남쪽을 향해 초가 자신의 결백을 알고 다시 조국으로 불러 나라를 위해 헌신할 기회를 줄 것으로 믿었다. 그러나 초는 본체만체했다. 오거는 최근에 진으로 건너갔고, 진은 이름난 숙향과 나란히 그를 중용했다. 만약 그가 자신의 조국인 초에 원한을 품고 적대시할 경우 그 결과가 어떨지는 말하지 않아도 알 만하지 않은가?"

채성자의 분석은 자목을 불안하게 했고, 그는 이를 바로 초 강왕에게 보고했다. 강왕도 채성자의 말에 일리가 있다고 판단해 오거의 명예와 직위를 회복시킨 다음 다시 초로 돌아오는 것을 허락했다.

기업이나 국가를 이끄는 과정에서 빈번하게 나타나는 인재 유출은 해당 기업과 국가의 존망을 결정할 정도로 심각한 문제다. 그런데 더 황당한 사실은 많은 인재 유출이 아주 사소한 일 때문에 일어난다는 것이다. 요컨대 인재에 대한 대우의 문제로 귀착된다.

인재의 유출은 현대 사회에서 국가와 사회적 차원에서 논의될 정도로 심각한 문제다. 길을 걷다 보면 작은 돌부리에 걸려 넘어지지 산에 걸려 넘어지지 않는다. 인생도 마찬가지다. 사소한 문제를 소홀히 하거나 무시하다가 큰 낭패를 보는 경우가 적지 않다. 사람을 쓰는 용인에서 인재의 대접이란 문제는 대단히 미묘하기에 리더는 늘 인재의 심기 변화를 놓치지 않고 살펴야 하고 인재의 주변 상황도 파악해야 한다. 그 인재가 기업의 핵심 기술이나 국가의 기밀에 접근할 수 있는 요인이라면 더욱 그렇다. 인재 유출과 그 결과에 관한 숱한 역사적 사실에서 깊은 교훈을 얻어야 할 것이다.

진주를 구하고 싶다면 직접 조개를 열어라

• 상 탕왕, 주 문왕의 **진심** •

"좋은 계책을 잘 듣는 것은 일이 성공할 수 있는 징조이며, 주도면밀한 계획은 성공의 관건이다."

청자사지후야聽者事之候也, 계자사지기야計者事之機也.

-사마천, 《사기》〈회음후열전〉

현대 경영학의 아버지로 불리는 피터 드러커는 "뛰어난 인재라면 세상 사람 중에서 쓰고, 평범한 인재라면 가까이 있는 사람을 쓰는 것"이라고 했다. 천하의 인재를 어떻게 구하고 취할까? 전국 시대 연나라 소왕처럼 황금대를 지어 모두가 보는 앞에서 인재를 구하는 방식도 좋고, 리더가 직접 나서 숨겨진 곳을 찾아 인재를 구하는 길도 있다.

서진 시기 〈삼도부三都賦〉라는 걸출한 문장을 남긴 문학가 좌사는 역사를 노래한 〈영사詠史〉라는 시의 7수에서 이렇게 읊었다.

"영웅의 어렵고 고달픈 처지,
예로부터 다 그랬다.

어느 시대인들 인재가 없었던가,
그저 야산에 버려졌을 뿐이지."

이 시는 공교롭게 중국 고대에 보편적으로 존재했던 은사隱士, 즉 숨은 인재의 문제를 건드린다. 당대 최고의 인재로 정평이 난 제갈량은 인재 문제에 많은 관심을 기울였고 인재를 직접 발굴하기도 했다. 이와 관련해 병서인《편의십육책》에서 "임금의 인재 선발은 모름지기 숨겨진 곳에서 구해야 한다"라며 인재를 구하는 대책과 방법을 제기했다.

중국 역사상 이런 방식으로 인재를 구한 명군들의 아름다운 미담이 적지 않게 전한다. 이제 숨은 인재들을 찾은 역사 속 리더의 사례와 현대의 사례를 함께 소개한다. 이를 통해 세상 곳곳에 숨은 인재를 찾고 구하는 일이 얼마나 중요한가를 일깨워 보겠다.

대범한 인재는 대부분 자존심이 강해 인연이나 요행 따위에 기대 세상에 나서려 하지 않는다. 그래서 인재는 구하기도 힘들고 얻기도 힘들다고 하는 것이다. 돌을 깨서 옥을 찾아내고, 조개를 열어 진주를 구하듯 해야 한다. 마음을 열어 정성을 다하고, 필요하면 직접 찾아가야 인재를 얻을 수 있다.

열 번 찍어 안 넘어가는 나무는 없다, 상 탕왕

기원전 1600년 무렵 상 왕조의 개국 군주 성탕은 창업 초기에 천하의 인재를 거두기 위해 마음을 다했다. 한번은 유신씨 지역에 이윤이라는 뛰어난 인재가 있다는 소문을 들었다. 이윤은 평범한 신분이었다(요리사 또는 노예라는 설도 있다). 천하가 태평한 요순시대였다면 벼슬할 사람이 아니었고 벼슬할 수도 없었을 것이다.

성탕은 후한 예물과 함께 사람을 보내 그를 초빙했다. 이윤은 딱 잘라 사양했다. 그러기를 서너 차례, 마침내 성탕은 이윤을 직접 찾아갔다. 성탕의 간절하고 애틋한 요청은 이윤의 마음을 움직였고, 이윤은 성탕을 돕기로 결정했다. 이 고사가 바로 '이윤을 다섯 번 초청했다'는 뜻의 '오청이윤五請伊尹'이다.

이윤은 하나라의 폭군 걸 임금을 내칠 큰 계획을 성탕에게 올렸고 역사에서는 이를 성탕 혁명으로 기록한다. 성탕은 이 계획에 따라 걸을 죽이고 상 왕조를 세웠으며, 계급 관념이 엄격한 노예제 사회에서 군주가 신분과 지위가 비천한 은자를 직접 초빙해 중용한 아주 귀중한 선례를 남겼다.

목욕재계로 강태공을 모시다, 주 문왕

상나라 말기 주 부락의 서백(서쪽 지역을 총괄하는 벼슬) 희창(훗날 주 문왕)이 강자아(강태공)를 찾은 일은 3,000년이 넘게 흐른 지금까지도 아름다운 고사로 전한다.

한번은 서백이 외출을 했다가 위수 언저리에서 낚시를 하고 있는 백발의 노인을 만났다. 노인은 상 왕조가 곧 망하고 새로운 왕조가 일어나리라는 노래를 흥얼거렸는데 그의 낚싯대에는 바늘이 없었다. 서백은 이 노인이 보통 사람이 아님을 직감하고 노인에게 정중히 인사를 한 다음 산을 나가자고 청했다.

노인의 이름은 강자아라 했고 오랫동안 숨어 살며 공명 따위에는 관심이 없다며 서백의 청을 거절한 채 낚시에 몰두했다. 서백은 자신의 정성이 부족하다고 판단해 돌아가 목욕재계 후 다시 강자아를 찾아 더 정중하게 청했다. 강자아는 자신은 이미 여든이 넘은 늙은이라 쓸모가 없다며 다시 사양했다(당시 강태공의 나이에 대해서는 60세부터 80세까지 여러 설이 있다). 서백은 아랑곳하지 않고 지극한 말로 강자아에게 요청했고, 마침내 이를 받아들인 강자아는 산을 나왔다.

서백을 보좌한 강자아는 서백이 세상을 떠난 뒤에는 그의 아들 무왕 희발을 보좌해 폭군 주紂 임금을 쳐서 상을 멸망시키고 주周 왕조를 세웠다. 무왕은 아버지 서백을 문왕으로 추존했다. 문왕이 지극한 예로 몸을 낮추어 인재를 갈망하고, 80세가 넘은 노인을 찾아 중용해 대업을 이룩한 이 일화는 수천 년 동안 수많은 이의 칭송을 받은 인재 관련 사례다.

만약 성탕과 문왕이 인재들에게 시험을 보아 합격하면 기용하겠다고 했다면 그들은 평생 낚싯대를 드리울지언정 결코 나오지 않았을 것이다. 오늘날에도 마음을 열고 인재를 찾는 정신은 여전히 필요하고 또 충분히 효과를 낼 것이다.

인재의 마음을 얻는 리더의 생각과 행동

인재가 보이지 않는 곳에 숨어 있는 현실은 정도의 차이만 있을 뿐 예나 지금이나 마찬가지다. 인재가 세상에 모습을 드러낼 기회와 통로가 많아지고 다양해졌지만 여전히 신분, 인종, 학력, 자격, 기득권 따위의 장애물이 곳곳에서 인재들의 앞길을 막고 있다. 관련한 서양의 사례를 소개한다.

누구나 나의 동료가 될 수 있다고 여길 것

미국 보스턴의 건축 설계 회사인 샬레그룹의 회장 블레어 브라운은 '우연히 좋은 인재를 만난' 경험을 했다고 한다. 어느 해 겨울 늦은 밤 폭설이 내려 브라운의 자동차가 길에서 멈추고 말았다. 브라운은 하는 수 없이 걸어가다가 택시 한 대를 발견했다. 택시 기사는 퇴근 시간이 지났지만 동정심을 발휘해 손에 들고 있던 커피 잔을 내려놓고 브라운을 집으로 데려다주었다.

가는 도중에 기사와 이야기를 나눈 브라운은 택시 기사가 매사추세츠의 명문 사립 대학인 애머스트를 졸업한 인재라는 사실을 알았다. 호기심이었는지 아니면 기사의 인품으로 보아 얻기 어려운 인재라고 생각했는지 혹은 둘 다였는지 모르겠지만, 브라운은 그를 자신의 회사로 정중히 모셔 왔다. 이 택시 기사는 시장을 분석하고 연구하는 전문가가 되어 회사에 적지 않은 공을 세웠다.

브라운은 우연한 기회에 숨은 인재를 얻는 행운을 누렸다. 이 경험 때문에 브라운은 외부에서 사람을 만나면 회사 일을 맡길 수 있는 가능성이 있는지를 꼼꼼하게 살폈고, 한 걸음 더 나아가 회사 인사부에 이러한 게릴라 전술로 인재를 기용하는 방법을 연구하라고 지시했다. 이후 브라운과 샬레그룹은 이 게릴라 전술로 많은 직원을 고용할 수 있었다.

인재가 진심을 느낄 수 있도록 보여 줄 것

미국의 자동차 타이어 회사를 경영하는 켄트가 숨은 인재를 구한 이야기는 더 극적이다. 한번은 켄트가 술집에서 술을 마시다가 취한 청년과 부딪혔다. 청년은 크게 성을 내며 켄트에게 주먹을 휘둘렀다. 술집 주인이 달려와 뜯어말리고 나서야 청년은 주먹을 거두었다.

그 뒤 켄트는 술집 주인에게 이 청년이 근처 공장에서 일하고 있으며 자동차 타이어의 강도를 높이는 기술을 발명해 특허를 신청했다는 이야기를 들었다. 이 청년은 몇몇 타이어 생산 기업에 자신의 특허권을 사라고 제안했으나 번번이 거절당했고, 황당무계한 발상이라는 비아냥거림까지 들어 낙담해 술로 마음을 달래다 켄트와 시비가 붙은 것이었다.

켄트는 청년을 자기 회사에 스카우트하기로 마음먹고 어느 날 이른 아침에 청년이 일하는 공장을 직접 찾아가 입구에서 청년을 기다렸다. 켄트를 알아본 청년의 반응은 차가움 그 자체였고, 발명과 특허 이야기는 더 이상 하고 싶지 않다며 딱 잘라 말하고는 공장 안으로 들어가 버렸다.

켄트를 화를 내기는커녕 공장 문 앞에서 청년이 퇴근할 때까지 기다렸다. 점심시간이 되자 오전 근무를 끝내고 퇴근하는 사람들이 공장 문을 나왔는데 청년은 보이지 않았다. 켄트는 지나가는 직원들에게 청년에 대해 물었고, 그 청년은 계량과 관련한 일을 하기 때문에 출퇴근 시간이 일정치 않다는 소식을 들었다. 유난히 춥고 바람도 강한 날이었지만 켄트는 그 자리를 떠나 쉴 수 없었다. 청년이 언제 퇴근할 지 몰랐기 때문이다. 켄트는 아침 8시부터 저녁 6시까지 켄트는 장장 10시간을 기다려 마침내 청년과 마주했다.

그런데 청년의 표정과 태도가 아침과 완전히 달랐다. 아주 흔쾌히 켄트의 요청을 받아들인 것이다. 알고 보니 청년은 점심시간에 여전히 문 앞에서 자신을 기다리는 켄트의 모습을 보았고, 아침까지만 해도 마음이 풀리지 않아 몸을 돌렸는데 저녁까지 자신을 기다린 켄트의 행동에 마음이 완전히 바뀌었다고 했다. 하루 종일 먹지도 못한 채 추위와 바람을 맞으며 자신을 기다린 켄트의 정성에 감동한 것이다.

켄트는 정성과 진심으로 이 젊은 인재를 찾았고, 얼마 뒤 켄트의 회사는 새로운 타이어를 시장에 내놓아 큰 반응을 일으켰다. 술집에서 사소한 시비로 다툰 청년에 대한 정보를 놓치지 않은 켄트의 촉각도 칭찬할 만하지만 그 청년을 찾은 정성과 진심이야말로 칭찬할 대목이 아닐 수 없다. 리더의 진심은 조직원의 마음을 얻는 최고의 자산이다.

보석이 탐난다면 손에 넣을 방법을 고민하라

• 상 고종의 인내 •

"꿈에 빌어 부열을 기용하다."

탁몽용부열托夢用傅說.

-사마천, 《사기》〈은본기〉

무정은 중국의 두 번째 왕국인 상(은)나라의 국왕으로 사후에 고종高宗으로 칭했다. 이 묘호는 보통 개국 군주나 보통 오랫동안 재위하며 다스린 제왕에게 올린다.

무정의 아버지이자 상나라의 임금이었던 소을은 상의 20대 제왕인 반경의 어린 동생으로, 원래는 왕위를 이을 자격이 모자라 아들 무정을 어릴 때 민간으로 보냈다. 덕분에 무정은 백성과 함께 하찮은 일에 종사했고 자연스럽게 농사의 어려움이나 백성의 힘든 생활을 비교적 잘 알게 되었다. 또 노예와도 친구로 지냈는데 노예 부열은 무정의 가장 친한 친구였다. 무정은 왕위에 오른 뒤 부열을 발탁해 정사를 맡겼다. 원래 죄를 지어 노예가 되었던 부열은 무정의 눈에 들어 크게 쓰였다.

무정은 또 감반을 대신으로 기용해 부열과 함께 정치를 맡아 천하의 백성을 다스리게 해 통치 기반을 다지고 국력을 키워 상 왕조를 크게 다스렸다. 《사기》 〈은본기〉는 "무정이 정치를 행하고 덕을 베푸니 천하가 모두 기뻐하고 은의 도가 부흥했다"라고 기록한다. 무정은 상 왕조를 다시 번영으로 끌어올렸기 때문에 '중흥의 왕'으로도 부른다.

무정이 중용하려 한 부열은 노예 출신이었기 때문에 당시 귀족들의 격렬한 반대에 부딪칠 수밖에 없었다. 인재에 대한 무정의 관심과 인재를 얻는 방법을 그가 부열을 발탁한 일화를 통해 생각해 보자.

편견과 관습을 깨기 위해 3년을 준비한 상 고종

상은 약 550년 동안 왕조를 유지했다. 그 550년 동안 약 30명의 제왕이 부침을 거듭했다. 상 왕조는 반경 때 은으로 도읍을 옮기는 등 국정 전반에 변화를 주어 쇠약해 가는 나라의 기운을 되살리기 위해 중흥의 기반을 닦았다. 하지만 다음 임금인 소신과 소을 때 다시 국력이 쇠퇴해 백성들은 노래까지 지어 부르며 죽은 반경을 그리워했다.

침체된 분위기 속에서 소을의 뒤를 이어 즉위한 리더가 무정이었다.

무정은 왕조의 부흥에 강력한 의욕을 보였지만 국정은 전반적으로 대대적인 개혁이 필요한 상황이었다. 무정은 섣불리 움직이지 않았다. 정확히는 섣불리 움직일 수가 없었다. 무정에게는 즉위하자마자 전권을 휘두르며 개혁에 나서기 위한 정치적 기반이 없었기 때문이다.

민간 전설에 따르면 신하들은 소을이 죽은 뒤 마땅한 계승자가 없어 수소문한 끝에 민간에 살던 몰락한 왕족인 무정을 찾아내 즉위시켰다고 한다. 그러니 무정에게는 궁정 내 정치적 기반은 물론 궁중 일을 믿고 맡길 만한 측근도 전무했다. 무정은 기다리기로 했고 그렇게 3년을 기다렸다. 하지만 무작정 기다리지는 않았다. 정치는 기존의 총재(재상)에게 맡기고 무정 자신은 아무 말도 하지 않은 채 국정 전반을 유심히 관찰했다. 여기서 '삼년불언三年不言' 또는 '삼년무언三年無言'의 고사가 나왔다.

3년을 기다린 무정이 실질적인 리더로 기지개를 켜면서 처음으로 한 일은 요즘 식으로 표현하면 한바탕의 '쇼'였다. 어느 날 대신들과 연회를 베풀던 무정이 갑자기 쓰러지더니 깨어나지 않았다. 신하들은 당황해서 어쩔 줄 몰랐다. 의원을 부르고 복사(제사장에 가까운 사람)를 시켜 점을 치고 굿을 하며 갖은 방법을 동원했지만 무정은 깨어나지 않았다. 이에 신하들이 후계자 문제를 놓고 논쟁을 벌이는 등 분위기가 뒤숭숭해졌다.

그런데 혼절한 지 3일째 되던 날 무정은 아무 일 없었다는 듯 기적처럼 자리에서 벌떡 일어나 대신들을 불렀다. 대신들은 기쁨에 앞서 황당했다. 무정이 난데없이 꿈 이야기를 들려주었기 때문이다.

"내가 누워 있는 동안 하늘에 올라가서 천제(또는 탕 임금)를 만났다. 천제께서는 나더러 온 힘을 다해 나라를 다스리되 지난날의 법이나 습속에 매이지 말고 유능한 인재를 기용해 나라를 부흥시키라고 하셨다. 천제께서 떠나면서 '열'이라는 이름을 가진 현명하고 유능한 노예가 있으니 내게 주신다 했다. 그대들은 얼른 사방으로 흩어져 변방에서 고된 일을 하는 열이라는 이름을 가진 자를 찾아라."

당시 사람들은 천명, 상제, 귀신, 점복 같은 미신을 일상적으로 믿었기에 사흘 만에 깨어난 무정이 신탁을 받고 돌아왔다고 믿어 의심치 않았다. 더욱이 무정이 화공을 불러 초상화를 그리고는 그것을 들고 찾게 했으니 대신들은 더더욱 믿을 수밖에 없었다.

무정의 명령, 아니 천제의 신탁을 받든 신하들은 사방으로 흩어져 부험이라는 곳에서 마침내 열이라는 이름을 가진 노예를 찾아냈다. 열은 부험 일대에서 성을 쌓고 있었는데, 이름은 물론 얼굴 생김새도 무정이 말한 그대로였다. 무정의 신통함에 다시 한 번 감탄한 대신들은 열을 극진히 모셔 데려왔다. 무정은 바로 이 사람이라며 열을 재상에 임명해 국정을 맡겼고, 부험에서 찾았기 때문에 '부열'이라는 이름을 지어 주었다.

부열을 재상으로 맞아들인 상 왕조는 크게 발전했고, 무정은 상 왕조를 중흥시킨 중흥조로서의 역할을 인정받아 훗날 상나라 왕으로서는 보기 드문 고종이라는 시호를 받았다.

무정은 3년을 기다리면서 자신을 도와 나라를 중흥시킬 인재를 발탁할 방법을 고민한 끝에 당시 상나라 사람들이 절대적으로 믿던 신탁을 이용해 부열을 전격 기용했다. 아울러 무정은 주변의 충고에 늘 귀를 연 리더이기도 했다.

무정이 시조 탕 임금에게 제사를 올린 다음 날 꿩이 세발솥 손잡이에 앉아서 우는 모습을 보고는 불길히 여겼다. 이에 대신 조기는 다음과 같이 충고했다.

"하늘이 인간을 감시하고 살필 때는 인간의 도의를 기준으로 삼습니다. 하늘이 내린 수명에 길고 짧음은 있으나 하늘이 인간을 요절시키는 경우는 결코 없습니다. 인간들이 자기들 행동으로 수명을 단축할 뿐입니다. 어떤 인간은 도덕을 무시하고 자신의 잘못을 인정하지 않기 때문에 하늘이 재앙을 내려 행동을 바로잡으려는 것입니다. 사람들은 그제야 '이를 어쩌나' 하며 한탄합니다. 오, 임금이시여! 임금께서 백성을 위해 힘껏 일하는 것이 하늘의 뜻을 계승하는 길입니다. 버려야 할 잘못된 방법에 집착하거나 매이지 마십시오!"

조기의 충고에 무정이 한층 분발해 정치를 바로잡고 은혜와 덕을 베푸니 천하 백성이 모두 기뻐했고, 상나라에는 중흥의 기운이 흘러 넘쳤다.

새로운 시대에는 새로운 발탁법이 필요하다

무정은 중흥기의 리더십과 관련해 시사하는 바가 많다. 조직이 침체기나 쇠퇴기로 접어들었을 때 대부분의 리더는 현상 유지에 급급하거나 단기간에 조직을 완전히 뜯어고치려 한다. 그러나 대개는 두 방법 모두 좋지 않은 결과를 가져온다. 국가 운영처럼 조직이나 기업 경영에도 큰 흐름이 있다. 이른바 대세라는 것이다. 이에 저항하거나 막기란 어려울 뿐 아니라 불가능하다. 이럴 때 리더는 자신을 도와 조직을 추스르고 도약의 발판을 마련할 수 있는 인재에 눈을 돌려야 한다.

무정이 부열을 발탁한 과정은 얼핏 보면 황당무계하다. 하지만 그 이면에는 흥미로운 사실이 깔려 있다. 사실 무정은 젊은 날 민간에서 생활할 때부터 부열을 잘 알았다. 부열의 능력과 인품을 존경한 무정은 왕이 되자 바로 부열을 생각해 냈다. 권력 기반이 없는 무정에게는 부열 같은 인재가 제격이었기 때문이다.

문제는 부열의 노예 신분이었다. 신분과 출신이 열악한 데다 아무런 인적 기반이 없었으니 큰 걸림돌이었다. 여기에 조정 내의 기득권을 가진 대신들을 설득해야 하는 난제까지 겹쳐 있었다. 정상적인 방법으로는 부열을 데려올 수 없다고 판단한 무정은 꿈과 신탁을 빌린 쇼를 벌였고, 대신들이 신탁에 따라 자발적으로 부열을 모셔 온 것이다.

무정이 3년을 침묵으로 일관한 것도 그 나름의 노림수가 있었다. 리더의 침묵은 주변을 초조하게 만들기 마련이다. 무정은 이런 심리 상태를 이용해 은밀히 주위 인물들을 관찰했고, 그 결과 부열을 데려오기 위한 연극을 극적으로 연출할 수 있었다.

리더가 현명하고 유능한 인재를 기용하려 할 때는 출신을 비롯한 어떤 외적 조건에 매이거나 집착해서는 안 된다. 주위의 편견과 반대는 충분한 시간을 가지고 설득하고 또 설득해 모두가 마음으로 인정한 상태에서 인재를 모셔야 한다. 진정한 리더십은 올바르고 제대로 된 인재를 기용해 완성된다는 사실을 잊지 말아야 한다. 이 과정은 리더가 리더십을 기르는 중대한 과정이기도 하다.

조직과 나라가 발전하고, 조직원과 백성이 잘 살 수 있다면 리더가 마다할 일이 어디 있단 말인가? 이 땅의 리더들이여! 조직원과 국민을 행복하게 만드는 쇼를 마다하지 말지어다. 출신과 학연과 지연이라는 거추장스럽고 못된 굴레를 훌훌 벗어던지는 '인재 해방을 위한 쇼'를 벌여라. 아울러 리더의 몸과 마음은 리더의 것이 아님을 알아라. 자신을 믿고 따르는 조직원과 국민들이 그 주인임을 명심하라. 3,000년 전 무정도 그걸 잘 알고 멋진 쇼를 성공적으로 해냈는데 말이다.

교만은 패망의 앞잡이다

• 문후의 예의 •

"극진한 예와 의리를 귀하게 여기는 자의 나라는 다스려질 것이고, 예를 소홀히 하고 의리를 천하게 여기는 자의 나라를 혼란에 빠질 것이다."

융례귀의자기국치隆禮貴義者其國治, 간례천의자기국난簡禮賤義者其國亂.

-순자, 《순자》〈의병〉

인재를 우대하는 여러 방법 중 가장 중요한 기본은 인재에 대한 존중이다. 관중은 천하의 패주가 되고 싶어 하는 환공에게 "사람을 알고 기용하되 중용重用(중요한 자리에 임용함)"하라고 했다. 관중이 말한 중용에는 높은 벼슬이나 많은 녹봉을 주라는 의미도 있겠지만 이 말의 핵심은 '소중하게 쓰라'는 것이다. 인재는 존중해야 소중하게 쓸 수 있다.

전국 시대 초반에 위魏나라는 단번에 떠올라 강대국이 되었는데, 위나라를 이끈 군주는 문후(기원전 472~기원전 396)였다. 문후가 위나라를 당대 최강국으로 만든 여러 성공 요인 중 특히 인재 정책이 주목할 만하다. 문후의 인재 정책과 인재관, 특히 인재에 대한 존중에 초점을 둔 일화를 소개한다.

단간목에게 절을 올린 문후

주 왕국 위열왕 23년인 기원전 403년 중원의 강국이었던 진晉나라가 한韓나라, 조나라, 위나라로 쪼개졌다. 주 왕실은 천자의 책명으로 이 세 나라를 인정했고, 이로써 중국 역사는 전국 시대로 접어들었다.

이 해는 위나라를 획기적으로 바꾼 문후가 집정한 지 22년째 되던 해였다. 문후는 그 뒤로도 16년 동안 쉼 없이 개혁을 추진해 위나라의 경제와 국력 전반을 몰라보게 강화해 위나라를 전국 시대 초기의 가장 강력한 나라로 만들었다. 문후는 30년 넘게 개혁을 실행하는 과정에서 유능한 인재를 존중하고 기용하는 정책을 굳게 지켰으며, 이는 위나라의 번영에 절대적으로 작용했다.

문후는 인재를 말 그대로 지극정성으로 대우했다. 그의 스승인 전자방은 일찍이 "제후가 교만하면 나라를 잃고 대부가 교만하면 집을 잃는다"라고 충고했는데 문후는 이 말을 굳게 믿었다. 문후가 어떤 인재관으로 위나라에서도 유능하기로 이름난 단간목을 대했는지 보자.

하루는 숨은 인재인 단간목의 집 앞을 지나던 문후가 수레를 멈추라고 하더니 단간목의 집 안쪽을 향해 정중하게 절하는 것이 아닌가? 문후의 하인(또는 태자)이 하도 이상해서 까닭을 물었더니 문후가 이렇게 일렀다.

"여기가 단간목의 집 앞이 아니더냐? 단간목은 누구도 따를 수 없을 만큼 어질고 훌륭한 분이니 내가 어찌 수레를 세우지 않을 수 있겠느냐? 단간목이 아직 내게 몸을 맡기지 않았는데 내가 어찌 거만하게 굴 수 있겠느냐? 단간목은 높은 덕으로 천하에 이름을 떨치고 있지만, 나는 넓은 땅으로 이름을 떨치고 있을 뿐이다. 단간목은 의로움이 넘치지만 나는 재물만 넘칠 뿐이니라!"

하인이 "그렇다면 어째서 단간목을 재상으로 모시지 않는 것입니까"라고 물었다. 이후 문후는 그 말대로 단간목을 재상으로 모시려 100만이 넘는 녹봉을 제시하며 몸소 단간목의 처소를 찾아갔지만 단간목은 사양했다. 이렇듯 문후는 뛰어난 인물을 존중했으며 거절당하더라도 변함없이 상대방을 예의와 겸손으로 대했다.

전하는 말에 따르면 문후는 단간목을 만나면 늘 겸손하게 가르침을 부탁했는데 아무리 힘이 들어도 서서 가르침을 받았다고 한다. 문후의 이런 태도에 다른 나라 사람들마저 칭찬했다. 이에 재상 여통지는 "우리 국군이 정의를 좋아하기에 단간목이 존경을 받는 것이고, 우리 국군이 충성을 좋아하기에 단간목이 융숭한 대접을 받는 것이다"라고 말했다.

그런데 이러한 문후의 행동과 인재에 대한 대우는 뜻밖에도 다른 나라를 두렵게 만들었다. 진秦나라가 군대를 발동해 위나라를 치려 하자 사마당은 "단간목은 어진 인물로 위나라는 그를 몹시 소중하게 생각하고 있습니다. 이를 모르는 사람은 없습니다. 따라서 무턱대고 전쟁을 일으켰다간 우리에게 불이익이 돌아올 수 있습니다"라는 이유로 공격을 만류했다. 진왕은 일리가 있다고 판단해 계획을 취소했다. 후세 사람들은 문후가 예의와 겸손으로 단간목을 우대한 것을 용병술의 하나로 보고는 "그 실체를 드러내지 않고도 공을 이루었다"라고 평가했다.

곧은 자세로 개혁의 주역을 얻다

문후는 유능하고 현명한 자를 그저 겉으로만 존경한 것이 아니라 진심으로 존중하고 장점에 맞추어 알맞은 자리에 임명했다. 그의 인재 등용에서 나타나는 가장 큰 특징은 인재의 장점을 충분히 발휘하게 하되 끝까지 의심하지 않는 것이었다.

오기는 당시 유명한 군사가였지만 품행에 허물이 많다는 세평이 있었다. 하나가 이런 것이었다. 오기가 노나라의 장군으로 있을 때 마침 제나라가 노를 공격했다. 노나라는 오기를 총사령관으로 임명해 제나라의 공격을 막으려 했으나 오기의 아내가 제나라 사람이라서 쉽게 결단을 내리지 못한다는 소문이 돌았다. 이에 오기는 자기 아내를 죽여 제나라와 아무런 관계가 없음을 증명했다. 노나라는 오기를 총사령관에 임명해 제를 물리치고 승리를 거두었다.

전쟁에서 승리한 후에도 오기에 대한 험담은 끊이지 않았다. 오기는 노나라 국군의 의심을 참지 못하고 위나라로 건너와 몸을 맡기려 했다.

문후는 책사인 이극에게 오기가 어떤 사람인지 물었다. 이극은 "오기는 욕심이 많고 여색을 좋아하지만 군대를 다루는 능력은 사마양저(춘추 시대 최고의 병법가)를 능가할 정도"라고 대답했다. 이극은 오기에 관한 뒷공론을 듣고 오기를 박하게 평가했지만 이 때문에 오기의 군사적 재능을 감추지는 않았다. 문후는 오기의 결점을 문제 삼지 않고 그를 대장군에 임명해 진나라를 공격했고 다섯 개 성을 되찾았다.

그 후 오기는 실적으로 자신의 능력을 증명했다. 대장군의 몸으로 가장 계급이 낮은 병사와 같은 옷을 입고 같은 음식을 먹었고 누울 때는 자리를 깔지 않았다. 자신의 짐과 식량은 직접 지고 다니며 수레를 타지 않았으며 병사들과 고락을 같이했다. 문후는 오기가 군사적 재능을 가졌을 뿐만 아니라 겸손하고 온화한 인품으로 병사들의 지지를 받자 오기를 서하 지역의 태수에 임명해 진秦나라와 한韓나라를 막았다.

전국 시대 초기, 각국은 부국강병을 위해 저마다 전면적인 개혁에 돌입했다. 당시 도미노 현상처럼 이어진 개혁을 '변법變法'이라 부르는데 전국 시대는 '개혁의 시대'라는 또 다른 평가를 받는다. 위나라는 개혁의 선봉장이었고 문후는 개혁에서 인재 작용의 중요성을 제대로 인식해 많은 인재를 초빙해 변법 개혁을 성공적으로 이끌었다.

덕 있는 인재임을 확인하고 예의를 갖추어라

지극한 정성으로 단간목을 대우한 문후의 태도는 지금 보아도 여러 가지를 생각하게 만드는 의미심장한 행동이다. 어떤 사회나 조직이든 이를 떠받치는 정신적 지주 같은 존재가 있기 마련이다. 그런 존재를 어떻게 대우하느냐는 궁극적으로 그 조직이나 사회의 건전한 역량을 나타내는 표지가 된다. 한 사회나 시대를 상징하는 정신적 스승이나 도덕적 모범이 되는 인물을 존경하고 대우하는 것은 당연한 일이지만 그것을 제대로 실천한 경우는 드물었다.

한편 아내까지 죽이며 믿음을 구걸한 오기의 경우는 결코 정상이라 할 수 없다. 만약 그것이 사실이라면 전국 시대라는 무한 경쟁의 시대가 만들어 낸 부득이한 행위로 봐야 할 것이다. 물론 여러 기록을 비교 검토해 보면 오기에 대한 험담과 비난은 대부분 사실과 달랐다. 그의 재능에 대한 시기와 질투 때문에 나온 이야기로 보이는데, 문후도 이 점을 충분히 고려한 것 같다.

오기에 대한 악의적 헐뜯기는 논외로 하더라도 사람을 쓸 때 무조건 재능만 보는 것은 지나친 실용주의다. 경쟁에서 승리하겠다는 승부에만 집착해 도덕이나 윤리적으로 결점이 많은 인물을 스카우트하는 경우는 자본주의가 맹위를 떨치는 현대 사회에서 흔히 볼 수 있는 일이다. 하지만 능력만 보고 스카우트한 인물에게 배반당하는 사례도 얼마든지 보인다. 자질이 비열한 자는 언제든지 신의를 헌신짝처럼 버릴 수 있기 때문이다. 부도덕한 인물을 기용할 경우 관련한 비난과 평가는 고스란히 그를 발탁한 사람의 몫이 된다는 점도 심각하게 새겨들어야 할 것이다.

먼저 믿음을 주어야 충성이 돌아온다

• 조조의 존중 •

"의심이 가면 쓰지 말고 썼으면 의심하지 말아라."

의인불용疑人不用 용인불의用人不疑.

-백거이, 《책림》〈군불행신사〉

우리에게도 익숙한 삼국 시대 이야기를 한번 해 보자. 208년 삼국의 정립에서 280년 서진의 통일까지 약 70년에 걸친 삼국 시대는 비록 기간은 짧았지만 격동 그 자체였다. 초한쟁패와 마찬가지로 리더와 인재의 지혜가 맞부딪치는 격전이기도 했다. 계속된 전쟁과 전투는 지혜와 지혜가 충돌하고 리더십의 수준이 교차되는 현장이었다. 삼국 시대의 3대 전투라면 세 살짜리 어린애도 안다는 적벽 대전을 비롯해 조조(155~220)가 두

각을 나타낸 관도지전官渡之戰, 촉한의 몰락을 촉진한 이릉夷陵 전투를 꼽는다. 여기서는 조조의 리더십이 돋보였던 관도지전을 분석의 대상으로 삼아 승패의 원인을 음미해 보겠다.

순욱의 말을 믿어 열세를 뒤집다

관도지전은 약한 병력으로 강한 병력을, 소수로 다수를 물리친 유명한 전투다. 이 전투에서 조조는 약 3만 명의 병력으로 원소의 10만 대군을 물리쳤다. 승패는 어느 지점에서 갈렸을까? 시기와 지리 그리고 전략 전술도 중요했지만 무엇보다 인재 기용과 인재에 대한 신뢰가 전쟁의 승부를 가르는 결정적 원인으로 작용했다.

당시 조조의 상황을 먼저 살펴보겠다. 원소의 10만 대군이 접경 지역을 압박해 오고, 쌍방의 군대가 관도에서 강을 사이에 두고 대치하고 있었다. 조조의 군대는 전력과 식량 면에서 절대 열세인 상태라 관도를 포기하고 철수를 고려하고 있었다. 조조는 혼자 결정을 내릴 수 없어 허창에 주둔하고 있는 참모 순욱에게 서신을 보내 이 문제를 논의했다. 순욱은 회신에서 이렇게 건의했다.

"우리 군은 약한 병력으로 강한 병력에 맞서 요충지를 지키고 있습니다. 만약 철수하면 전선 전체가 무너져 수습이 어려워집니다. 그러나 관도를 지켜 낸다면 적을 물리칠 기회를 잡을 수 있으니 절대 놓치면 안 됩니다."

조조는 순욱의 말대로 기회를 엿보다 원소의 식량 운반 부대에 불을 질러 원소 군대의 민심을 흩어 놓고 사기를 크게 떨어뜨려 전세를 뒤집을 수 있는 조건을 만들었다.

한편 원소 진영을 보면 그의 밑에는 참모와 장수가 기라성같이 몰려 있었다. 그러나 원소는 이 인재들을 적절히 기용하기는커녕 시기했고, 심지어는 죽이기까지 했다.

저수와 전풍은 모두 원소 밑에 있던 식견이 풍부한 모사였다. 이들이 조조에 대한 공격 시기가 적합하지 않다는 건의를 올리자 원소는 "전풍과 저수가 군심을 어지럽혔으니 일단 감옥에 가두었다가 내가 승리한 다음 죄를 물을 것이다"라며 화를 냈다. 그러나 원소는 조조의 습격을 받아 대패했고, 이 소식은 전풍이 갇혀 있는 감옥에까지 전해졌다.

누군가 전풍에게 "우리가 패했으니 당신의 생각이 맞았고, 원소가 돌아오면 틀림없이 당신을 중용할 것 아니오"라며 전풍을 위로했다. 그러자 전풍은 "이제 곧 죽겠구나"라며 한숨을 쉬면서 "원소는 속이 좁고 질투심이 강하다. 그가 승리했다면 기분이 좋아 나를 살려 줄 수도 있겠지만 패했으니 부끄럽고 분한 나머지 틀림없이 내게 분풀이를 할 것이다"라고 예언했다. 옥리들은 믿지 않았다. 얼마 뒤 전풍의 목을 베라는 원소의 명령이 내려왔고, 전풍은 크게 탄식하며 다음과 같이 외친 뒤 칼로 자결했다.

"대장부가 세상에 태어나 진정한 주인을 식별하지 못했으니 죽어도 원망할 수 없구나!"

허유도 원소 수하의 모사였다. 당시 그는 원소에게 이렇게 건의를 올린 바 있었다.

"조조의 군대가 관도에 주둔하고 있어 허창은 틀림없이 비어 있을 것이니 우리 군대를 나누어 허창을 공략하면 허창을 얻을 수 있을 뿐만 아니라 두 방향에서 조조를 압박할 수 있습니다."

원소는 한나절을 생각하더니 허유가 젊을 때 조조와 친구로 지낸 사실을 떠올리고 의심을 품고는 어처구니없게 이렇게 말했다.

"조조와 친분이 있는 네가 조조의 첩자가 되어 고의로 우리 군을 망치려 하는구나! 죄를 따지자면 목을 베어 마땅하나 지금은 잠시 기억만 해두었다가 나중에 청산하도록 하자!"

원소의 뜬금없는 의심에 허유는 하도 어이가 없어서 홧김에 조조의 진영으로 도망가서 조조를 위해 작전을 세웠다.

장합과 고람도 원소 수하의 유능한 장수들이었다. 두 사람이 조조를 공략하다 패배했을 때 원소는 이들이 일부러 최선을 다하지 않고 조조에게 투항하려 한다는 고자질만 듣고 이들을 핍박해 막다른 길로 몰아넣었다. 오갈 데 없어진 두 사람은 조조에게 투항했다. 전쟁은 끝나지 않았는데 이런 식으로 인재들이 속속 조조 편으로 돌아섰다.

잘못을 탓하기 전에 상황을 이해하라

조조는 원소 쪽 인재들을 어떻게 대했을까? 허유가 조조의 군영으로 오자 조조는 옛 친구가 왔다는 소식에 침대에서 맨발로 뛰쳐나와 그를 맞아들였다. 원소 군영의 사정을 잘 아는 허유는 원소의 군량을 불태우라고 건의했고, 조조는 이를 절묘한 계책으로 인정하고 그대로 실행해 큰 성공을 거두었다. 장합과 고람이 투항하자 조조의 모사들은 두 사람의 투항을 의심했다. 그러나 조조는 "내가 진심으로 그들을 대하면 그들이 지금은 거짓으로 투항했다 하더라도 나중에는 정말로 투항할 수 있다"라고 말한 다음 고람을 동정후에 봉했다. 장합과 고람은 진심으로 조조를 위해 힘을 다 바쳤다.

전력상 절대 열세였던 조조는 이렇게 인재의 우세함을 바탕으로 전세를 뒤집는 데 성공했다. 원소를 물리친 후 조조는 원소의 천막에서 편지 한 뭉치를 발견했는데, 놀랍게도 자기 부하들이 원소와 몰래 주고받은 비밀 편지들이었다. 그중에는 원소에게 충성을 맹세하는 내용이 담긴 서신도 있었다.

조조의 측근들은 편지를 쓴 자들을 어떻게 처리할지 물었다. 누구나 조조가 낱낱이 수색해 추궁할 것으로 생각했다. 조조의 반응은 전혀 뜻밖이었다. 조조는 "원소의 세력이 막강했을 때 내게는 부하들을 책임질 힘이 없었거늘 어찌 그들에게 다른 길을 찾지 못하도록 할 수 있단 말인가"라고 말하고는 즉시 명령을 내려 편지들을 불태웠다.

편지 뭉치는 잿더미로 변했다. 당초 마음이 흔들려 조조에 대해 딴 마음을 먹었던 부하들은 조조의 시원시원한 일 처리와 포용력에 감격하지 않을 수 없었고, 조조를 위해 목숨을 바치겠노라 맹세했다.

가는 말이 고와야
오는 말도 곱다는 진리

인재를 얻는 자가 천하를 얻는다고 했듯이 조조와 원소 사이에 벌어졌던 관도지전은 이 원칙을 사실로 증명했다. 긴박한 위기 상황에서 인재의 역할은 특히 중요하다. 작전이나 전략 하나가 전체 상황을 뒤바꿀 수 있기 때문이다. 따라서 리더는 늘 나와 상대 쪽 인재들의 동향을 주의 깊게 살필 필요가 있다.

관도지전은 우세한 전력을 가진 원소가 자만과 전략 전술의 부재로 패한 전투로 알려져 있다. 하지만 여기에는 인재에 대한 홀대라는 보다 중대한 요인이 내재한다는 사실을 간과해서는 안 된다. 현대 기업 경영자들 사이에는 인재를 소홀히 여기는 심리가 아주 보편화되어 있다. 대학교 졸업생은 손으로 움켜쥐면 한 움큼 잡힐 만큼 도처에 널려 있어 신경 써서 찾을 필요 없고, 목이 마른 듯 인재를 찾거나 우대할 필요는 더더욱 없다는 인식이다.

인재가 많다고 존중할 필요가 없다는 말인가? 고압적인 태도로 아랫사람의 마음을 얻을 수 있다고 생각하는가? 절대 잊지 말라! 존중은 상호적이다. 리더가 인재를 중시하지 않으면 좋은 인재를 모셔 올 수 없다. 설사 모셔 온다 해도 머물게 할 수 없다. 아랫사람에 대한 리더의 무례와 경시는 자연스럽게 리더에 대한 아랫사람의 경멸로 돌아온다. 이치는 아주 간단하다. 오늘날 도처에 인재가 많은 것은 사실이다. 그러나 인재를 필요로 하는 곳도 마찬가지로 아주 많다. 입장을 바꾸어 생각하면 아주 간단한 문제다.

공정한 상벌이 없으면 남는 이도 없다

• 유방, 항우의 표창 •

"상이 어디로 가야 할지를 알면 용사는 어디서 죽어야 할지 안다."

상사지기소시賞賜知其所施 즉용사지기소사則勇士知其所死.

-제갈량, 《제갈량집》 권3 〈편의십육책〉

세 살 어린 아이도 알고 있다는 항우와 유방을 주인공으로 하는 초한쟁패는 인재들의 경쟁이기도 했다. 특히 절대적 우세에도 불구하고 항우가 역전패한 가장 큰 이유는 바로 인재 유출 때문이었다. 인재 유출이라는 문제에 초점을 두고 초한쟁패의 과정과 그 결말 및 승패의 원인 등을 생각해 보고자 한다.

앞서 유방은 남양 남궁에서 신하들과 술을 마시며 항우와의 전쟁에서 자신이 승리한 이유를 '나는 소하, 장량, 한신만 못하다'는 '삼불여'로 대답했는데, 이는 세 사람의 능력을 제대로 활용했기 때문에 항우를 물리쳤다는 자신감의 표현이었다. 특히 유방은 항우는 범증이라는 훌륭한 인재를 가지고도 제대로 활용하지 못했다고 비판했는데, 이는 비판에 앞서 항우에 대한 조롱이었다. 인재를 데리고도 대우하지 않고 능력을 발휘하지 못한 것을 리더의 리더십 문제로 간명하게 정리한 것이다.

당시에 유방은 범증 한 사람만 거론했지만 기록을 면밀히 검토해 보면 범증 외에 항우가 놓친 인재가 적지 않았다는 것을 발견할 수 있다.

열 번 잘한 일은 잊고
한 번 못한 일만 기억한 항우

항우 밑에 있다가 항우를 떠난, 다시 말해 항우가 놓친 인재로는 우선 진평을 꼽을 수 있다. 진평은 오늘날 하남성 북부 개봉 부근의 양무라는 곳에서 가난한 농부의 아들로 태어났다. 양무는 전국 시대 위魏나라 땅으로 유방이 항우와 격전을 벌인 요충지다.

진시황이 죽고 천하가 혼란에 빠지자 진평은 위왕으로 추대된 위구 밑에 들어가 난세에 휩쓸린다. 하지만 전투 중 부상을 입고는 항우(처음에는 항우의 숙부 항량)에게 몸을 맡긴다. 진평은 항우 밑에서 크게 활약해 도위에 임명되지만 자신이 점령한 땅을 유방에게 빼앗겨 항우의 분노를 산다. 목숨에 위협을 느낀 진평은 도망쳐서 위무지라는 사람의 추천을 받아 유방을 만난다.

진평이 유방을 처음 본 것은 기원전 206년 홍문에서였다. 당시 유방은 항우보다 먼저 진나라 수도 함양에 입성해 〈약법삼장約法三章〉 등 진나라의 가혹한 법을 모두 폐지하겠다는 공약으로 관중 지역의 민심을 자기 쪽으로 한껏 끌었다. 항우는 거록에서 진나라 군대와 치열한 전투를 치르는 등 여러 차례의 전투 때문에 함양 입성이 늦어졌다. 유방이 천하대권에 야심을 보인다는 이야기를 들은 항우는 40만 대군을 몰아 유방을 단숨에 해치울 기세로 함양으로 향했다. 절체절명의 위기를 직감한 유방은 홍문으로 항우를 찾아가 싹싹하게 항복했다.

당초 책사 범증의 건의에 따라 홍문의 술자리에서 유방을 제거하려던 항우는 유방의 저자세와 숙부 항백의 권유에 마음이 약해져 유방을 죽이지 못하고 살려 보낸다. 이것이 바로 홍문연이라는 세기의 술자리다. 당시 진평은 항우 밑에서 도위 벼슬을 하고 있었는데, 이 술자리에서 유방을 처음 본 것이다. 다른 사람들과 함께 유방을 만난 진평은 일부러 머뭇거리며 자리를 뜨지 않다가 유방과 독대하며 천하 정세에 관한 자신의 구상을 이야기해 유방의 눈에 들었다. 여기서 진평은 항우의 우유부단함과 유방 진영의 인재들을 직접 눈으로 확인하고는 얼마 뒤 유방 진영으로 달려갔다.

유방은 진평을 파격적으로 우대했다. 유방의 측근들이 불만을 품고 진평을 중상모략했지만 진평은 그때마다 정면으로 유방을 만나 오해를 풀고 더 큰 신임을 얻었으며 마침내 핵심 참모가 되어 위기마다 기발한 계책을 내어 상황을 타개하는 큰 공을 세웠다.

항우의 인색함에 유방을 택한 진평

진평은 왜 항우를 버리고 유방에게 갔을까? 진평이 유방 앞에서 직접 두 사람의 리더십을 비교한 기록이 남아 있는데 요지는 이렇다.

"항우는 사람을 아끼고 공경하기 때문에 지조 있고 예를 차리는 인재 대부분이 항우에게로 귀순했지만 벼슬과 봉지 그리고 상을 주는 데는 인색해 인재들이 전적으로 그를 가까이 하지 않습니다. 반면 당신은 예의를 무시하기 때문에 청렴하고 절개 있는 인재들은 꺼립니다. 하지만 벼슬과 봉지는 아낌없이 주기 때문에 이익을 밝히는 자는 대부분 당신에게로 몸을 맡깁니다. 따라서 두 사람의 장단점을 취사선택하면 천하를 평정할 수 있습니다."

진평은 항우 밑에 있어 봤고, 유방에게 와서는 갖은 중상모략에 시달리며 유방 진영의 장단점을 겪었기에 두 진영의 상황을 비교적 정확하게 파악하고 있었다. 그래서 유방에게 부족한 점, 즉 청렴하고 절개 있는 인재들을 끌어들이기 위해 적절히 예를 갖추는 유인책을 건의한 것이다. 그리고는 항우 진영을 혼란에 빠뜨릴 수 있는 계책을 제시하는데 이는 인재를 잃으면 얼마나 무서운 결과를 초래하는지를 잘 보여 준다.

유방을 만난 진평은 항우와 유방의 장단점을 언급한 다음 항우 진영의 상황을 분석하고 대응책까지 건의했다.

"지금 초나라(항우 진영)에 내분의 가능성이 없지 않습니다. 항왕의 강직한 신하라 해 봤자 아보(범증에 대한 존칭), 종리매, 용차, 주은 등 몇 사람에 지나지 않습니다. 대왕께서 수만 근의 황금을 내놓아 간첩이 이간책을 쓰게 해 초나라 군신들의 사이를 떼어 놓고 그들이 서로를 의심하도록 만들 수 있다면 항왕의 사람 됨됨이로 보아 틀림없이 그 말을 믿고 신하들을 의심해 서로를 죽고 죽일 것입니다. 바로 그 틈을 타서 군사로 공격하면 한나라는 틀림없이 초나라를 격파할 수 있습니다."

유방은 진평의 건의에 전적으로 공감해 황금 80만 냥을 내주고는 진평 뜻대로 처리하게 맡겼다. 진평은 항우 진영의 문무관을 금전으로 매수해 서로를 이간질하기 시작했다.

한번은 항우가 유방 진영으로 사신을 보내 담판을 지으려 했다. 유방 진영에 도착한 항우의 사신은 깜짝 놀라지 않을 수 없었다. 자신을 접대하기 위해 상다리가 휘도록 진수성찬을 차려 놓은 것이었다. 그런데 항우의 사신을 본 유방은 다소 어색한 표정을 지으면서 "난 또 아보가 보낸 사신인 줄 알았더니 항왕의 사신이잖아"라고 중얼거린 다음 산해진미를 차린 상을 물리고 평범한 상을 다시 내오라 명했다.

범증은 항우의 최측근이자 항우가 '아보'라는 존칭으로 부른 유능한 참모다. 범증은 항우를 위해 갖가지 계책을 조언한 항우 진영의 실질적인 2인자였다. 진평은 바로 일인자와 이인자 사이를 이간하려 유방에게 일부러 이런 연기를 시켰다.

수모 아닌 수모를 당하고 돌아간 사신은 이 사실을 그대로 항우에게 보고했고, 항우는 범증을 의심해 거리를 두기 시작했다. 홍문연에서 유방을 제거하지 못한 이후 서먹해진 두 사람의 관계는 이를 계기로 급격하게 금이 갔다. 결국 범증은 울분을 참지 못하고 자리를 내던졌고, 항우는 범증의 사직을 두말없이 받아들였다. 고향으로 가던 범증은 울화통이 터져 죽고 말았다.

진평의 이간책은 항우의 오른팔을 잘라 내는 데 성공했다. 이후 항우는 유방에게 계속 밀리다가 결국 자살로 초한쟁패의 대미를 마감한다. 항우가 놓친 인재 진평은 항우의 경쟁자였던 유방에게 건너가 두 리더의 장단점을 분석하는 한편 자신이 몸담았던 항우 진영의 상황을 정확하게 진단하고 대책을 제시했다. 그리고는 끝내 항우 진영을 쑥대밭으로 만들었다.

진평의 사례는 인재의 유출이 얼마나 큰 파장과 결과를 낳는지 잘 보여 준다. 인재의 유출은 곧 정보의 유출이다. 그 인재의 능력과 재능에 따라 리더나 조직이 얻는 정보의 양과 질이 결정된다. 항우는 진평이 공을 세우자 도위로 임명하는 등 우대했지만 패하자 그를 죽일 것처럼 분노했다. 목숨의 위태로움을 느낀 진평이 택할 길은 뻔했다. 항우는 한 번의 실수를 용납하지 않아 인재를 도망가게 만들었다. 이 일화는 항우가 진평의 진가를 제대로 보지 못했다는 의미이며 항우의 리더십에 문제가 있었다는 사실을 보여 준다.

동양의 전통적 리더십 항목에는 '엄징嚴懲'과 '경벌輕罰'이 있다. 실수나 잘못을 '엄정하게 징계하되' '처벌은 가볍게 하라'는 뜻이다. 인재가 잘못을 했다면 왜 잘못했는지를 정확히 알게 하고, 그에 따라 혼을 세게 내되 실제 벌은 가볍게 내리라는 의미다. 그러면 인재는 자신이 무엇을 잘못했는지 알아서 자숙하고, 뜻밖의 가벼운 처벌에 리더의 아량과 관용에 마음으로 승복할 것이다.

그런데 이를 잘못 이해하는 리더는 순서를 바꿔 '경징輕懲'과 '엄벌嚴罰'

을 하는 경우가 많다. 이렇게 되면 인재는 자신의 잘못을 제대로 인식하지 못한 채 그저 처벌만 세게 받는다고 불만을 품고 결국은 리더를 떠난다. 진평이 그랬고 그 영향은 항우의 몰락에 결정적인 영향을 줄 정도로 엄청났다. 항우는 진평을 놓친 것은 물론 범증까지 버리는 치명적인 우를 범했다.

건의를 받아 준 유방에게 충성한 한신

한신과 유방이 처음 만난 때도 기원전 206년 홍문에서였을 것으로 추정한다. 진평은 당시 도위라는 벼슬에 있으면서 뒷간에 간 유방을 찾으러 나간 당사자였다. 이 무렵 한신은 항우 밑에서 연회나 사절단 행사에서 공연하는 부대인 의장대에 속해 있었다. 한신이 의장대로 배치된 과정은 이렇다.

기원전 210년 진시황이 죽자 천하 정세는 소용돌이쳤고 한신은 항우의 숙부인 항량 밑으로 들어갔다. 그때가 기원전 209년이다. 항량이 정도 전투에서 전사하고 항우가 항량에 이어 초나라 군대를 이끄는 리더가 되자 덩치가 좋았던 한신은 의장대에 배치되었다.

한신은 꿈이 큰 인재였다. 젊은 날 고향에서 빈둥거릴 때 건달들과 시비가 붙자 사소한 치욕이나 시비 정도는 참고 넘어가야 한다는 생각에 건달의 가랑이 밑을 기는 치욕을 감수할 정도로 심지가 굳었다. 의장대에 만족할 위인이 아니었다. 한신은 기회를 틈타 항우에게 몇 차례 천하 정세에 대한 분석과 대책을 올렸지만 항우의 반응은 냉담했다. 그러던 차에 유방이 한중 지역에 봉해지자 항우에게서 도망쳐 유방을 찾아갔다.

한신의 기대와 달리 유방도 항우와 별반 다르지 않았다. 항우의 대우보다는 나았지만 유방은 한신을 곡식 창고를 관리하는 하잘것없는 자리에 배정했다. 한신에게 별다른 경력과 명성이 없었기 때문이다. 이후 한신은 뜻하지 않은 실수로 목이 잘리는 형벌을 받는데, 목이 잘리려는 순간 지나가던 유방의 측근 하후영을 향해 천하에 뜻을 두고 있는 유방이 어째서 장사를 죽이려 하느냐며 대들었다.

한신의 담력에 감탄한 하후영은 한신의 재능을 알고 한신을 유방에게 추천했다. 유방은 한신을 식량과 말먹이를 책임지는 치속도위라는 자리로 승진시켰지만 여전히 한신의 진가를 알아보지 못했다. 승상 소하가 한신의 진가를 알아보고 한신과 자주 이야기를 나누며 유방에게 여러 차례 한신을 추천했지만 유방은 받아들이지 않았다.

인내심이 바닥난 한신은 유방을 떠났다. 한신이 달아났다는 말에 소하는 유방에게 보고하지도 않고 말을 몰아 한신을 뒤쫓았고 결국 한신을 다시 데려왔다. 말도 없이 한신을 뒤쫓은 소하에게 화가 난 유방은 자초지종을 물었고, 소하는 이 기회를 놓치지 않고 적극적으로 한신을 추천해 마침내 대장군으로 만들었다.

유방은 심복 소하의 추천으로 한신을 대장군에 임명했지만 여전히 꺼림칙했다. 한신의 진짜 실력을 알고 싶었던 유방은 한신에게 천하 정세에 대한 분석과 계책을 물었다. 당시 유방은 항우의 위세에 밀려 홍문연에서 간신히 살아남아 오갈 데 없이 한중에 처박힌 신세였고, 하루가 멀다 하고 장병들이 도망치는 등 속수무책의 갑갑한 상황이었다.

한신은 먼저 유방과 항우의 상황을 냉정하게 비교하며 항우가 절대적으로 우세하다는 사실을 상기시켰다. 그리고 자신이 겪은 항우의 장단점을 치밀하게 분석했다. 특히 항우의 단점과 항우 진영의 문제점을 집중적으로 부각하면서 유방에게 현상을 타파하고 재기하는 것은 물론 천하 정세의 흐름을 바꿀 수 있다며 용기를 불어넣었다.

이 자리에서 한신은 리더의 자질, 즉 리더십이라는 면에서 항우의 인색함과 유방의 후덕함을 비교해 당장은 항우가 천하의 우두머리 행세를 하고 있지만 실제 기반은 허약하다고 지적했다. 이어 항우는 잔인한 성정으로 민심을 잃고 있는 반면 유방은 〈약법삼장〉 같은 적절한 공약으로 민심을 얻었기 때문에 명분에서 항우를 앞선다고 분석했다.

그러면서 한신은 한중으로 들어올 때 불태운 잔도棧道를 수리하는 척 항우의 주의를 분산시키고 요충지인 진창을 몰래 습격해 다시 관중으로 들어가자는 계책을 제안했다. 여기서 '겉으로는 잔도를 고치는 척하면서 몰래 진창을 건너간다'는 뜻의 이른바 '명수잔도明修棧道, 암도진창暗渡陳倉' 이라는 유명한 모략이 유래했다.

유방은 한신의 건의에 따라 진창으로 나와 관중을 평정했고, 이어 함곡관을 돌파해 위魏나라 땅과 황하 남쪽을 차지해 재기에 성공했다. 이어 다른 지역도 속속 유방에게 항복했고 마침내 유방은 초나라의 서쪽 진출을 저지하기에 이르렀다. 이로써 천하 형세는 초한이 팽팽하게 힘을 겨루는 국면으로 전환되었다.

그뒤 한신의 활약은 더욱 눈부셔 급기야 천하를 삼분할 수 있는 막강한 실력이 되었다. 깜짝 놀란 항우는 사람을 보내 한신에게 천하삼분을 제안했다. 상황이 역전된 것이다. 한신은 유방과의 의리를 내세워 항우의 제안을 물리쳤다. 이때 초한쟁패의 승부는 사실상 결정된 것이나 마찬가지였다. 항우가 잃은, 아니 항우가 자기 눈앞에 두고도 보지 못한 인재 한 사람이 항우의 목을 조이는 상황이 전개되었다. 인재 유출이 어떤 결과를 낳는지 심사숙고하게 만드는 대목이 아닐 수 없다.

군주는 바위와 같이 단단해야 한다

• 장왕의 **책임감** •

"군주가 밝으면 신하가 정직해진다. 군주는 해시계의 기둥이고 신하는 그림자이다. 그림자는 그 기둥에 따라 움직이는 법이다."

군명신직君明臣直. 군자표야君者表也 신자경야臣者景也. 표동즉경수의表動則景隨矣.

-사마광, 《자치통감》 〈당기〉

한자 문화권에서 '식견'이라는 단어는 상당히 추상적이다. 사물이나 상황을 보고 그 본질을 파악해 내는 능력을 말하는데, 여기에는 지식, 이해력(지성), 판단, 견해, 관점, 통찰력, 분별력, 예지력 등 매우 다양한 능력이 포함된다. 즉 식견은 리더십에서 아주 중요한 덕목이다.

다음으로 임기응변을 이야기해 보자. 흔히 임기응변을 얄팍한 술수 정도로 이해해 리더의 덕목으로 보기를 꺼리지만 결코 그렇지 않다. 임기응변을 글자 그대로 풀자면 '어떤 계기를 맞이해 그 계기의 변화에 따라 대응한다'는 뜻이다. 더 세련되게 말하면 위기나 긴급한 상황을 극복하거나 해결해 나가는 능력, 즉 상황 조절 능력이다. 조직을 이끄는 리더에게 이 능력은 유용할 뿐만 아니라 필수적이다. 단, 이 능력을 얄팍한 꼼수나 천박한 기만과 혼동해서는 안 된다.

그런데 이 임기응변과 식견은 동전의 앞뒷면과 같은 관계다. 요컨대 식견 없이는 적절히 임기응변할 수 없거나 아예 못하기 때문이다. 상황을 조절하는 임기응변의 능력은 위에 언급한 대로 식견의 리더십에서 요구하는 거의 모든 능력이 동원될 수밖에 없다. 이제 식견과 임기응변이 어떻게 유기적으로 상호작용하는지, 그리고 그것이 리더에게 얼마나 필요한 덕목인지를 《여씨춘추》 〈사순편〉, 《설원》 〈권모편〉에 실린 장왕의 사례를 통해 살펴보겠다.

모두가 불가능하다고 할 때 가능성을 발견한 식견

춘추 시대에서 가장 매력이 넘치는 리더를 고르라면 초나라 장왕(기원전 613~기원전 591)을 첫 손가락에 꼽겠다. 장왕은 초 장왕 또는 형荊 장왕으로 부른다. 남방 장강 이남에 위치한 초나라는 중원의 제후국과는 다른 문화와 풍토를 가진 강국이었다. 춘추 시대가 시작되는 기원전 8세기 무왕은 주 왕실과 대등한 관계임을 과시하기 위해 왕을 자칭했고, 기원전 7세기 후반부터 6세기 초반까지 장왕이 춘추 시대 패자의 하나로 군림하면서 위세를 떨쳤다.

장왕이 배신을 일삼는 소국 진陳을 정벌하러 나섰을 때의 일이다. 장왕은 공격에 앞서 몰래 사람을 보내 진나라 성의 상황을 엿보았다. 세작(간첩)들의 보고에 따르면 지금 상황으로는 진나라를 치기 힘들다는 것이었다. 세작들은 그 이유로 진나라의 성이 높고 견고하고, 해자垓子가 대단히 깊으며, 성 안의 식량도 넉넉하게 비축되어 있다는 사실을 들었다. 장수들의 의견도 마찬가지였다.

이 상황에서 장왕은 어떤 판단을 내렸을까? 평소 주위의 충고나 직언을 허심탄회하게 받아들이는 장왕의 성품으로 보면 세작과 장수들의 의견을 따르는 것이 당연해 보였다. 하지만 장왕은 바로 진나라를 공격하겠다고 했다. 모두 그 이유가 궁금할 수밖에 없었다. 장왕은 첫 번째 이유로 작은 나라인 진의 성이 그렇게 높고 견고하며 해자까지 깊다는 것은 백성들을 심하게 부렸다는 점을 꼽았다. 둘째, 식량이 넉넉하게 비축되었다는 것 역시 세금이 과중하다는 증거이며, 따라서 현재 백성들의 원성이 높을 것인즉 충분히 공략할 수 있다고 보았다.

모두가 겉으로 보이는 상황에 근거해 공략 불가를 이야기할 때 장왕은 같은 물질적 조건을 통해 상대국의 민심을 파악했다. 요컨대 장왕은 자기 역량을 벗어나 지나치게 물질적 조건을 강구하는 것은 결국 민심을 해치는 자충수이자 악수임을 정확하게 간파했다. 장왕의 진나라 공략이 성공했음은 물론이다. 이런 것이 리더의 식견이다.

다음으로는 장왕의 임기응변과 관련된 사건이다. 집권 초기 장왕의 개혁 정치에 반발해 영윤 두월초가 반란을 일으켰다. 장왕이 직접 군대를 이끌고 진압에 나섰다. 장왕은 직접 북채를 잡고 북을 두드리며 군사들을 격려했다. 멀리서 이 모습을 바라보던 두월초가 활을 쏘았다. 화살은 장왕이 타고 있는 전차를 향해 날아들어 북을 뚫었다. 장왕이 급히 화살을 피하기가 무섭게 두월초의 두 번째 화살이 날아들어 이번에는 전차의 지붕을 뚫었다. 병사들은 너무 놀란 나머지 허둥지둥 퇴각했다.

진영으로 퇴각한 초나라 군사들은 두월초가 쏜 두 발의 화살을 뽑아서는 서로 돌려가며 구경했다. 화살은 별나게 크고 날카로웠다. 모두 이 화살이야말로 신전神箭이라며 놀란 입을 다물지 못했다. 두월초의 신전에 잔뜩 겁먹은 병사들을 본 장왕은 야간에 군영을 순시하는 책임자를 불러 병사들에게 이렇게 말하도록 했다.

"우리 선군인 문왕께서 당시 식이라는 나라를 공격해 세 발의 날카로운 신전을 얻었다. 그런데 두월초라는 놈이 그중 두 발을 훔쳐 갔다. 오늘 그 두 발을 다 써 버렸다."

이 말을 들은 병사들은 마음을 놓았고, 이튿날 장왕의 군대는 용감하게 싸워 두월초의 반란을 물리쳤다.

문제를 외면하지 않고 타개한 통찰력

두월초의 신전은 초나라 군대에게 공포를 주었고 군심이 전반적으로 동요하는 예상치 못한 돌발 상황이 벌어졌다. 장왕은 신전이 몰고 온 어두운 그림자를 없애야만 했는데, 이때 보여 준 임기응변은 대단히 고단수였다.

먼저 장왕은 신전의 존재를 부정하지 않았다. 병사들이 눈으로 똑똑히 본 사실을 부인했다가는 도리어 거짓말을 한다는 혐의만 살 뿐 병사들을 설득할 수 없었기 때문이었다. 장왕은 신전의 존재를 인정하는 동시에 화살을 쏜 사수와 화살을 분리했다. 그는 활을 쏜 사수 두월초는 입에도 담지 않았다. 그저 화살의 대단함을 담담하게 언급해 활을 쏜 두월초의 실력을 자연스럽게 깎아내렸다. 이로써 반란군에 대한 병사들의 두려움은 사라졌다. 게다가 장왕은 일부러 두월초가 두 발의 신전을 훔쳐 갔다고 흘려 두월초를 도둑으로 모는 동시에 오늘 전투에서 그 두 발의 화살을 다 사용했으니 더는 두려워할 것 없다고 암시했다.

물론 다음 날 전투에 두월초의 신전이 다시 등장했다면 상황은 더욱 악화되었을 것이다. 하지만 장왕은 이에 대비해 명사수 양유기를 이튿날 두월초와 겨루게 해 두월초를 죽였다. 상황이 더욱 악화될 가능성이 있었지만 그 상황에서 당장 필요한 것은 군심의 안정이었다. 이 점을 잘 알았던 장왕은 아주 절묘하게 먼저 상황을 수습했고, 그런 다음 이튿날 전투를 위한 대비책을 강구했다.

어려운 상황에서 무조건 현상을 부정하고 보는 리더가 적지 않다. 급작스럽게 닥친 어려운 현상을 인정하되 안정시키고, 나아가 그것을 극복하고 반전시킬 수 있는 시간과 대책을 마련해 내는 임기응변의 힘은 장왕의 사례에서 보듯 깊은 식견과 예리한 상황 판단력이 아니면 나올 수 없다. 또한 장왕이 과거 문왕 때 얻은 신전 세 발의 이야기를 평소 숙지하지 않았더라면 나올 수 없는 임기응변이기도 했다.

리더가 위기 상황이나 급작스러운 상황에서 적절하게 임기응변할 수 있다는 것은 달리 말해 백성들을 불안에 떨지 않게 만드는 리더십을 갖추었다는 뜻이기도 하다. 작은 일에도 호들갑을 떨거나 상황을 과장하는 리더를 바라보는 백성의 마음은 불안할 수밖에 없기 때문이다. 장왕의 임기응변 리더십은 리더의 안정감이라는 면에서도 주목할 만하다.

자신의 약점을 인정하는 성찰의 자세

역사적으로 직언과 충고를 허심탄회하게 수용하는 리더는 드물었다. 지금 우리 사회의 리더들 역시 마찬가지다. 직언과 충고를 수용한다고 하면서 그것을 이용해 인재들의 약점을 잡고 그들을 통제하려는 불순한 리더도 적지 않다. 장왕은 지도자가 갖추어야 할 필수 요소 가운데 하나인 경청하는 태도를 갖춘 리더였다. 충고도 잘 받아들였는데, 하찮고 보잘것없는 사람의 충고조차 무시하지 않고 받아들였다. 다음은 역대 코미디언의 행적을 모아 놓은《사기》〈골계열전〉에 나오는 이야기다.

장왕은 말을 아주 좋아했다. 말은 전쟁에 절대적으로 필요한 동물이었기 때문에 당연히 귀한 대접을 받았지만 장왕은 지나치게 말을 아꼈다. 사람도 먹기 힘든 대추와 마른 고기를 먹이로 주고 비단옷을 입혀 침대에서 재웠다. 이 때문에 장왕의 애마는 운동 부족에 비만으로 일찍 죽었다. 상심한 장왕은 관을 잘 짜서 대부의 예로 장사를 지내라고 명령했다. 신하들이 들고 일어났지만 장왕은 막무가내로 "내가 아끼던 말을 가지고 감히 말하는 자는 목을 베겠노라" 하며 엄포를 놓았다.

키가 팔 척에다 변설에 능하고 언제나 담소로 세상을 풍자하기를 즐기던 악사 우맹이 이 이야기를 듣고는 조정에 뛰어 들어와 하늘을 우러러 통곡을 했다. 장왕이 그 까닭을 묻자 우맹은 이렇게 말했다.

"그 말은 폐하께서 정말 좋아한 영물인데, 이 막강한 초나라에서 무엇을 얻지 못하겠습니까? 대부의 예로 장사를 지내는 것은 너무 야박합니다. 임금의 예로 장사를 지내야만 합니다."

장왕은 우맹에게 그 방도를 물었다. 그러자 우맹은 이렇게 청했다.

"폐하, 옥을 다듬어 속 널을 만들고 무늬가 있는 가래나무로 바깥 널을 만들며 단풍나무, 느릅나무, 녹나무 등으로 횡대를 만드십시오. 군사를 동원해 큰 무덤을 파고 노약자가 흙을 지게 해 무덤을 쌓고, 제나라와 조나라의 조문단을 앞에 하고 한韓나라와 위魏나라의 조문단을 뒤에서 호위하게 하십시오. 사당을 세워 태뢰太牢(소, 양, 돼지 한 마리씩을 바치는 최고의 제사)를 지내고 만호의 읍으로 받들게 하소서. 제후들이 이런 모습을 보고 듣게 되면 너 나 할 것 없이 대왕께서 사람보다 말을 더 귀하게 여긴다는 것을 확실하게 깨달을 것입니다!"

이 통렬한 풍자에 장왕은 "과인의 잘못이 그렇게 크단 말인가"라고 후회하면서 죽은 말을 그냥 묻게 했다. 장왕은 우맹의 통렬한 풍자를 통한 충고를 바로 수용했다.

인재가 기대고 싶은 단단함은 소통에서 나온다

장왕과 우맹 중에 누가 더 매력적일까? 장왕도 부럽고, 우맹도 부럽지만 더 부러운 것은 보잘것없는 악사까지 최고 권력자와 소통할 수 있었던 그 시대의 분위기다. 물론 이런 환경을 만드는 데 가장 중요한 역할을 한 사람은 장왕이었다. 초나라는 상하가 서로 소통하는 민주적 분위기를 바탕으로 부강해졌다. 언로를 막거나 리더가 귀를 꼭꼭 닫으면 그 나라의 미래는 암울할 수밖에 없다. 우리 사회의 리더들은 입이 아프도록 소통을 떠든다. 역설적이게도 이는 소통의 부재를 뜻한다. 소통이 일상적으로 이루어지고 있다면 굳이 소통을 거론할 필요가 있을까?

소통은 일방통행이 아니라 상호 작용이다. 중국 속담에 "마음이 맞지 않으면 반 마디도 많다"라는 말이 있다. 마음이 맞아야 소통의 길이 열린다는 당연한 뜻이다. 서로 마음이 맞으려면 준비가 되어 있어야 한다. 준비란 먼저 마음을 여는 것이다. 마음이 열려 있으면 상대의 말에 귀를 기울일 준비도 같이 갖추어진다. 그 준비가 상호 작용을 위한 최소한의 필요조건이기 때문이다. 리더는 더 나아가 이 필요조건을 뛰어넘어 소통을 위한 충분조건은 무엇인지를 고민하는 사람이어야 한다.

장왕은 인간의 얼굴을 한 리더였다. 실수를 저질렀고 또 그 실수를 지적하는 보잘것없는 악사의 충고도 흔쾌히 받아들였다. 여러모로 매력적인 리더로서 손색이 없다. 무엇보다 장왕의 진정한 매력은 그가 한 나라를 이끄는 최고 리더로서 식견과 자기 성찰의 자세를 갖추었다는 데서 찾아야 할 것이다.

내게 활을 쏘았다고 죽인다면 용사들이 아깝지 않은가

• 청 태조의 **아량** •

"정말 그 사람을 얻고 싶다면 원수라도 반드시 추천하고, 정말 그 사람이 아니다 싶으면 친인척이라도 받아들이지 말라."

구득기인苟得其人 수구필거雖仇必擧, 구비기인苟非其人 수친불수雖親不授.

-진수, 《삼국지》 〈촉지〉 '허정전'

앞서 묵은 감정이나 원한을 푸는 석원의 리더십을 언급했다. 그런데 석원이 개인 간 감정이나 원한을 푸는 차원에 머무른다면 미담에 그칠 뿐이다. 감정이나 원한을 풀고 그 사람을 내 편으로 끌어들이는 단계까지 이르러야 더 큰 리더십이다. 그 사람을 기용하라는 뜻이다.

묵은 감정이 극적으로 풀리면 관계는 한 차원 높아진다. 나아가 진실

한 마음으로 그 사람을 기용하면 혼신의 힘을 다해, 나아가 죽을힘을 다해 나를 위해 최선을 다할 것이다. 조직과 나라는 물론 기업 경영에서도 충분히 주목할 가치가 있는 인재를 구하고 기용하는 방법이다. 여기서는 청나라 건국의 기틀을 닦은 누루하치가 자신을 죽이려 한 자객과 적장을 용서하고 기용한 용인의 사례를 소개하겠다.

청 태조 누르하치(1559~1626)는 청 왕조의 기초를 닦은 임금이다. 그는 13명의 기갑병으로 군사를 일으켰고, 수십 년에 걸친 힘든 창업 과정을 거친 끝에 만주족이 명 왕조에 맞서 승리할 수 있는 역량을 마련했다. 이 과업의 성공 비결에는 여러 가지가 있지만 중요한 점은 누르하치가 여러 모로 사람을 끌어들여 잘 기용했다는 것이다. 그는 처음 여진족 각 부락을 통일할 때부터 여러 부락의 인재를 모으는 데 신경을 썼는데, 적을 친구로 만드는 등 넓은 아량을 보여 후대의 미담으로 남았다.

자객을 살려
민심을 얻다

명 왕조 만력제 11년인 1583년 5월, 누르하치는 명나라 군에 죽은 할아버지와 아버지의 원수를 갚는다는 명분을 내걸고 여진 각 부락을 통일하는 대업의 서막을 열었다. 당시 여진족 각 부락은 서로 통합되지 않은 상황이었기에 각 부락이 모두 왕으로 자칭하면서 서로를 공격해 친족을 살상하는 지경에 이르렀다. 누르하치가 막 군사를 일으켰을 당시는 모든 세력에게 둘러싸여 사방이 다 적이었다. 따라서 급선무는 최대한 인심을 얻고 인재를 쟁취하는 일이었다. 누르하치는 때맞추어 넓은 아량을 베풀면서 이 일을 해냈다.

1584년 4월 소나기가 내리던 어느 날 저녁, 누르하치의 침소로 자객이 잠입했다. 창밖의 가벼운 발걸음 소리를 들은 누르하치는 살그머니 일어나 무기를 챙기고 문을 나서 굴뚝 옆에 숨어서 기다렸다. 마침 번갯불이 번쩍이면서 창문 아래에서 자신의 침소를 들여다보는 자객을 발견했다. 누르하치는 벼락같이 뛰어나가 칼자루로 자객을 쳐서 넘어뜨린 다음 사람을 불러 그를 묶었다. 시위병들이 달려와 상황을 파악하고 자객을 그 자리에서 찔러 죽이려 했다.

누르하치는 사람을 죽이기는 어렵지 않지만 죽이면 또 한 명의 적을 만드는 셈이 되고, 이는 결국 자신에게 불리하게 작용할 것으로 생각했다. 누르하치는 차라리 이 자객을 살려 그의 마음을 얻는 것이 상책이라 판단하고는 큰 목소리로 "소를 훔치러 온 것인가?"라고 물었다. 자객도 누르하치의 의중을 눈치챘는지 자신은 그냥 소도둑일 뿐이라고 둘러댔다. 이에 시위병은 "헛소리! 이놈은 분명 주군을 암살하러 온 것이니 빨리 죽여야 합니다!"라고 외쳤다. 그러나 누르하치는 침착하게 아무 일 없다는 듯 "소도둑이 맞는 것 같구나"라며 자객을 풀어 주었다.

5월 어느 날 밤, 의소라는 자객이 누르하치의 침소에 잠입해 암살을 시도했다. 누르하치는 이번에도 자객을 사로잡았다가 놓아주었다.

겉보기에는 아무렇지 않은 이 두 사건은 큰 반향을 불러일으켰다. 누르하치가 기대한 대로 많은 사람이 누르하치의 아량에 감탄하면서 몸을 맡겼다.

인재를 구할 수 있다면 이 한 몸이 대수랴?

그뿐만 아니라 누르하치는 전쟁터에서 얼굴을 맞대고 싸우던 적장들도 인재라고 생각하면 과거를 불문하고 친구로 삼았다.

1584년 9월, 누르하치는 군사를 거느리고 옹과낙성을 공격하면서 직접 높은 곳에 올라 화살을 쏘았다. 전투는 시간이 갈수록 치열해졌다. 이때 성을 수비하던 적장 악이과니가 숨어서 누르하치를 향해 화살을 날렸고 미처 피하지 못한 누르하치는 화살에 맞았다. 그럼에도 그는 화살을 뽑아내고 계속 전투를 지휘했다.

이어서 나과라는 적병이 자욱한 연기 속에서 누르하치에 접근해 그의 목을 겨누어 화살을 쏘았다. 급소를 맞추지는 못했지만 화살은 한 치나 넘게 살을 파고들었다. 화살을 뽑자 피가 물처럼 쏟아지며 살점도 함께 떨어져 나왔다. 피를 많이 흘린 누르하치는 기절하고 말았고 성을 공격하던 군대는 철수하는 수밖에 없었다.

상처를 치료한 누르하치는 다시 옹과낙성을 공격해 지난번 자신에게 화살을 쏜 악이과니와 나과 두 사람을 생포했다. 대중의 분위기는 격앙되었고 너 나 할 것 없이 모두 화살을 쏘아 죽여야 한다고 아우성쳤다. 하지만 정작 누르하치는 침착한 태도로 두 용사의 용감무쌍한 행동을 칭찬하며 자신의 부하로 거두어들이고자 했다.

"쌍방이 전쟁을 벌일 때는 승리를 쟁취하는 것이 병사들이 할 일이다. 저들은 자기 주인을 위해 나를 쏘았지만 만약 오늘 나의 부하가 된다면 나를 위해 적을 쏘지 않겠는가? 그러니 당시 적이었던 나에게 활을 쏘았다고 이 용사들을 죽인다면 얼마나 아까운가?"

누루하치는 직접 두 사람의 오랏줄을 풀어 주면서 좋은 말로 위로했다. 악이과니와 나과는 누르하치에게 감격해 눈물을 흘리며 그 자리에서 귀순해 충성을 다하겠노라 맹세했다. 누르하치는 두 사람에게 우녹액진이라는 자리를 주며 각각 300명의 병사를 통솔시켰다. 그 후 두 사람은 전투마다 용감하게 싸워 누르하치의 통일 대업에 큰 힘을 보태었다.

사람을 남기는 자가 영웅의 길을 걷는다

조직이나 기업 혹은 나라를 막 세우려 할 때, 특히 막강한 경쟁 상대가 있는 상황에서는 인재 하나가 아쉬운 법이다. 초한쟁패를 소개하면서 여러 차례 언급하고 강조했듯이 항우의 역전패는 누가 뭐라 해도 뛰어난 인재를 놓쳤기 때문이다. 유방을 도와 결정적인 승리를 이끌어 낸 한신과 진평은 당초 항우 밑에 있다가 푸대접을 견기지 못하고 유방에게로 넘어왔다. 치열하게 경쟁을 벌이는 상황에서는 인재에 대한 리더의 담대한 인식과 실천이 필수적이다.

누르하치는 여러 차례 적을 용서해 친구나 부하로 만들었다. 부하들은 그를 대범하고 통이 크며 아량이 넓은 우두머리로 존경했고, 덕분에 누르하치는 여진족 각 부락에서도 좋은 명성을 얻었다. 누르하치의 행동은 적진의 인재들에게도 적지 않은 영향력을 미쳤다. 그가 보잘것없는 군사력을 가지고도 단기간에 막강한 세력을 구축해 여진 각 부락을 통일한 힘도 여기서 나왔다.

리더의 길은 영웅의 여정이다. 끊임없이 인문 소양을 추구하고, 세상사에 관심을 가지며, 역사의식을 높여야 한다. 사랑을 나누고 믿음을 고취하며 미래의 희망을 향해 나아가야 한다.

리더는 희망의 화신이다. 리더십은 과거를 회고하고 현재를 장악하는 깊은 역사의식을 갖추어야만 나아가고 투시력을 갖출 수 있다. 리더는 발코니에 서서 사방을 둘러보다 희망하는 먼 곳의 정경을 보면서 추종자들을 고무시킨다. 확실히 리더는 아랫사람의 눈에 못하거나 모르는 것이 없는 존재로 보일 때가 있다. 그것이 근본적으로 불가능함에도 말이다.

지금까지 '사람을 알고, 사람을 쓰고, 쓰되 소중하게 쓰고, 맡기고, 소인배를 멀리하라'는 관중의 리더십 5단계에 맞추어 우리는 인재를 얻는 득인, 인재를 쓰는 용인, 인재를 보다 성숙하게 북돋우는 육인, 인재를 떠나지 않게 하는 유인과 그 방법에 관해 꽤 긴 이야기를 나누었다. 아울러 인재와 리더를 심는 식목이라는 기반 조성의 필요성에 대해서도 잠깐 알아보았다. 이 모든 논의의 핵심이자 키워드는 당연히 인재와 리더라는 두 축이었고, 인재와 리더 역시 사람이며, 이 둘의 인간관계를 통해 필요하고 적절한 방법이 나온다는 점을 강조해 둔다.

마지막으로 우리의 이야기를 '용인 8계명'으로 정리해 논의한 점들을 조금 더 강조해 보았다. '관계'에 대해 생각하면서 마지막 5장을 살펴볼 것을 권한다.

5장.

제왕을 만든 사람 경영 불변의 법칙

: 5,000년을 관통한
용인의 리더십 8계명

거문고 줄을 고쳐 매야 할 때를 놓치지 말아라

• 1계명 **개혁의 리더십** •

"거문고 소리가 조화롭지 못하고 심한 경우에는 반드시 느슨해진 줄을 풀어 고쳐 매야만 연주할 수 있다. 마땅히 줄을 고쳐 매야 할 때 매지 않으면 아무리 훌륭한 악공도 조율을 잘할 수 없듯 마땅히 개혁을 해야 할 때 하지 않으면 아무리 뛰어난 현인이라도 다스릴 수 없다."

절비지금슬부조竊譬之琴瑟不調, 심자필해이갱장지甚者必解而更張之, 내가고야乃可鼓也. 당갱장이불갱장當更張而不更張 수유량공불능선조야雖有良工不能善調也; 당갱화이불갱화當更化而不更化 수유대현불능선치야雖有大賢不能善治也.

-반고, 《한서》 〈동중서전〉

'개혁改革'에서 '개改'는 바꾼다는 뜻이고, '혁革'은 짐승의 가죽을 완전히 벗겨 널어놓은 모습의 상형 문자다. 합치면 '완전히 바꾼다'는 뜻이다. 혁명革命은 개혁의 앞 단계로 '천하 대세를 완전히 바꾼다'는 뜻을 가진 단어다. 순리대로라면 혁명 뒤에 개혁이 따른다. 그런데 역사는 혁명보다 개혁이 더 힘들고 어렵다는 사실을 보여 준다. 무력과 엄청난 민중의 지지를 동반한 혁명은 순식간에 정권을 뒤엎는다. 4,000년에 이르는 중국의 왕조 체제에서 혁명 등으로 바뀐 정권이 수십 개에 이르지만 성공한 개혁은 손가락으로 꼽아도 손가락이 남을 정도로 드물다.

기업 경영이나 조직의 개혁도 다를 바가 없다. 개혁하지 않으면 살아남기 힘든 엄연한 사실 앞에서도 과감하게 개혁에 나서는 경우는 드물고, 또 개혁에 성공한 경우는 더더욱 드물다. 이는 개혁이 그만큼 어렵다는 사실 외에도 개혁에 저항하는 힘이 상상을 초월할 정도로 어마어마하다는 것을 의미한다. 이제 역사상 개혁의 사례와 그것이 갖는 의미를 생각해 보려 한다. 개혁의 중요성이 과거 어느 때보다 절실해졌기 때문에 개혁을 둘러싼 진지한 논의가 충분히 의미 있을 것이다.

역사상 가장 성공한 개혁의 주역, 상앙

중국 역사상 가장 극렬한 변화를 보여 준 춘추 전국 시대는 한마디로 '개혁의 시대'였다. 100여 개의 나라가 하나로 수렴된, 말 그대로 못 일어날 일 없고 안 일어난 일 없는 시기였다. 이 550년을 관통하는 키워드가 곧 개혁이다. 개혁의 대세 앞에서 개혁에 저항하고 개혁을 방해한 나라는 예외 없이 역사 무대에서 조기 퇴장했고, 어설프게 개혁한 나라는 운 좋게 반짝 한 시대를 풍미했지만 앞서거니 뒤서거니 하며 역사의 뒤안길로 사라졌다. 전면적이고 지속적인 개혁을 완수한 나라만이 살아남아 안으로는 부국강병, 밖으로는 통일이라는 역사의 책무를 완수했다.

중국 개혁사의 총아는 누가 뭐래도 상앙(기원전 390~기원전 338)이다. 상앙은 서방의 후진국 진秦나라를 일약 초일류 강국으로 끌어올린 역사상 최고의 개혁가였다. '상앙의 개혁이 성공하지 못했더라면 진시황의 천하 통일도 없었을 것이다'가 역사의 중론일 정도로 그의 개혁은 개혁사의 모범으로 남아 있다. 하지만 상앙의 개혁도 처음에는 엄청난 저항에 부딪혔다. 기득권층은 물론 백성들까지 엄격한 법치에 불편함을 호소하며 시위를 불사했다. 상앙은 전혀 동요하지 않고 개혁의 변을 토로했다.

"배우고 생각한 것을 의심하면 절대 성공할 수 없다. 행동에 회의를 품어도 절대 성공할 수 없다. 앞을 내다보는 사람은 세상 사람들에게 배척당하기 마련이다. 어리석은 사람과는 진취적이고 창조적인 일을 논의해서는 안 된다. 그런 자들에게는 그저 풍부한 수확(결과)을 보여 주기만 하면 된다. 지혜로운 견해는 세속과 같지 않다. 크게 성공한 사람은 몇몇 사람과 일을 꾀하지 이 사람 저 사람에게 의견을 묻지 않는 법이다. 나라를 강성하게 만들려면 철저한 개혁뿐이다."

당시 패권을 두고 싸울 수밖에 없었던 역사적 조건 등을 감안해 상앙의 개혁의 변을 한마디로 요약하면 '닥치고 개혁'이다. 지금 우리에게 놓인 절체절명의 과제이기도 하다.

정당한 자리, 합당한 대우가 핵심이다

요나라의 역사를 기록한 《요사》의 〈예지〉는 "법을 바꾸고 폐단을 혁파하는 일은 시세에 맞아야 한다"고 전한다. 중국 역사에는 풀리지 않는 의문점이 숱하게 많다. 역사 읽기에 흥미를 더해 주는 요소지만 한편으로는 이런 미스터리의 대부분이 역사의 진보와 발전을 가로막았기 때문에 안타깝기도 하다.

2008년 타계한 타이완을 대표하는 지성 백양(보양)의 《백양 중국사》에 따르면 중국에는 역대 총 83개의 크고 작은 왕조가 출몰했다. 그중 수십 차례의 주요 왕조 교체의 혁명은 성공작이었다. 반면 주목할 만한 10여 차례의 개혁은 대부분 실패로 끝났다. 개혁이 왕조(정권) 교체나 혁명보다 어렵고 힘들다는 것을 여실히 보여 주는 통계다. 개혁이 힘든 핵심적인 이유는 바로 기득권층의 저항과 방해 때문이다. 사회 경제적 각도에서 개혁은 그 자체로 이익의 조정이자 기득권을 건드릴 수밖에 없는, 본질적으로 이익을 재분배하는 행위다. 즉 개혁에 성공하기 위한 일차적 관건은 기득권을 비롯한 이해관계를 어떻게 조정하느냐에 달려 있다.

중국 역사상 가장 성공했다는 상앙의 개혁은 이 문제를 어떻게 풀었을까? 상앙의 개혁은 '점진적'이니 '타협'이니 '사회적 수용 능력' 같은 개혁에 따른 부작용을 줄이는 개념들이 전혀 끼어들 여지가 없는, 말 그대로 철혈 개혁이었다. 오늘날 상앙의 개혁 정치를 그대로 받아들이기 어려운 이유다. 하지만 개혁의 관건인 기득권과 이해관계의 조정이라는 측면에서는 눈여겨봐야 할 대목이 적지 않다.

상앙은 첫째, 모든 백성에게 정당한 직업을 갖도록 지시했다. 세습 귀족과 부유한 상인의 자제를 포함한 놀고먹는 사람들이라도 적당한 직업에 종사하지 않으면 모두 노예로 삼아 변방의 황무지를 개간하는 곳으로 내쳤다.

둘째, 전투에서 공을 세운 사람은 반드시 승진시켰다. 지위가 높은 귀족이나 돈이 많은 부자라도 전공이 없으면 정부의 관직을 맡을 수 없었다. 한마디로 특혜를 없앴다. 아무리 귀한 몸이라도 나라와 백성을 위해 공을 세우지 않으면 자리나 상을 받을 수 없고, 아무리 미천한 사람이라도 정당한 공을 세우면 그에 상응하는 상과 자리를 받았다. 이는 불로 소득자를 제한하는 개혁 조치이기도 했다. 정당한 육체노동이나 정신노동으로 경제적 부를 획득하지 않고 비생산적이고 불법적인 투기로 부와 권력을 누리는 부조리를 허용치 않았다는 뜻이다. 상앙은 이런 현상들을 기득권으로 보고 철저히 개혁했다.

기득권이란 본디 존재하지 않는다. 이미 얻고 얻어 놓은 것이라 해서 권리를 주장하고 그것을 권력 장악의 밑천으로 이용하려는 발상 자체가 잘못이다. 우리의 정치, 경제, 군사 등 거의 모든 방면에서 벌어지고 있는 갈등과 분쟁의 핵심이자 본질은 바로 이 기득권 수호, 수단과 방법을 가리지 않는 기득권 지키기에 지나지 않는다. 당초 그것을 주었던 국민이 내려놓으라고 하면 바로 내려놓아야 한다. 민심만이 기득권의 향방과 소멸을 결정할 수 있다. 여기에 저항하거나 방해하면 처절한 역사의 심판과 몰락이 기다리고 있을 뿐이다.

반대 세력이 있다면
베기보다 설득하라

개혁의 주체가 빠지기 쉬운 가장 큰 함정이 바로 독선이다. 독선은 비타협에서 비롯되고, 비타협은 독선을 강화한다. 레닌으로부터 중국 역사상 최고의 개혁가라는 평을 들었던 송나라 때 왕안석의 신법 개혁은 결과적으로 처절하게 실패했다. 실패 이유에 대한 수많은 분석이 이루어졌는데, 왕안석이 개혁에 관해 '동기動機 지상주의자'였다는 지적이 꽤 설득력 있어 보인다.

왕안석의 동기는 누구보다 순수했다. 그의 독선은 말하자면 '순수의 독선'이었다. 개혁의 본질이 '이익의 재분배'인 이상 갈등과 모순이 따를 수밖에 없다. 이 때문에 독선은 독단과 독재로 흐른다. 모순, 충돌, 갈등을 조정하는 데 소모되는 엄청난 정력을 줄이기 위해서다. 성공적인 개혁에는 갈등 조정을 위한 타협과 설득이 뒤따라야 한다. 이런 점에서 전국 시대 조나라의 무령왕이 개혁 과정에서 보여 준 타협과 설득의 자세는 충분히 본받을 만하다.

무령왕이 즉위할 무렵 조나라가 직면한 큰 문제는 북방 민족이었다. 간편한 복장에 말을 타고 활을 쏘는 기동력을 갖춘 북방 민족은 공포의 대상이었다. 무령왕은 무엇보다 복장 개혁이 급선무라고 확신했다. 보수적인 왕족과 귀족들은 결사 반대했다. '오랑캐 옷을 입는다는 것은 조상 대대로 전해 내려온 전통적 예의에 어긋난다'는 사고방식이 고착되어 있었기 때문이다.

무령왕은 고민 끝에 자신의 숙부이자 개혁 반대론자를 대표하는 공자성을 설득하기로 했다. 무령왕은 '옷이란 입기에 편해야 하며, 예의란 무슨 일을 꾀하는 데 편해야 하는 법'이라는 논리로 숙부에게 오랑캐 옷을 입고 조회에 나오도록 명했다. 하지만 조정 대신들은 뜻을 굽히지 않았다. 무령왕은 다시 강력한 논리로 이들을 설득했다.

"책 속의 지식으로 말을 모는 자는 말의 속성을 다 이해할 수 없고, 낡은 법도로 현재를 다스리는 자는 사리의 변화에 통달할 수 없다."

무령왕은 자신의 개혁 의지를 무조건 몰아붙이는 '순수의 독선'이라는 함정에 빠지지 않고 반대론자들을 설득하고 그들과 타협해 나가면서 개혁을 성공시켰다. 특히 자신의 인척인 공자 성을 직접 찾아가 진정을 다해 설득해 솔선수범 오랑캐 복장을 입힌 절묘한 수순을 밟았다. 설득과 타협은 일방적 양보나 자신의 논리를 포기하는 것이 아니라 성공적 개혁으로 가는 필수 과정임을 생생하게 보여 준 것이다.

인재를 모시는 데는
존귀비천이 필요 없다

사마천은 한 나라의 흥망에는 어떤 조짐이 나타난다면서 나라가 홍할 때는 군자가 기용되고 소인은 물러나는 상서로운 조짐이 보이고, 나라가 망할 때는 현인은 숨고 난신들이 귀한 몸이 된다고 했다. 그러면서 나라의 "안정과 위기는 어떤 정책을 내느냐에 달려 있고, 존망은 어떤 사람을 기용하느냐에 달려 있다"라고 일갈했다. 나라의 존망이 인재 기용에 따라 좌우된다는 요지다.

개혁도 마찬가지다. 아무리 좋은 개혁 정책을 가지고 있어도 그 정책을 사심 없이 일관되게 추진할 정직하고 굳센 인재가 없다면 그 정책은 그림의 떡이다. 그렇다면 개혁을 위한 인재 기용의 원칙은 무엇일까? 기원전 7세기 중반 서방의 낙후한 진秦나라를 중원에 진입시키고 일약 강국으로 바꾼 목공의 인재 정책이 눈길을 끈다.

목공은 진나라가 궁벽한 곳에 위치해 중원의 선진 문화와 제도, 인재를 받아들이지 못하는 현실을 타개하려 과감한 인재 정책을 택한다. 중원의 인재들을 발탁해 선진 문물을 흡수하고 이를 바탕으로 진나라의 국정을 전반적으로 개혁한 것이다. 이를 위해 목공은 대담한 인재 기용책을 실행했다. 목공의 이른바 '사불문四不問' 정책은 지금 보아도 대단히 획기적이었다.

사불문이란 말 그대로 네 가지를 따지지 않겠다는 뜻이다. 네 가지란 민족(종족), 국적, 신분, 연령이었다. 즉 이를 따지지 않고 유능하면 누구든 기용하겠다는 것이었다. 목공은 사불문 정책에 입각해 우나라의 현자인 백리해를 대부로 전격 발탁했다. 당시 백리해는 노예 신분이었으며 나이도 예순을 훨씬 넘긴 노인이었다. 백리해는 보답으로 다양한 인재를 목공에게 추천했고, 목공은 이들의 힘을 빌려 춘추 시대 패자로 급부상했다. 이로써 후진국 진나라는 일약 선진국 대열에 합류할 수 있었다.

목공의 파격적인 인재 정책의 효과는 진나라를 부국강병으로 이끄는 선에 그치지 않았다. 목공의 사불문은 그 후 진나라 인재 정책의 근간이 되어 끊임없이 외부에서 다양한 인재를 수혈받았고, 이것이 400년 뒤 천하 통일이라는 엄청난 역사의 기초 역량으로 작용했다.

2,600여 년 전에 시행된 인재 정책에 비교할 때 지금 우리의 인재 정책은 어떤 모습일까? 정치권이든 기업이든 저마다 외부 인재를 영입하겠다고 소란을 떨고 있다. 마치 내부에는 인재가 전혀 없는 것처럼 말이다. 인재는 내부에만 있는 것도 외부에만 있는 것도 아니다. 내부적으로는 인재가 성장할 수 있는 기름진 토양을 가꾸어야 하고, 외부적으로는 사회적 통념이나 기득권을 초월해 인재를 모시는 활짝 열린 마인드를 준비해야 한다. 기득권, 학연, 혈연, 지연, 교회연, 군대연 따위를 따지는 망국적 사고방식으로는 결코 개혁에 성공할 수 없다. 목공의 사불문 같은 개방적 인재 정책이야말로 모든 개혁의 성공을 가늠하는 가장 중요한 리트머스 시험지라는 사실을 단단히 유념해야 할 때다.

신뢰를 주고
믿음을 받아라

청나라 말 중화민국 초의 언론가이자 사상가인 량치차오는 "법이 오래되면 이런저런 폐단이 생겨날 수밖에 없다. 따라서 100년 동안 변하지 않는 법은 없다"라고 말했다. 역사상 수많은 개혁이 대부분 실패한 가장 큰 이유는 수구 기득권층의 저항과 방해였지만 개혁 주체의 진정성도 문제였다. 창대하게 시작한 개혁 의지가 시간이 흐를수록 미미해졌고, 어설프게 타협하거나 적당히 만족한 탓에 개혁이 퇴색되고 심하면 흐지부지되었다. 개혁 주체가 기득권층으로 변질되기도 했다.

제대로 된 개혁에는 개혁 주체의 진정성이 전제되어야 한다. 사심이 개입해서는 안 된다는 말이다. 사심을 배제한 진정성이야말로 신뢰를 얻는 가장 큰 담보물이기 때문이다. 역대 여러 개혁이 대체로 주체의 진정성과 개혁 객체의 신뢰성이란 점에서 낭패를 보았다.

개혁가 상앙은 개혁의 가장 중요한 전제 조건이 개혁 주체의 진정성과 백성의 믿음이라는 점을 정확히 간파했다. 상앙은 개혁을 위한 모든 법령을 마련한 다음 법령 포고에 앞서 한 가지 상징적인 이벤트를 벌였다. 3장 길이의 나무 기둥을 남문에 세워 놓고는 "이 기둥을 북문으로 옮기는 사람에게는 금 10냥을 상으로 준다"라고 고지한 것이다.

백성들은 비웃었다. 상앙은 상금을 50냥으로 올렸다. 누군가 재미 삼아 기둥을 옮겼고 상앙은 그 자리에서 상금을 주었다. 백성들의 마음은 점점 상앙의 개혁 정책과 법령 쪽으로 옮겨 갔다. 여기서 '입목득신立木得信'이라는 유명한 사자성어가 탄생했다. '이목득신移木得信' 또는 '사목득신徙木得信'이라고도 부르는데 나무 기둥을 옮기게 하고 믿음을 얻는다는 뜻이다. 사드 문제로 경색된 한중 관계가 풀리는 상황에서 주중 대사가 취임하자 중국 외교부 당국자가 이 고사성어를 언급해 두 나라 사이의 신뢰가 얼마나 중요한지를 강조한 적도 있다.

엄격하면서 공정한 법 집행도 백성들이 상앙의 개혁 정책에 마음을 여는 데 큰 역할을 했다. 태자가 법령을 어기자 상앙은 차마 태자를 처벌할 수 없어 대신 태자의 스승 중 한 명을 처형하고 다른 한 명은 얼굴에 뜸을 뜨는 형벌을 내렸다. 이 사건은 훗날 상앙이 실각하는 복선이 되었지만 법 집행에 대한 상앙의 진정성이 백성들에게 확실하게 전달된 계기이기도 했다.

상앙은 개혁 정책과 그에 따른 법 집행이 백성들에게 믿음을 얻지 못하는 근본적인 이유를 정확하게 인식하고 있었다. 그는 개혁 주체가 진정성을 가지고 공정하게 일을 처리하면 백성들의 믿음은 절로 따라온다는 것을 확신했고 이렇게 일갈한다. 중복되지만 다시 한 번 인용한다.

"법이 시행되지 않는 것은 위에서부터 법을 어기기 때문이다!"

얄팍한 술수처럼 보이는 입목득신의 이면에는 중요한 의미가 숨어 있다. 개혁에 성공하려면 개혁에 대한 백성들의 사상적 준비, 즉 조직 구성원이 믿음을 갖고 개혁을 받아들일 준비가 전제되어야 한다는 것이다. 이런 점에서 진정성과 신뢰의 함수 관계는 개혁의 성패에 결정적으로 작용하는 물리 화학적 결합이다. 요컨대 개혁에 따른 진정성과 신뢰의 함수 관계를 깊이 통찰해야 한다.

변화는 사람으로부터 시작한다

• 2계명 인재 존중의 리더십 •

"흥망은 사람으로 말미암고, 산천은 그저 지형일 뿐이다."

흥폐유인사興廢由人事 산천공지형山川空地形.

-유우석, 〈금릉회고〉

당나라 때 시인인 유우석의 이 말은 조직이나 나라의 흥망은 결국 사람이라는 요소로 결정되고, 산천의 험준함 같은 주어진 조건에 의지해서는 안 된다는 뜻이다. 이 대목은 오늘날 조직과 기업 발전에 아주 중요한 문제에 대한 해답을 이끌어 낸다. 기업이 성공하는 관건은 바로 사람이라는 명제다. 사람은 왜 중요할까? 현대의 과학적 이론과 경영 사례 등을 통해 살펴보고자 한다.

사람이 없으면 조직도 존재하지 못한다는 진리

모든 기업은 사람이라는 요소와 물질이라는 요소(공장, 설비, 상품, 자금 등을 포함)로 구성된다. 그리고 물질이라는 요소는 결국 사람이 창조하고 사용한다. 따라서 기업의 영혼은 사람이며, 기업 발전의 무궁한 동력도 사람이며, 기업이 부를 이루는 무궁한 원천 역시 사람이다. 지구상의 모든 아름다운 것은 태양에서 나오고, 모든 좋은 물건은 사람에게서 나온다는 말이 그것이다.

고대 상인과 그가 경영하는 기업은 특권을 가장 중요시했다. 국왕의 특허령이 없으면 경영의 자격조차 얻을 수 없었다. 근대에 들어와 이런 특권은 점점 소멸했고, 기업의 핵심적 요소는 자본으로 변했다. 자본은 무엇이든 가능하게 만드는 만능의 마법사였고, 돈을 가진 사람은 모든 것을 가질 수 있었다. 20세기 초 '과학적 관리학의 아버지'로 불리는 미국의 테일러가 정량적 분석법에 치우친 과학적 관리론을 제기한 이래 상당 기간 서양의 기업가들은 물질을 중심으로 삼는 경영 이론을 신봉했다.

최근 중국의 인재학 연구 경향을 보면 서양 관리론의 가치 지향과 경영 이념이 물질 중심에서 사람 중심으로 변화하기 시작한 것은 최근 몇 십 년 동안의 일인데, 이 변화에 중국의 유가 사상이 꽤 영향을 주었다는 흥미로운 주장이 있다. 유교적 가치를 지닌 기업에 관한 책인 《유상독본儒商讀本》에 따르면 유가에서 제창하는 '사람이 귀하다'는 '이인위귀以人爲貴'의 논리와 그로부터 나온 '사람을 근본으로 삼는다'는 '이인위본以人爲本'의 경영법을 서양의 기업 경영과 관리에서 적극 고려하는 것은 물론 채용하고 있다는 것이다.

최근 수십 년 사이 과학 기술의 발전과 사회 생산력의 증대로 기업의 경영 활동에서 사람이 차지하는 위치와 작용에 대한 서양의 인식은 더욱 심화되었다. 그들은 앞선 과학 기술도 중요하지만 그것이 결국은 사람에 의해 창조될 뿐만 아니라 모든 물질적 요소는 사람을 통해야만 개발되고 이용할 수 있다는 점을 확실하게 인식하기에 이르렀다.

기업 활력의 진정한 원천은 직원 전체의 적극성, 주동성, 창조성에 달려 있다. 따라서 그들은 중국 유가의 '사람이 귀하다'는 사상에 자극을 받아 기업 관리의 중점을 물질에 대한 관리에서 사람에 대한 관리로 방향을 옮겼고, 이로써 기업 관리에서 인간과 물질의 관계는 새롭게 정리되었다.

사람이 기업에서 가장 중요한 자원이라는 인식은 이미 세계가 공인하는 바다. 일본 파나소닉 홀딩스의 전신인 마쓰시타전기산업의 창립자이자 경영의 신으로 불리는 일본의 마쓰시타 코노스케는 "기업 경영의 기초는 사람"이라고 말했다. 그는 "기업 경영에서 제조, 기술, 영업, 자금 등은 여전히 중요하지만 사람이 이것들을 주재한다. 돈이 있고 상품이 있어도 이를 이용할 줄 아는 인재가 없으면 어떤 작용도 할 수 없다. 따라서 누가 뭐라 해도 인재가 가장 중요하다"라고 했다.

대만 경영의 신으로 불리는 왕융칭은 자신이 창립한 타이수그룹의 성공 비결을 언급하면서 "품질이 기업 진보의 원동력이다"라는 뛰어난 진단을 제기했다. 그러면서 사람, 일, 물건의 품질 중에서 "가장 중요한 것은 역시 사람의 품질이며, 사람의 품질이 모든 것의 근본이다"라고 말했다. 기업의 일과 물건의 품질은 모두 우수한 품질의 사람이 창조하는 것이기 때문이다. 중국 난더그룹의 총재 머우치중은 “인재가 자본이고, 인재가 자본에 앞선다”는 유명한 ‘인재 자본론’을 제기했다.

미국의 관리학자이자 현대 경영학의 아버지로 불리는 피터 드러커도 “사람이 최대의 자산이며, 기업이나 사업의 유일하고 진정한 자산은 사람이다”라고 했다. 미국의 유수 기업인 IBM의 CEO 존 로버츠 오펠은 “기업은 사람이 주관하고 기업의 성공 비결은 사람이다”라는 명언을 남겼다. 미국의 철강왕 카네기는 “내가 가진 공장, 설비, 시장, 자금을 전부 가져간다 해도 내게 조직과 사람만 남아 있다면 4년 후에도 나는 여전히 철강왕일 것이다”라고 확언했다.

사람 경쟁의 시대,
잘 뽑은 인재는 천금보다 더한 부를 가져온다

현대 시장 경제의 발전 추세로 볼 때 사람이 상대적으로 우위에 있다는 논리가 사람보다 자본이 먼저라는 종래의 경제 발전론을 압도하고 있다. 자본을 많이 축적한다고 우세를 점하는 시대가 아니다. 인재를 보유하고 기술을 장악해야 진정한 우세다. 고도의 과학 기술 산업은 두뇌 산업이 되었다. 두뇌 산업은 어디든 갈 수 있다. 누구든 효과적으로 인재의 두뇌를 조직하고 움직일 수 있으면 이 산업에 종사할 수 있는 세상이다. 해당 산업에 종사하는 과학자들은 이 사실을 더욱 절감하고 있다.

노벨 물리학상을 수상한 세계적인 중국계 미국인 과학자 양전닝은 스승인 테일러와 세계 각국의 과학 기술의 성공 요인에 대해 대화를 나눈 적이 있다. 그때 테일러는 개발 도상국에 가장 필요하고 중요한 것은 결코 자금이 아니라고 강조했다.

예를 들어 이란 같은 나라는 돈은 많지만 그것이 그들의 찬란한 앞날을 대변하지 않는다. 반면 일본과 독일은 제2차 세계 대전에서 패한 뒤 극도로 힘든 시기를 보냈지만 30년 넘게 노력한 결과 경제력은 벌써 저만치 앞서게 되었다. 교육과 인재를 중시하고 국민의 자질을 높이는 데 중점을 두었기 때문이다. 물론 현재 일본의 상황은 불과 몇 년 전과 크게 달라져 쇠퇴의 길을 걷고 있지만 전후 일본이 무시할 수 없는 경제 성장을 이루었다는 사실은 모두가 인정할 것이다.

물질적 자본으로 돈을 모아 백만장자가 되려면 약 100년이 걸린다. 철강왕 카네기가 그런 경우였다. 에너지로 돈을 모아 억만장자가 되는 데는 약 50년이 걸린다. 석유왕 록펠러가 그런 경우였다. 반면 인간의 두뇌를 자본으로 더 큰 부자가 되기까지 걸리는 시간은 수십 년이면 충분하다. 빌 게이츠 등이 대표적이다. 앞으로 그 시간은 더 줄어들 것이다. 컴퓨터에 들어가는 반도체를 만드는 원재료는 쇠를 가공하는 것보다 훨씬 쉽고, 과학 기술에 기초한 두뇌를 거쳐 가공되면 그 가치는 천금과 맞먹는다. 기업을 이끄는 리더의 최고 능력은 인재를 알아보고 그를 기용할 줄 아는 데서 나타나며, 일의 중점을 물질적 자본의 운용에서 인재라는 자본을 개발하는 쪽으로 옮길 줄 아는 행동에서 보인다.

옛 사람들도 일찍이 이 이치를 인식하고 있었다. 순자는 《순자》 〈왕패편〉에서 "인재의 재능을 충분히 발휘시키면 천시天時, 지리地利, 인화人和

를 얻어 재부가 샘물처럼 솟아나 강과 바다처럼 흘러넘치며 산과 구름처럼 가는 곳마다 눈앞에 나타날 것이다"라고 했다.

《사기》〈오자서열전〉에 따르면 지금으로부터 약 2,500년 전 춘추 시대의 전략가 오자서는 심지어 "사람이 많으면 하늘도 이긴다"라고 단언했다. 이렇듯 사람의 중요성을 제대로 인식한 선각자들이 강조하는 이치는 예나 지금이나 하나도 다르지 않다.

리더의 몸이 바르면 명령하지 않아도 따른다

• 3계명 **도덕의 리더십** •

"백성을 살게 하는 데 경계가 중요하지 않고, 나라의 튼튼함이 계곡의 깊이에 있지 않으며, 천하를 위협하는 것이 날카로운 무기 때문은 아니다. 바른 길을 얻으면 돕는 사람이 많아지고, 바른 길을 잃으면 돕는 사람이 적어진다."

역민불이봉강지계域民不以封疆之界, 고국불이산계지험固國不以山谿之險, 위천하불이병혁지리威天下不以兵革之利. 득도자다조得道者多助, 실도자과조失道者寡助.

-맹자, 《맹자》 〈공손추 하편〉

"유덕자필부동소인有德者必不同小人"이라는 말이 있다. '덕 있는 사람은 소인과 다를 수밖에 없다'는 뜻이다. 여기서 말하는 '덕 있는 사람'은 인재의 관점에서 보자면 능력과 현명함을 다 갖춘 존재고, '소인'은 능력도 없는 어리석은 존재다.

전국 시대 유가 사상가 맹자는 '덕으로 사람을 승복시켜라'는 뜻의 '이덕복인以德服人'을 제창하며 《맹자》에서 일찍이 천하를 다스리는 문제에 대해 앞 문장과 같이 적었다. 또 맹자와 순자는 "천시天時가 지리地利만 못하고, 지리는 인화人和만 못하다"라고 했다. 많은 사람의 희망이 향하는 곳, 인심이 가리키는 것을 갖추는 것이 천하를 얻는 근본적인 조건이다. 인심을 정복하는 방법이 바로 바른 길을 가는 '도道'와 사람 마음을 얻는 '덕德', 즉 도덕道德이다.

리더의 도덕이란
아랫사람의 마음을 정복하는 힘이다

도덕은 비단 정치 지도자뿐 아니라 기업 경영자나 조직을 이끄는 리더가 반드시 갖추어야 할 자질의 하나다. 오랫동안 동양 사회의 전통적 준칙으로 엄청난 영향을 미친 도덕을 조직과 리더십 관점에서 해석하면 어떤 의미를 가질까?

맹자가 말하는 도덕을 오늘날 리더십의 원리를 응용해 말하면 '비권력성 영향력'이라 할 수 있다. 리더는 아랫사람을 통제해 자신의 영향력에서 벗어나지 않게 만든다. 이런 영향력의 종류는 두 가지다. 하나는 '권력성 영향력'으로 사회 조직 또는 기업이 부여한 권력이다. 이 권력은 위에서 아래로 미친다. 다른 하나는 방금 말한 비권력성 영향력이다.

비권력성 영향력은 비조직적 영향이자 통제력인데, 권력이 아닌 사람의 인격에서 나오는 역량과 개인의 매력에서 나온다. 달리 표현하면 품성, 지조, 지식, 의지, 능력, 스타일, 성과 등으로 아랫사람에게 미치는 영향이다. 권력성 영향력은 강압적이고 강제적인 반면 비권력성 영향력은 리더의 마음에서 우러나는 자발적이고 자각적인 힘이다. 따라서 그 영향력은 더 오래 가고 더 안정적이며 가장 든든한 힘이다.

인심을 정복해 영향력을 발휘하고 싶은 리더에게는 비권력성 영향력이 반드시 필요하다. 전국 시대 법가 사상가 신도가 "요임금이 평민이었을 때는 세 사람(어머니, 양아버지, 배다른 동생)조차 어찌 할 수 없었고, 걸임금은 천자였지만 천하를 어지럽혔다"라고 한 것과 같다. 성인의 가장 큰 보물은 다름 아닌 자리다. 권위와 권세가 그만큼 중요하다는 뜻이다.

하지만 권력을 맹신하는 것은 위험하다. 길게 내다본다면 반드시 도덕으로 많은 사람의 도움을 얻어야 한다. 즉 자신을 원칙으로 삼아 아랫사람에게 모범이 되어, 자신의 높고 귀한 정신적 위신을 가지고 근본적으로 아랫사람의 마음을 정복해야 한다. 그렇다면 어떻게 도덕이라는 경지에 올라 비권력성 영향력을 얻을 수 있을까? 경로는 여럿이지만 특히 중요한 두 가지 길이 있다.

하나는 리더가 자신의 품격과 지조를 환하게 높이는 것이다. 속담에 "덕이 높으면 명성이 무거워진다"라고 했다. 고상한 성품을 가진 사람은 공공의 이익을 앞세우고 사사로움은 잊는다. 자신을 청렴하게 다스리고 법을 준수하며 끊임없이 노력한다. 그러면 아랫사람의 믿음과 사랑은 절로 따라온다.

다른 하나는 최고의 업적을 만들어 내는 것이다. 요컨대 현실에서 실질적인 성과로 영향력을 얻는 것이다. 동서고금의 뛰어난 리더들을 살펴보면 하나같이 비할 데 없는 남다른 업적으로 통제력과 영향력을 얻었다. 요컨대 리더가 자신의 수양을 강화하면서 남다른 업적을 만들어 내면 사람들은 절로 그의 말에 복종한다. 그림자가 몸을 따르듯이 가장 영향력 있는 리더가 되는 것이다.

그래서 옛 사람들이 "재능 있는 자가 모두 군자일 필요는 없지만 덕 있는 자는 반드시 소인과 달라야 한다"라고 했던 것이다. 도덕적 품성이 고상한 리더는 조직이 부여한 자신의 권력을 제대로 사용할 뿐만 아니라 더 주요하게는 자신의 언행으로 아랫사람을 감화해 무궁한 모범적 역량을 형성한다. 인격이 떨어지는 평범한 자는 영원히 따를 수 없는 경지가 바로 이것이다.

언행일치로 일류 기업을 만든 타오젠싱

기업 경영에서 기업가의 좋은 품성은 직원들을 스스로 복종하게 만드는 힘으로 작용한다. 신뢰감과 동질감이 절로 생겨 리더와 함께 가치와 목표를 추구하고자 한다. 이렇게 해서 기업을 위하는 길이 곧 자신을 위하는 길이라는 점을 자각해 기업을 위해 있는 힘을 다하는 것이다.

1985년 32세의 타오젠싱은 춘란그룹의 전신인 타이저우 냉각기 설비

공장의 공장장으로 부임했다. 당시 공장 전체의 고정 자산은 200만 위안에 직원은 1,000명이 채 되지 않았다. 기술과 설비는 낙후했고 자금도 부족해 직원들의 마음이 이리저리 흩어진 상태였다. 타오는 어디서부터 풀어야 할지 해결책을 찾기 위해 골몰했다.

석 달 뒤 그는 이듬해 기업의 자산 가치, 직원 복리 등 10대 목표를 발표하면서 이 목표가 실현되기 전까지는 자신이 성과금을 받지 않겠다고 선언했다. 새로운 공장장의 말과 행동은 직원들의 사기를 높였다. 타오는 정책의 결정자면서 솔선수범하는 실천가였다. 그는 공장에 부임한 후 매일 10시간 넘게 일하며 오랫동안 몇 사람분의 일을 해냈다.

외국으로 출장을 나가면 분초를 다투어 시간을 썼고 관광이나 유람은 꿈도 꾸지 않았다. 한번은 일본으로 시찰을 갔다가 한 기업이 30초에 에어컨을 한 대씩 생산하는 것을 보았다. 타오는 바로 본국의 공장에 전화해 노동과 관련한 조직, 재료 공급, 노동 시간 등을 개선하라는 의견을 전달했다.

1992년 봄, 회사는 시장의 수요에 적응하기 위해 4만 제곱미터 규모의 새로운 공장을 짓기로 결정하고 외부에 설계를 맡겼다. 그러나 반년이 지나도록 작업은 지지부진해 타오가 직접 나섰다. 낮에는 일상 업무를 처리하고 밤에는 사무실 문을 잠근 채 공장 확장과 관련한 일에 열중했다. 배가 고프면 국수로 때웠고 소파에서 자는 것이 보통이었다. 한번은 20일 동안 옷을 갈아입지 않았다고 한다. 설계가 완성되자 그는 시공 팀을 조직해 1년 만에 20초에 에어컨 한 대를 생산할 수 있는 현대화 공장을 건설하는 데 성공했다.

1994년 춘란그룹의 총생산 규모는 무려 70억 위안(한화 약 1조 3,600억 원)에 이르렀다. 그러나 그의 사무실은 여전히 10제곱미터의 공간에 불과했고 카펫도 없었다. 호화스러운 설비는 언감생심이었고 낡고 칠이 다 벗겨진 탁자 하나가 전부였다. 타오는 이렇게 앞장서서 행동하고 실천하는 정신으로 춘란을 일류 기업으로 탈바꿈시켰다.

공자는 리더 자신의 몸이 바르면 명령하지 않아도 따르고, 리더의 몸이 바르지 못하면 명령해도 따르지 않는다고 했다. 리더의 언행이 일치하고 믿음이 있으면 그 자체가 소리 없는 명령으로 작동한다. 직원들은 말없이 진심으로 그 명령에 따른다. 이것이 비권력성 영향력으로서의 도덕의 힘이다. 바야흐로 세계의 리더십은 권력성 영향력에서 비권력성 영향력으로 크게 이동했고, 지금도 거대한 대세로서 이동 중이다.

자신의 욕심을 따르는 것보다 더 큰 화는 없다

• 4계명 공사 구분의 리더십 •

"법도도 없이 자기 멋대로 사사로운 생각으로만 사람을 쓰면 크게 잃을 수밖에 없다!"

직의용인필대실直意用人必大失.

-한고조 유방

"모든 길을 로마로 통한다"라는 말이 있듯이 어느 시대를 막론하고 인재를 뽑을 때는 일정한 표준이 있기 마련이다. 청 왕조의 황제 강희제는 '고시를 위한 탄식'이라는 뜻의 〈위고시탄爲考試嘆〉이라는 시에서 "인재는 공평하고 정의롭게 취하면 되거늘 선왕이 남긴 좋은 전통을 어째서 자주 바꾼단 말인가"라고 적었다. 《관자》에는 "원칙이 없으면 근본이 위태로워진다"라고 했으며, 《한비자》는 "그림쇠와 자가 없었더라면 해중(바퀴를 발명하고 수레를 만든 인물)은 바퀴를 만들지 못했을 것이다"라고 전한다.

모두 인재를 선발하고 인재를 활용하는 데 원칙이 대단히 중요하다는 점을 강조한 말이다. 그런데 이런 잣대와 균형을 버리고 자기 멋대로 잣대를 구부리고 원칙을 포기한 채 리더가 나름의 기준을 만들어 사사로이 사람을 쓰는 현상은 고금을 막론하고 수시로 발생한다.

기준과 표준 그리고 원칙을 잃은 인재 선발과 기용을 살펴보면 네 가지 특징이 있다.

나에게 고분고분한 자는 피할 것

개인의 좋고 싫음으로 취하고 버리는 현상을 말한다. 비위를 맞추고 아부하는 자를 좋아하는 반면 자기 주관을 고집하고 면전에서 직언하는 사람을 미워한다. 이렇게 사람을 쓰는 리더 밑에서는 무엇이든지 리더가 옳다고 말하는 아첨배가 많이 꼬일 수밖에 없다.

"천하의 근심에 앞서 걱정하고, 천하의 기쁨은 나중에 기뻐한다"라는 명언을 남긴 송 왕조 때의 명재상 범중엄은 "충신은 꼬장꼬장하기에 멀리하기 쉽고, 아첨배는 유순하기에 가까이하기 쉽다"라고 경고했다. 가깝고 먼 관계가 뒤바뀌면 필패는 뻔하다. 기업을 이끄는 리더도 이 이치를 반드시 새겨야 한다.

가문이나 권세로 판단하지 않을 것

《순자》〈군자편〉에서는 "조상이 잘나면 자손들은 반드시 출세하므로 그 행실이 하 걸왕, 상 주왕처럼 포악해도 조정에서의 자리는 높아질 수밖에 없다. 이는 가문에 근거해 인재를 기용하기 때문이다"라고 하면서 바로 "가문에 근거해 인재를 기용하니 어지러워지지 않을 수 있겠는가"라고 반문했다. 이렇게 갈수록 가문을 중시하고 족보를 따지는 용인법이 사족들이 허영을 추구하는 중요한 경로가 되어 '고관대작에 미천한 출신 없고, 말단 관리에 권세 높은 집안 없다'는 '상품무한문上品無寒門, 하품무세족下品無勢族'의 추악한 현상이 만들어졌다.

오늘날에는 권세와 부로 사람을 취하는 모양으로 나타날 뿐 본질은 똑같다. 어떤 자는 기업의 인사권을 가지고 거래한다. 오로지 상대에게 권세나 배경이 있는지에만 초점을 두고, 조건을 충족한 사람의 자녀나 친인척을 자리에 배치해 상급자의 비위를 맞추어 자신의 승진을 위한 계단으로 이용한다. 이 때문에 사회 상류층에 '공부할 필요 없다. 그저 좋은 아버지만 있으면 된다'는 한심한 말이 나도는 것이다.

유능한 인재가 세상에 나가지 못하는 것은 길이 막혔기 때문이다. 별다른 능력이나 실력도 없이 자가 기업이나 조직에 들어가 권한이 있는 자리를 차지하면 진짜 실력 있는 인재는 배제당할 수밖에 없다. 기업 입장에서는 엄청난 손실이다.

유능한 인재를 시기하거나 질투하지 않을 것

유능하고 뛰어난 인재를 시기하고 질투하는 것은 사유제의 필연적이고 어그러진 산물이다. 삼국 시대인 3세기 초반에 활동한 위魏나라의 이강은 이런 사회 현상을 다음과 같이 심각하게 분석하고 지적했다.

"두드러진 성취를 이룬 인재는 세속으로부터 손가락질당하는데 세상 이치가 그렇다. 그래서 숲에서 가장 크게 자란 나무는 바람에 뽑히고, 물가까지 밀려온 흙은 급류에 휩쓸리며, 인품과 행실이 남다른 인재는 늘 많은 사람의 시기 질투와 비난에 시달린다."

유능한 인재에 대한 시기와 질투가 만연한 조직의 리더가 흔히 보이는 현상은 '좋은 인재는 다루기 어렵다'거나 '말을 듣지 않는다'는 구실을 붙여 인재를 탄압하고 공격하는 것이다. 심지어는 일부러 못난 자나 쓸모없는 자를 사사로이 기용하기도 한다. "무대랑이 개업하자 그보다 키 큰 사람은 절대 기용하지 않았다"라는 소설 《수호지》의 한 대목이 저절로 떠오른다.

이런 저열한 현상은 서양에서 말하는 '파킨스의 법칙'과 같다. 영국의 학자인 파킨스는 오랜 조사와 연구를 거쳐 《파킨스의 법칙》을 출간했다. 이 책은 어리석고 쓸모없는 관료가 자신의 능력 부족을 보충하기 위해 유능한 인재에게 자리를 양보하거나 자신의 일을 돕는 인재를 모시는 대신 자기보다 떨어지는 자들을 조수로 쓰면 필연적으로 조직이 병들고 조직원이라는 품종의 퇴화를 초래한다는 점을 밝힌다.

무리를 지어 배척하는 우를 범하지 말 것

못난 리더의 두드러진 특징은 사사로운 용인을 통해 공공의 이익을 해치는 것이다. 개인과 가까운 사람을 기용해 패거리를 짓는 데 몰두한다. 그들에게는 공심은 없고 사심만 가득할 뿐이다. 오로지 패거리만 따지고 '너와 나'만 있지 '옳고 그름'은 없다. 자기 패거리라면 원칙이고 뭐고 다 팽개치고 끌어들이는 반면 자기 패거리가 아니면 무조건 배척하고 공격한다.

이들은 사람을 보고 자리와 일을 만들고, 사람에 따라 일과 자리를 없앤다. 이런 자들은 오로지 자신과 집안의 부귀를 위해 패거리를 지어 사사로이 재물을 긁어모은다. 나라의 공적인 일은 안중에 없고 그마저도 자기 멋대로 처리한다. 은밀히 위세를 키우기 위해 권력자의 이름을 팔아 자신을 높인다. 충직한 사람은 자리에 머물기 어려울 뿐만 아니라 오려고도 하지 않는다. 바른 기운이 쇠퇴하고 사악한 기운이 조직과 나라를 덮어 패망으로 이끈다.

원칙을 버리고 사사로이 자기 뜻대로만 사람을 기용하는 현상은 이상 네 가지뿐만 아니라 얼마든지 더 있겠지만 크게 네 가지 현상으로 개괄해 보았다.

가장 똑똑한 사람이 되려 하지 말아라

• 5계명 **수권의 리더십** •

"장수가 능력이 있으면서 군주가 통제하지 않으면 승리한다."

장능이군불어자승將能而君不御者勝.

-손자, 《손자병법》 〈모공편〉

재능 있는 인재를 기용하는 용인을 실천하는 중에 부딪치는 또 다른 문제는 형식상 권한을 넘겼지만 넘긴 권한(권력)에 한시도 마음을 놓지 못하고 간여하고 직접 끼어드는 것이다. 심하면 측근을 시켜 감시하는 경우도 있다. 이러면 아랫사람들은 어찌 할 바를 몰라 좌고우면左顧右眄하면서 일을 추진하지 못하거나 결단을 내리지 못한다. 그 결과는 표면상 권한을 넘겼다고 하지만 실제로는 목적을 달성하지 못한 빈껍데기일 뿐이다. 기업 경영에서도 이런 상황이 심심찮게 벌어진다. 이에 위임, 특히 직권을 넘기는 문제를 역사 사례를 통해 생각해 보고 관련한 서양의 사례도 살펴보고자 한다.

편의종사를 실천한 고대의 제왕들

예로부터 지각 있는 사람들은 사람을 쓰려면 인재에게 직권을 넘길 뿐 아니라 자리에 따르는 권력도 함께 주어 인재를 적극 존중하라고 권한다. 그래야만 인재의 능력을 충분히 발휘할 수 있다고 본 것이다. 춘추시대의 전략가인 사마양저가 지었다고 알려진 병법서《사마병법》과 사마천이 저술한 역사서《사기》에는 다음과 같은 대목이 눈길을 끈다.

"장수가 전쟁터에 나가 있으면 임금의 명령이라도 듣지 않을 수 있다."

리더가 능력 있는 부하들에게 이렇게 저렇게 간섭하지 않으면 인재들이 직권을 가지고 일을 성공적으로 수행하거나 경쟁에서 승리할 수 있다는 것을 알려 준다.

관중은《관자》〈치미편〉에서 "능력 있는 사람을 모시는 자는 번창하지만, 능력 있는 사람을 부리는 자는 망한다"라고 했다. 능력 있는 사람은 존중해야지 부리고 통제해서는 안 된다는 뜻이다. 관중은 지난 원한을 잊고 자신을 재상으로 삼으려는 환공에게 위임을 강력히 권한 바 있다.

한나라 초기 유방은 각지에서 터져 나오는 반란을 진압하느라 동분서주했다. 내치는 승상 소하에게 맡겼다. 소하가 업무를 일일이 보고하려 하자 유방은 '알아서 일을 처리하라'는 뜻의 '편의종사便宜從事' 한마디로 소하에게 모든 권한을 부여했다. 소하는 유방을 대신해 내정을 안정적으로 이끌었고, 유방은 소하를 믿고 마음 놓고 반란을 진압해 정권 초기의 불안을 확실히 잠재웠다.

한나라의 전성기를 이끌었던 무제 유철도 이 이치를 잘 알았던 리더다. 승상 전분이 '관부라는 자가 영천 지방에서 백성을 괴롭히는 등 만행이 심하니 벼슬을 박탈해야 한다'는 내용의 보고를 올렸다. 무제는 "그 일은 승상의 일이거늘 무슨 보고란 말인가?"라며 아주 간단한 답을 내놓았다. 이 사건에 대해 동한 말기의 사상가 중장통은 무제가 전분을 신임해 전분이 알아서 일을 처리하게 맡겼고 승상의 직권에 대한 통제와 문책이 적었다고 평가했다.

큰일을 해낸 고대의 리더들은 부하들이 중요한 임무를 완성하는 것을 돕기 위해 종종 특권까지 부여했다. 삼국 시대 오나라의 리더 손권의 예를 보자. 손권은 육손을 도독으로 임명해 6군 81로를 통솔하는 중책을 맡겨 촉나라에 맞섰다. 당시 장소 등 일부 중신은 육손이 너무 젊고 경력이 짧다며 극구 반대했다. 그러자 손권은 문무백관이 보는 앞에서 육손에게 보검을 내리며 "만약 명령에 따르지 않는 자가 있으면 먼저 목을 벤 다음 보고하라"고 말했다. 손권이 하사한 보검은 특권의 상징이었다. 젊은 장수 육손은 손권의 기대에 응해 유비의 10만 대군을 화공으로 대파하는 전과를 올렸다.

북송의 명신 범중엄의 아들 범순인은 모든 일을 독단적으로 처리하는 사마광에게 "마음을 비우고 여러 사람의 논의에 귀를 기울여야지 모든 일을 굳이 자신이 꾀할 필요는 없습니다"라고 충고했다고 전한다.

수권의 의미를 깨닫고 실천한 기업가들

서양에서도 이 같은 사상은 마찬가지였다. 서양 경영학계에서 '조직을 현대화하는 데 천재'라고 알려진 제너럴모터스의 CEO였던 알프레드 슬론은 현대 경영학의 창시자로 불리는 피터 드러커와의 만남을 회고하면서 의미심장한 이야기를 들려주었다.

1944년 드러커는 제너럴모터스의 초빙을 받아 관리 정책의 고문을 맡았다. 슬론은 드러커가 첫 출근한 날 이렇게 말했다고 한다.

"나는 당신이 무엇을 연구해야 하는지, 무엇을 (보고서로) 써내야 하는지 모른다. 또 어떤 결과를 얻어야 하는지도 모른다. 모두 당신의 일이다. 당신에게 바라는 유일한 요구 사항은 당신이 옳다고 생각하는 것을 써 주었으면 하는 것이다. 우리의 반응은 고려할 필요가 없다. 또 우리의 반대를 두려워할 필요도 없다. 특히 중요한 점은 당신의 건의를 우리가 쉽게 받아들이도록 조정하고 절충할 필요가 없다는 사실이다. 우리 직원은 모두 조정하고 절충할 줄 안다. 당신까지 수고할 필요는 없다. 우선은 우리에게 무엇이 옳은 것이고 정확한 것인지를 알려 주면 정확한 조정과 절충은 우리가 할 수 있을 것이다."

미국의 화장품 기업 메리케이는 직원들이 독립적으로 자신의 능력을 발휘하도록 격려하는 독특한 관리 방식으로 유명하다. 이 회사에서 일하는 사람은 누구나 자주권을 누렸다. 초빙된 미용사는 자유롭게 어느 지역에서든 일할 수 있고, 자기 뜻대로 사람을 모집하고 훈련을 책임질 수 있다. 이 회사를 위해 일하는 20만 명의 미용사는 한 사람 한 사람이 모두 스스로 발전할 수 있는 기회를 가진다. 각지에서 독립 기업처럼 경영하는 직원들은 고객과 직접 거래할 수 있고, 자기만의 목표를 설정해 판매, 직원 모집, 분배 등도 아주 큰 자주권을 가지고 처리할 수 있다. 메리케이의 용인술은 직원이 적극성과 창조성을 최대한 발휘하게 만들어 메리케이를 국제적인 기업으로 발전시켰다.

어느 시대를 막론하고 뛰어난 리더는 권한을 아랫사람에게 넘기는, 즉 수권授權을 실천한 남다른 사람이었다. 형식상의 수권이 아닌 실질적인 수권을 실천한 사람이었다. 리더는 손을 놓고 느긋하게 인재가 충분히 자신의 능력을 발휘할 수 있게 권한과 책임을 주어야 한다. 이때 가장 중요한 요소는 뭐니 뭐니 해도 부하와 그 능력에 대한 믿음이다. 강력하게 위임을 권유하는 관중에게 환공이 "그렇다면 나는 뭘 하느냐"고 묻자 관중이 "그냥 계십시오"라고 잘라 말했다는 사실을 기억하자.

나무만 보는 함정에 빠지지 말아라

• 6계명 **진화의 리더십** •

"나는 머리로 싸우지 힘으로 싸우지 않는다."

오녕투지吾寧鬪智 불능투력不能鬪力.

-사마천, 《사기》 〈항우본기〉

기업 경영의 전문가들이 제시하는 현대 리더와 리더십 이론은 역으로 과거 역사 속 리더들이 보여 준 리더십을 알기 쉽게 정리하는 데 큰 도움이 된다. 〈하버드비즈니스리뷰〉에 실린 마크 E. 밴 뷰런과 토드 새퍼스톤의 '신임 리더를 파멸로 이끄는 다섯 가지 덫'이라는 리뷰를 보면 지금으로부터 약 2,200년 전 천하 패권을 놓고 다툰 항우와 유방의 리더십이 떠오른다. 이 리뷰가 제시하는 함정들을 정리하면 다음과 같다.

첫째, 세부적인 내용에 지나치게 집착한다.

둘째, 비판에 부정적으로 반응하는 행동을 보인다.

셋째, 상대에게 위협감을 주는 행동을 보인다.

넷째, 성급하게 결론에 도달하는 행동을 보인다.

다섯째, 직속 부하 직원들의 업무에 지나치게 간섭한다.

초한쟁패의 결과는 절대적 열세를 뒤집은 유방의 역전승이었다. 항우는 압도적인 우세에도 불구하고 여러 이유로 다 잡은 패권을 놓쳤다. 많은 전문가가 결정적인 원인으로 항우의 리더십을 지적한다. 이번에는 현대의 경영 이론으로 역사적 사례를 되짚어 보자. 즉 위에서 제시한 리더를 파멸로 이끄는 다섯 가지 함정을 우선 실패한 영웅 항우가 보여 준 사실에 대입하고, 이어 그의 라이벌이었던 유방의 리더십과는 어떤 차이가 있는지 분석하려 한다. 어쩌면 이를 통해 지금 우리 사회가 직면한 위기의 리더십을 극복할 하나의 방안을 도출할 수 있을 것이다.

나무에 집착한 항우의 몰락

항우에 관한 기본 사료는 《사기》의 〈항우본기〉가 거의 전부다. 사마천은 실패한 영웅 항우에 강한 애정을 가져 제왕들의 기록인 〈본기〉에 편입해 항우를 존중했다. 이 기록을 종합적으로 분석해 보면 항우의 리더십은 위의 다섯 가지 함정에 대부분 해당한다는 사실을 발견할 수 있다.

그런데 역사상 리더들의 실제 행동은 다섯 가지로 엄격하게 구분되지 않고 몇 가지가 뒤섞여 복합적으로 표출된다. 오늘날 경영이나 관리에서도 비슷하다는 지적이다. 대체로 앞서 언급한 첫째, 둘째, 셋째 항목이 섞여 나타나거나 넷째와 다섯째 항목이 복합적으로 나타나는 경우가 많다. 이제 항우의 리더십을 다섯 가지 덫에 근거해 분석해 보겠다.

첫째, 세부적인 내용에 지나치게 집착하는 항우의 문제점을 지적한 사람은 항우 밑에 있다가 유방에게 귀화한 명장 한신이다. 항우에 대한 한신의 노골적인 평가가 남아 있는데, 현대어로 바꾸면 이렇다.

“항우는 계집애 같다. 병사들이 다치면 도시락까지 싸들고 와서 눈물을 찔찔 짜며 위로하지만, 정작 자리를 내릴 때면 작은 자리라도 주기 아까워해 도장을 만지작거리는 바람에 도장의 모서리가 다 닳을 정도다.”

둘째, 비판에 부정적으로 반응한 항우의 행동은 여러 기록으로 남아 있다. 가장 대표적인 일화가 관중을 도읍으로 정하자는 정확한 견해를 무시하면서 굳이 고향 쪽으로 돌아가겠다고 하자 건의했던 사람이 항우를 두고 옷을 입고 모자를 쓴 원숭이라고 비판했다. 항우는 그자를 가마솥에 넣어 삶아 죽였다.

셋째, 상대에게 위협감을 주었던 항우의 행동은 리더로서 가장 치명적인 대목이다. 전투에서 승리할 때마다 대량 학살을 일삼아 백성들을 공포로 몰아넣었다. 패배한 적군은 물론 노약자들까지 서슴지 않고 죽였다. 오죽했으면 항우가 옹립한 회왕마저도 항우가 지나는 곳은 모조리 전멸을 당하고 무참히 파괴된다고 했을까?

넷째, 항우가 성급하게 결론을 내리는 행적도 어렵지 않게 발견할 수 있다. 위 도읍지 선정 사건도 그렇거니와 유방과의 싸움이 끝날 기미가 보이지 않고 교착 상태에 빠지자 항우는 유방에게 일대일 회담을 요청해 두 사람만 나서 승부를 겨루자는 성급하고 비현실적인 제안을 했다. 유방은 싸움이란 머리로 하는 것이지 힘으로 하는 것이 아니라며 항우의 약점을 찔렀고, 화가 난 항우는 또 한 번 성급하게 유방에게 활을 쏘는 우를 범했다. 항우는 심리전에서 유방에게 철저히 패배했다.

다섯째, 직속 부하의 업무에 지나치게 간섭하는 리더의 행위는 부하에 대한 신뢰가 부족하다는 것을 보여 주는 일이다. 항우 역시 최고 참모였던 범증을 신뢰하지 못하다 결국 유방의 이간책에 걸려 그를 내쳤다. 그리고 원래 자기 밑에 있던 많은 인재, 예컨대 진평이나 한신 같은 인재들을 적인 유방에게 가게 만들어 결정적인 패인을 자초했다.

지금으로부터 2,200여 년 전 비운의 영웅 항우에게서 참 공교롭게도 현대 경영이나 관리에서 지적되는 리더를 파멸로 이끄는 함정들을 발견할 수 있다. 역사의 아이러니일까 아니면 역사의 데자뷔일까?

숲을 조성한 유방의 성공

유방의 리더십은 항우와 거의 정반대였다. 유방은 마치 항우의 행동을 기다렸다가 그와 거꾸로 행동하겠다고 작정한 것 같았다. 이미 결론이 난 역사적 사실이라는 한계가 있지만, 《사기》가 가진 사료로써의 신뢰도와 인간 행위에 대한 깊은 성찰을 고려할 때 항우와 유방의 사례에서 많은 것을 생각할 수 있다.

첫째, 유방은 우선 가는 곳마다 쉬운 말로 고통받고 있는 백성들의 마음을 어루만지고 여론을 다독거렸다. 즉 세부 내용에 집착하기보다 진秦나라의 악법을 폐지하고 가장 기본적인 법 세 항목만 남기겠다는 〈약법삼장〉의 공약이 가장 대표적인 예다. 살육을 능사로 알았던 항우와는 전혀 다른 리더십을 보여 준 것이다.

둘째, 유방은 참모들의 충고를 허심탄회하게 받아들였다. 즉 비판에 부정적으로 반응하지도, 신하들에게 위협감을 주는 행동도 하지 않았다. 자신의 무례를 호통친 유생 역이기를 의관을 정제하고 정중하게 다시 맞아들인 장면은 유방의 열린 리더십을 극명하게 보여 준다. 또한 자신이 천하를 차지한 것은 자기가 잘나서도 아니고 항우가 못나서도 아니라 한신, 장량, 소하 같은 인재를 얻었기 때문이라는 겸손은 지금까지 수천 년 동안 행해진 리더의 자기 분석 중에서도 가장 탁월한 지적으로 꼽힌다.

셋째, 유방이 성급하게 일을 처리하지 않았다는 사실은 앞서 항우가 제시한 일대일 회담 사례에서 충분히 알 수 있으며, 인재의 중요성을 알았던 만큼 유방은 부하의 업무에 간섭하기보다 가능한 한 많은 권한을 위임했다.

집착과 인정이 가른
두 영웅의 운명

사마천은 거의 같은 상황을 놓고 항우와 유방이 보인 반응을 짤막하게 소개한다. 가장 흥미로운 대목은 바로 진시황의 행차와 관련한 일화다.

당시 진시황의 지방 순시 행차는 하나의 대형 이벤트나 다름없었다. 화려한 마차와 엄청난 수행원, 위풍당당한 의장대는 그 자체로 볼거리였다. 시점과 장소는 달랐지만 항우와 유방 모두 이 행차를 보았다. 항우는 당시 "저놈의 자리를 내가 차지하고 말 테다" 하는 반응을 보였고, 유방은 "야, 사내대장부라면 저 정도는 되어야지"라는 반응을 보였다.

같은 행차를 두고 두 영웅이 보인 이 짧은 한마디가 두 사람의 운명을 암시한다. 항우의 반응은 현상 집착이었고, 유방의 반응은 현상 인정이었다. 그 후 두 영웅이 보여 준 리더십의 행태를 놓고 보면 이런 추정에 충분히 수긍이 갈 것이다.

흔히들 현상을 인정하는 것과 현상에 집착하는 것의 차이를 구별하지 못한다. 리더 당사자는 더 그렇다. 현상을 인정할 줄 아는 리더는 문제를 유발한 원인과 그 책임에 대한 반성을 하지만, 현상에 집착하는 리더는 문제를 회피하거나 남에게 책임을 전가한다. 현상에 집착하면 끊임없이 '내가 왜 그랬지?'가 아닌 '저들이 왜 저러지?'라는 질문만 던지게 된다. 비판에 부정적으로 반응하면서 결국은 상대를 위협하기에 이른다.

항우는 사면초가의 막다른 골목에 몰린 상황에서도 "하늘이 나를 망하게 하려는 것이지 내가 싸움을 잘못한 죄가 아님을 알게 하고 싶다"라며 패배의 책임을 애꿎은 하늘에 돌렸고, 강동으로 돌아가 재기할 것을 권하는 오강을 지키는 정장의 권유에 "하늘이 나를 망하게 하려는데 내가 강을 건너서 무엇하겠는가?"라고 대답했다. 항우는 죽는 순간까지도 진시황의 행차, 그 장면에서 벗어나지 못했다. 집착은 성공을 방해하는 독약 같은 치명적 함정이다.

위기를 직면했든 전성기를 맞이했든 리더는 현상을 있는 그대로 인정할 줄 알아야 한다. 현상에 대한 집착을 마치 일 처리에 죽을힘을 다하는 것과 혼동하는 리더가 많다. 잘못된 방법은 골백번을 시도해도 잘못된 답을 끌어낼 뿐이다. 현상을 직시하는 것 못지않게 현상을 인정하는 것이 중요하다.

좋은 일은 뒤에서, 나쁜 일은 앞에서 마주하라

• 7계명 남과의 리더십 •

"사랑이란 잘못을 더하지 않는 것이고, 존중이란 죄를 미루지 않는 것이다."

애막가지과愛莫加之過, 존막위지죄尊莫委之罪.

-장자산

춘추 시대 중원의 약소국 정나라를 작지만 단단한 나라로 만드는 데 혼신의 힘을 쏟은 정치가 장자산의 말이다. 누군가를 아끼고 사랑한다면 자기가 나서 책임을 지고, 자신의 잘못을 절대 아랫사람에게 미루지 말라는 뜻이다. 즉 인재를 아끼고 존중한다면 잘못을 덧씌우지 말고 죄를 떠넘기지 말라는 의미이다.

잘되면 네 덕,
안되면 내 탓이라는 미덕

백성과 함께 황하의 범람을 막는 치수 사업에 성공해 하나라의 개국 군주가 된 우임금은 시찰을 나갔다가 오랏줄에 묶여 끌려가는 백성을 보고는 다음과 같이 말하며 스스로를 나무랐다.

"백성들이 죄를 지은 것은 나 한 사람 때문이다."

이에 반해 우리 사회의 리더라고 하는 사람은 종종 잘못을 대부분 아랫사람에게 미루고 자신은 발뺌한다. 당당히 나서 잘못을 인정하고 대가를 지는 리더는 정말 보기 드물다.

동양의 전통에서는 오래전부터 리더가 자신의 잘못은 물론 아랫사람의 잘못까지 인정하고 끌어안는 '남과攬過'의 리더십을 강조했다. 남과는 '잘못을 끌어안는다'는 뜻이다. 자기의 잘못 또는 자신 때문에 비롯된 잘못을 부하나 동료에게 떠넘기지 않고 직접 나서서 책임을 지는 남과는 오래 전부터 유능한 인재들의 적극성을 이끌어 내고, 교육하고, 격려하고, 자극하는 주요한 방법이었다. 남과의 핵심은 주동적으로 책임을 지는 방법을 통해 실천으로 나아간다는 데 있다.

유능한 리더는 보통 자신을 정확하게 파악한다. 자신도 실수와 잘못을 한다는 점을 인정하고 잘못을 남에게 미루면 인심을 잃는다는 사실을 잘 안다. 안아야 할 책임이라면 기꺼이 짊어져 인심을 자기 쪽으로 끌어들인다. 자기 잘못을 스스로 끌어안는 행동은 인재에 대한 최대의 애정이자 존경의 표현이기도 하다. 선인들은 오랜 경험에서 남과야말로 진정한 인재를 끌어들이는 가장 유용하고 유력한 방법이라는 사실을 확인했다.

남과의 리더십이 경영에 미치는 네 가지 효과

우리 현실에 남과의 리더십이 던지는 메시지는 매우 의미심장하다. 남과를 실천하는 리더를 그만큼 찾아보기 힘들기 때문이다. 남과할 줄 아는 리더에 대한 갈망이 크다는 반증이기도 하다. 남과가 지금 우리에게 던지는 시사점을 네 가지로 요약해 보자.

남과는 인심을 얻는 가장 강력한 힘이다

인재를 기용함에 있어서 그 마음을 얻는 것보다 더 큰 것은 없다. 송나라 때 시인이자 학자였던 소동파는 '당나라의 정치가인 육지의 상주문(임금에게 아뢰는 글)을 교정해 임금께 올리는 차자'라는 뜻을 담은 시 〈걸교정육지주의상진찰자乞校正陸贄奏議上進札子〉를 통해 황제에게 '황제가 잘못을 끌어안음으로써' 인심과 인재의 마음을 사서 국세를 다시 떨치라고 직격탄을 날렸다. 이때 소동파가 한 말이 바로 "죄기이수인심罪己以收人心"이라는 유명한 명언이다. 소동파는 천하를 제대로 다스리지 못하는 원인을 리더의 남과 여부에서 찾은 것이다. 그것이 되지 않으면 송 왕조에 희망이 없다는 뜻이었다.

남과하면 조직이 흥한다

앞서 언급했듯 시찰을 나갔다가 오랏줄에 묶여 끌려가는 백성을 본 우임금은 "백성의 죄는 나 한 사람 때문이다"이라고 말하며 눈물을 흘렸다. 《춘추좌씨전》〈장공〉 11년조에서는 이를 두고 "우·탕 임금은 자신에게로 죄를 돌렸기에 흥할 수 있었다"라고 논평했다. 반면 걸·주는 자신의 잘못을 인정하지 않은 것은 물론 남 탓을 해서 망했다고 보았다. 남과 여부를 나라의 흥망과 연결한 것이다. 리더의 남과 여부가 어디까지 영향을 미칠 수 있는지를 심사숙고할 수밖에 없는 대목이다.

남과는 큰 덕이다

역대로 남과를 숭상하는 다른 이유는 남과의 실천을 사람의 큰 덕으로 보았기 때문이다. 《춘추좌씨전》 〈선공〉 2년조의 일화를 보자.

춘추 시대 진晉나라 영공은 백성의 삶을 돌보지 않고 과중한 세금을 부과하며 사치스러운 생활에 빠졌다. 높은 누각을 지어 올라가서는 지나는 사람들을 향해 탄환을 쏘고 숨거나 사람들이 다치는 모습을 보며 즐겼다. 심지어 곰 발바닥을 제대로 익히지 않았다는 이유로 주방장을 죽여 시신을 키에다 던져 놓고는 여자들이 머리에 이고 궁궐을 나가게 했다.

대부 조돈이 바로 충고했고 영공을 이를 받아들여 고치겠노라 약속했다. 그러자 조돈은 "사람이 누군들 잘못이 없을 수 있겠습니까? 잘못을 했더라도 고칠 수 있다면 그보다 더 좋은 일은 없습니다"라고 했다. 조돈은 잘못을 고치는 개과改過를 큰 덕행으로 본 것이다.

공자의 제자 자공은 개과를 모든 사람이 우러러보는 지극한 덕으로까지 보면서 "군자의 잘못이란 일식이나 월식과 같다. 잘못하면 모든 사람이 보고, 고치면 모든 사람이 우러러본다"라고 말했다. 모두 개과와 남과를 큰 덕으로 본 것이다.

잘못을 미루면 실패한다

남과의 반대말은 '위과委過'다. '잘못을 남에게 미룬다'는 뜻이다. 앞서 우·탕과 걸·주를 대비해 남과와 위과의 결과가 궁극적으로 나라의 흥망과 이어진다고 지적했듯이 위과는 결국 남과의 필요성을 반면교사로 보여 준다고 하겠다. 자신의 잘못이나 자기 때문에 빚어진 실책을 동료나 아랫사람에게 떠넘기는 위과는 인재를 떠나게 만들고 백성의 마음을 떠나게 만들어 결국에는 조직과 나라의 패망을 초래한다.

남과한 리더가 얻을 수 있는 여섯 가지 능력

같은 맥락에서 남과가 선사하는 시사점과 계시를 조금 더 알아보자. 삼국 시대의 젊은 명장 마속이 제갈량의 명령을 듣지 않아 요충지인 가정 지역을 잃자 제갈량은 눈물을 흘리며 마속의 목을 베어 군령의 지엄함을 보여 주었다. 바로 '읍참마속泣斬馬謖'의 고사다. 이 이야기에서 주목해야 할 점은 아끼던 장수 마속의 목을 벤 제갈량의 단호한 결단뿐만 아니라 제갈량이 자기 잘못을 두말없이 인정하며 두 계급이나 자신의 직급을 강등한 사실이다. 바로 제갈량의 남과에 주목해야 한다.

남과에는 여러 방법이 있다. 공개적으로 책임지는 것을 비롯해 자신의 자리를 강등하는 형식, 여러 사람 앞에서 잘못을 인정하는 방법, 부하를 책망하지 않거나 예를 갖추어 사과하는 행동 등이다. 리더가 남과에서 어떤 계시를 얻을 수 있는 정리해 본다.

유능한 리더의 기본인 자기희생 정신

"불이 몸에 붙으면 자연스레 털어 내기 마련이다"라는 속담이 있다. 소인배에게 책임을 떠넘길 구실을 준다는 뜻이다. 하지만 현명한 리더나 뜻이 깊은 인재들은 그렇게 행동하지 않는다. 자기희생 정신으로 기꺼이 실수나 실책을 떠안아 상하좌우의 적극성을 지켜 낸다. 자기 하나만 잘되면 그만이라는 극단적 이기심이 횡행하는 우리 현실에서 남과를 실천한다면 더욱 의미 깊고 빛날 것이다.

책임감을 높이는 남을 사랑하는 마음

한나라 초기의 명장 이광은 부하 장병들을 제 몸처럼 아꼈다. 부하 장병들이 마시거나 먹기 전에는 먼저 마시거나 먹지 않았고, 부하들과 같은 군장으로 행군하며 같은 조건에서 함께 잤다. 이광이 작전에서 작은 실수를 하자 정치군인들은 이를 트집 잡아 이광의 부하들을 다그쳤다. 이광은 모든 일을 자신이 책임지겠다며 스스로 목을 그어 자결했다. 부하 장병들을 사랑하는 마음 없이는 불가능한 행동이었다.

용감하게 자책할 줄 아는 품격

독재자로 악명이 높은 진시황도 천하 통일의 과정에서 장수를 잘못 기용한 실수를 거리낌 없이 인정했다. 심지어 진시황은 자신에게 냉대당한 장수 왕전의 집까지 찾아가 사죄하고 그의 요구 조건을 있는 대로 다 들어주는 남과를 실천한 바 있다.

사람을 끌어 사력을 다하게 만드는 인품

남과는 쉽지 않은 실천 덕목이며 리더에게는 더욱 힘든 항목이 아닐 수 없다. 그래서 그 자체로 고귀한 인품을 요구하는 것이다.

삼국 시대 위魏나라가 오나라 정벌에 실패하자 조정에서는 패장들에 대한 문책론이 대두되었다. 그러자 경왕이 직접 나서 "내가 제갈탄의 말을 듣지 않아 이렇게 된 것이오. 내 잘못이거늘 장수들에게 무슨 죄가 있겠소"라며 잘못을 모두 자신에게로 돌렸다. 그 뒤 또 한 번 패배했을 때도 경왕은 잘못을 자신의 탓으로 돌렸다. 조정 안팎에서 경왕의 인품을 칭찬했고 백성들의 인심은 사마씨에게로 기울었다.

실수와 잘못을 허심탄회하게 인정하고 책임지면 사람들은 실수와 잘못은 잊고 남과에 따른 그 인품을 더욱 우러러본다. 남과가 사람을 끈다는 것은 바로 이런 뜻이다.

상하좌우를 결속하는 지도력

춘추 시대 진秦나라 목공은 주위의 만류에도 불구하고 무리하게 벌인 효산 전투에서 진晉나라에 대패해 많은 병사와 장수를 잃었다. 목공은 패전의 책임을 자신에게로 돌렸다. 장수들은 감격해 더욱 힘을 합쳤고 얼마 지나지 않아 패배를 설욕했다. 목공은 상복을 입고 지난 전투에서 전사한 장병들을 애도하면서 다시 한 번 자신을 반성했다.

시련은 사람을 좌절시키기도, 더욱 성장하도록 분발시키기도 한다. 조직의 리더가 남과할 줄 알면 작은 시련이든 큰 시련이든 모두 힘을 합쳐 극복하는 중요한 계기가 만들어진다. 이와 함께 리더의 위신은 더욱 커지고 큰일이 성사될 확률도 그만큼 높아진다.

시종일관을 위한 성찰과 반성

남과는 좋은 덕목이자 훌륭한 자질이지만 이를 시종일관 실천하기란 쉽지 않다. 천하의 성군으로 평가받는 당 태종조차 남과를 끝까지 지키지 못했다. 남과는 오늘날의 '자아 비평' 내지 '자기반성'이다. 이를 잘 활용하면 유능한 인재를 얻고 자신의 자질을 향상시키는 무기가 된다. 마치 얼굴에 무엇이 묻으면 얼굴을 씻고, 땅에 쓰레기가 흩어져 있으면 청소를 하는 것과 같은 이치다.

비 온 뒤에 땅이 굳는다

• 8계명 **석원의 리더십** •

"나라의 급한 일이 먼저이고 사사로운 원한은 나중이다."

선국가지급이후사구야先國家之急而後私仇也.

-사마천, 《사기》 〈염파인상여열전〉

공사 구분과 관련해 소개한 문경지교의 이야기를 조금 더 해 보려 한다. 전국 시대 조나라는 강국 진秦나라에게 끊임없이 시달렸다. 그나마 염파라는 백전노장과 강대국 진나라와의 외교에서 거듭 큰 공을 세운 인상여라는 두 명의 든든한 기둥이 건재했기에 긴장된 국면을 그런대로 유지하고 있었다. 두 사람은 목숨을 내놓아도 아깝지 않을 문경지교의 우정을 나누는 사이였는데, 이런 관계가 되기까지는 우여곡절이 있었다.

반복되기는 하지만 한 번 더 내용을 살펴보고 이들의 고사가 주는 진정한 의미와 효과를 석원이라는 개념을 통해 음미해 보자.

적마저 내 편으로 만드는 석원의 힘

염파는 인상여가 언변 하나로 잇따라 승진해 자신과 동등한 반열에 오르자 화가 났다. 자신은 죽을 고비를 수없이 넘기며 지금의 자리에 올랐는데 인상여는 너무 쉽게 초고속으로 승진했기 때문이다. 단순하고 우직한 무장인 염파는 이를 받아들이기 힘들었고, 인상여를 만나면 반드시 모욕을 주겠노라 주변에 큰소리를 쳤다. 인상여는 이런 염파를 피해 다녔다. 출근길에 염파의 마차가 보이면 자신의 마차를 돌려 다른 길로 갔고, 조정에서도 가능한 염파와 마주치지 않으려고 애를 썼다. 그럴수록 염파는 더 기고만장했다.

인상여가 염파에게 절절매자 인상여의 식구들과 하인들은 기가 죽었다. 식객들은 인상여를 떠나겠다고 했다. 인상여는 식솔을 모아 놓고 "지금 조나라가 풍전등화의 위기에 놓여 있는데 염파와 인상여가 싸우면 나라 꼴이 뭐가 되겠는가? 내가 염파가 무서워서 피하는 것이 아니다. 나는 진나라 소왕 앞에서 죽음조차 불사하며 당당하게 맞서 조나라의 위신을 지킨 사람이다. 이런 상황에서 염파와 내가 싸우면 조나라는 끝장이다"라고 자신의 행동을 해명했다.

이 이야기를 전해 들은 염파는 부끄러워 몸 둘 바를 몰랐다. 강직한 염파는 자신의 잘못을 솔직히 인정하고, 웃통을 벗은 채 가시나무를 짊어지고는 인상여를 찾아 깍듯이 사과했다. 여기서 '가시나무를 등에 지고 때려 달라고 죄를 청한다'는 뜻의 '부형청죄負荊請罪'라는 고사성어가 나왔다. 두 사람은 서로의 감정을 풀고 문경지교의 사이가 되어 조나라를 굳건하게 지탱했다.

염파와 인상여처럼 묵은 감정과 원망을 푸는 것을 석원이라 한다. 석원은 묵은 감정이나 원망, 크게는 원한을 푼다는 뜻이다. 나아가 재능 이 있다면 원수나 원수 집안의 사람도 기용해 인재를 감화하고 나를 위해 힘을 다하게 만드는, 다시 말해 뛰어난 인재를 구하고 기용하는 방법의 하나로 인식되었다.

석원으로 인재를 구하는 두 가지 방법

석원으로 유능하고 훌륭한 인재를 선발하는 구체적인 방법은 크게 두 가지다.

인재 추천의 석원

유능한 사람을 추천하는 것을 '천현薦賢'이라 한다. 인재를 구하는 가장 오래되고 유용하고 중요한 방법이었다. 그래서 예로부터 인재를 추천한 사람에게는 큰 상을 내려 추천을 격려했다. 묵은 감정이나 원한을 푸는 석원을 통해 인재를 추천하는 사례들은 인재 기용에 새로운 길을 열어 유능한 인재 기용의 중요한 수단으로 자리 잡게 했다.

석원은 감정 해소의 중요한 방법일 뿐만 아니라 재능 있는 인재에게 길을 열어 주는 효과적 방법이다. 또 덕으로 사람을 감화할 수 있기 때문에 상하좌우의 관계를 융합해 안정단결의 국면을 창조하고 유능한 인재들이 더욱 분발하는 동력으로 작용할 수 있다.

직접 기용의 석원

사적인 감정이나 원한에도 불구하고 유능한 인재라면 사심 없이 직접 기용하는 방법이다. 이 행동이 주는 감화력은 매우 크고, 주변에까지 영향을 미쳐 조직원의 관계를 좋은 쪽으로 강화한다.

완벽한 리더는 없지만 완벽에 가까운 리더는 될 수 있다. 리더는 자신과 사회에 의해 창조되는 존재다. 스스로와 주변의 노력과 관심이 따른다면 더욱 바람직한 리더가 될 것이다. 묵은 감정 풀기, 개인감정 해소라는 의미를 가진 석원의 실천에는 합리적이고 이성적인 판단력이 필요하지만 뜨거운 가슴을 절대 포기하면 안 된다는 명제도 요구된다. 강렬한 애정과 신뢰가 밑받침되지 않으면 냉혈한이 될 수밖에 없기 때문이다.

석원에도 엄격한 공사 구분이 필요하다. 묵은 감정을 풀고 화해하면 더 가까워지는데, 오묘하게도 이때 개인감정이 쉽게 개입하기 때문이다. 어렵게 석원을 실천하고도 공사 구분에 소홀해 일을 망칠 수 있다는 뜻이다. 요리사는 자신이 만든 음식을 먹지 않아야 진정한 요리사가 된다.

혼란의 시기 속 석원의 역할

수많은 역사 사례는 석원의 효과가 매우 극적이라는 점을 잘 보여 준다. 그 과정에서 인간의 감정이 강하게 개입되기 때문이다. 묵은 감정이 풀리면 관계는 더욱 친밀해진다. 특히 묵은 감정의 농도가 진하고 강할수록 석원의 효과는 한결 커진다.

원한은 대개 패권 다툼이나 창업 단계에서 많이 발생한다. 무한 투쟁이나 극한 경쟁 상황에서는 서로 인재가 필요하기 때문에 인재 쟁탈전도 치열해질 수밖에 없다. 인재들은 각자 자신이 모시는 주군에 충성을 다하고, 인재들의 역할 여부와 작용 여하에 따라 조직의 승부가 갈린다. 승리한 쪽은 이 과정에서 자신을 힘들게 하거나 괴롭힌 사람에게 좋지 않은 감정을 가지는데 이것이 발전하면 원한이 된다.

하지만 현명한 리더는 원수조차 활용한다. 경쟁 과정에서 발생한 묵은 감정을 해소하고, 나아가 자신에 반대하거나 적대했던 인물들을 과감하게 내 편으로 끌어들이는 놀라운 용인술을 실천해 보인다. 창업에서 수성 단계로 가는 과정에서 이 같은 석원을 통한 용인술은 대단히 의미심장하다. 한 조직이나 정권의 수명까지 좌우하기 때문이다. 석원을 실천한 개국 군주나 창업주들이 역사에 깊이 이름을 남긴 이유이기도 하다. 이제 앞의 사례들에서 석원이 우리에게 주는 메시지를 정리해 보자.

적을 나의 팔다리로 만들 수 있다

인간에는 감정이 있다. 선악이 무엇인지 알고 좋고 나쁜 것을 가릴 줄 안다. 누군가에게 원한이 생기면 보복할 기회와 힘을 가지는 순간 대개는 서슴없이 복수의 칼을 휘두를 것이다. 하지만 그 사람의 능력을 아끼고 인정해 과거의 묵은 감정을 털어 내고 그를 중용한다면 그 사람은 분명 당신을 부모 형제만큼, 아니 그보다 더 소중하게 여기며 몸과 마음을 다할 것이다. 물론 그 반대의 경우도 마찬가지이다. 이것이 바로 석원으로 원수를 나의 팔다리로 만드는 기초다.

유능한 인재를 얻는 길을 크게 열 수 있다

인간의 감정이 복잡하고 복합적인 만큼 인간관계도 그렇다. 나를 모르면, 또 나와 경쟁 관계에 있다면 인재들은 나를 무시하거나 무례하게 대하거나 욕하거나 반대하거나 심지어 죽이려고까지 한다. 석원은 이런 복잡하고 복합적인 관계를 화해시키는 작용을 하고, 리더는 이를 통해 좋은 인재들을 얻을 수 있다. 인재의 길이 활짝 열리는 것이다. 이런 방법을 도외시한다면 뛰어난 인재들은 배척당하고 세상은 삭막해질 것이다. 누구든 이 석원의 방법을 실천한다면 많은 인재를 얻고 하는 일이 크게 성공할 것이다. 석원으로 인재를 얻은 리더치고 실패한 경우가 거의 없다는 역사적 사실이 이를 여실히 입증하고도 남는다.

대단히 강력한 감화력을 가질 수 있다

괜히 싫은 사람이 있다. 다른 사람은 몰라도 그 사람만큼은 싫고, 그 사람에게는 굽히고 싶지 않은 경우가 있다. 사람은 감정의 동물이기 때문이다. 그런데 그만큼 석원의 작용도 크다. 삼국 시대 촉 지역의 유력자

유파는 한사코 유비를 거부했다. 유비는 그를 중시했지만 유파는 유비를 반대하고 깎아내렸다. 유비는 더 정성을 들였고, 성도를 공격할 때도 "유파를 해치는 자는 삼족을 멸한다"라는 특별 엄명을 내렸다. 지성이면 감천이라 했다. 유비의 정성에 유파는 감격했고, 죽어도 유비와는 함께하지 않겠다던 유파는 죽을힘을 다해 유비를 보좌하기에 이르렀다.

안정과 단결을 촉진할 수 있다

당연한 말이지만 석원의 실천은 교육적 효과까지 동반한다. 나아가 조직이나 나라를 안정시키고, 상하좌우를 단결시키는 데 큰 작용을 한다. 만약 묵은 감정이나 원한을 해소하지 못하고 서로를 원망하고 비판하고 해친다면 골이 더욱 깊어져 큰 혼란에 빠질 것이다. 석원은 리더와 인재에게 서로 큰 국면을 중시해야 하며 나라와 국민이 중요하다는 점을 알려 주고 안정과 단결로 나아가게 만든다. 예로부터 석원을 빠트리지 않고 지적한 까닭이다.

더 높은 덕을 가질 수 있다

석원은 인간관계의 단계를 도약하는 계기로도 작용한다. 석원을 하면 또 다른 차원의 리더십과 팔로우십을 경험할 수 있다. 예로부터 석원을 큰 덕의 차원으로 인식한 이유도 여기에 있다. 이른바 도덕적 차원으로 사람을 이끈다는 것은 이 방법을 실천하는 구체적 방법이기도 한데, 이를 통해 사람들이 묵은 감정을 풀고 함께 노력하게 만든다.

리더와 인재들은 석원으로 도덕의 힘을 실감하고, 덕이 없는 사람은 이를 실천하지 못한다는 사실을 깨닫는다. 석원의 실천 자체가 강력한 도덕적 역량으로 한 차원 승화되는 것이다. 주된 결과는 '공公'이다. 위아래가 모두 석원으로 덕을 얻는다면 유능한 인재를 얻는 것은 물론 사회 풍속까지 순수하고 좋게 바꿀 수 있기 때문이다.

무측천에게 자신을 추천한 누사덕의 진심을 모르고 그를 무시했다가 뒤늦게나마 안 적인걸이 "나는 누사덕이 가진 큰 덕의 언저리조차 엿볼 수 없다"라고 탄식한 것이 그 단적인 사례다.

사람을 길러 내고 남기는 가장 결정적인 전략

석원으로 인재를 구하고 기용하는 방법이 세상에 선을 보이자 유능하고 어진 인재가 석원의 거대한 힘에 끌려 모이는 한편 상하좌우의 마음을 크게 움직였다. 석원의 실천을 통해 유명한 인재가 많이 길러졌다. 그 거대한 융합력은 아무리 깊은 원한도 녹였고 아무리 커다란 원망도 풀었으며 거대한 감화력은 상하좌우의 관계를 화합시켜 단결과 안정을 보장하는 중요한 역할을 했다. 이 때문에 전설 시대 요순으로부터 명·청에 이르기까지 현명한 군주, 유능한 재상, 어진 학자, 뜻있는 선비가 모두 이의 실천을 위해 노력했다.

지금까지의 실천 경험을 종합해 볼 때 이 방법을 제대로 활용한 사람들에게는 예외 없이 다음 네 가지 자질이 있었다.

첫째, 세상을 구제하겠다는 큰 뜻이다.

둘째, 백성을 안정시키고자 하는 강력한 바람이다.

셋째, 타인을 포용하는 아량이다.

넷째, 뛰어난 인재를 활용할 줄 아는 담력과 식견이다.

석원의 경지는 오르기 대단히 어렵다. 동양 사회에서는 전통적으로 '원한을 갚지 않으면 군자가 아니다'라든가 '아버지의 원수와는 같은 하늘을 지고 살 수 없다' 따위의 윤리 도덕이 사람의 관념을 지배했다. 이런 황당한 논리와 관념 때문에 어처구니없는 싸움과 갈등이 수천 년을 횡행했고, 이것은 동양 사회의 가장 큰 폐단으로 지적되었다. 석원은 이런 큰 모순을 해결할 수 있는 고귀한 방법으로 자리 잡았고, 현명한 리더의 지표로 인식되었다.

나가며

제왕과 사람들의 역사에 사람 경영의 길이 있다

마무리를 위해 앞의 내용 한 단락을 다시 소환해 본다. '사람을 근본으로 삼는다'는 '이인위본以人爲本'은 수천 년 전부터 내려오는 나라를 다스리는 기본 개념이자 명제였다. 이 개념은 현대 경영에까지 도입되었고, 지금은 세계 거의 모든 유수 기업이 이구동성으로 내세우는 기본 정신이자 경영 철학의 하나가 되었다.

한때 전 세계 휴대폰 시장을 석권했던 노키아는 "과학 기술은 인간이 근본이다"라고 했고, 중국의 대표적인 부동산 개발 기업인 완커는 "인재는 기업의 근본"이라는 신조를 앞세웠다. 맥도날드는 "부지런한 직원이 곧 기업의 보물이다"라고 했다. 중국의 가전 업체인 롄샹(레노버)은 "기업을 경영한다는 것은 사람을 경영하는 것이다"라 했고, 역시 중국의 가전 업체인 거란스는 "인재는 기업 최대의 재산이다"라고 했다.

'사람 경영' 또는 '인재 경영'은 이제 모든 기업이 원하든 원치 않든 앞세울 수밖에 없는 철칙이 되었다. 당연한 추세다. 실천 여부와 별개로 말이다. 이 명제는 우리가 지금까지 길게 살펴보았듯이 수천 년 역사의 경험을 통해서도 수시로 확인되는 사실이다. 오죽했으면 이미 2,500년 전에 "사람이 많으면 하늘도 이긴다"라는 말까지 나왔겠는가?

경영에 통찰력을 주는 역사의 힘

이 책에 소개한 40개의 에피소드는 단 하나의 예외 없이 사람들의 이야기다. 이야기의 두 축은 인재와 리더다. 모든 조직과 경영의 두 축 역시 인재와 리더 아닌가? 그리고 리더와 인재의 공통점 역시 사람이라는 사실이다. 따라서 나라든 기업이든 리더(사람)와 인재(사람)가 중심이 되어 서로 도우며 국민(사람)과 기업의 구성원(사람)을 잘살게 하는 것이 목표 아니겠는가? 국민이 잘 살아야, 기업의 구성원이 행복해야 나라가 잘되고 기업도 이윤을 남기는 것 아닌가? 그렇다면 경영이든 국가 운영이든 리더가 똑바른 정신으로 좋은 인재를 모셔 제대로 기업과 나라를 이끌어야 마땅하지 않은가? 그것이 인재 경영이고, 사람 경영의 핵심 아니겠는가? 여기에 무슨 어려운 이론이 필요하고, 복잡한 논리가 요구되겠는가?

그럼에도 불구하고 역사의 이면에는 이와 배치되는 어두운 면도 엄연히 존재한다. 수없이 많은 사람, 누구보다 뛰어난 인재가 못나고 나쁜 권력자, 사악한 간신배 등에게 억압받고 죽임을 당했다. 인간의 본성에 깔려 있는 악한 성분과 이기심 그리고 사리사욕에 지배당한 자들이 권력과 부를 지키기 위해 수단과 방법을 가리지 않고 선하고 정의로운 사람들을 해쳤다. 이런 현상은 정도의 차이는 있어도 예나 지금이나 달라지지 않았다.

조직과 나라를 이끌고 기업을 경영하는 리더들이 특히 역사를 비롯한 인문학적 통찰력이라는 리더십을 갖추어야 하는 가장 중대한 까닭도 그 모든 행위의 대상이 다름 아닌 인간이기 때문이다. 인간의 본질과 특성은 물론 모순과 갈등까지 비교적 정확하게 파악해야만 조직을 제대로 이끌 수 있다. 이것이 이인위본의 핵심이다. 여기서 말하는 '근본'이란 곧 인간의 본성 안에 내재된 긍·부정을 포함하는 모든 요소를 가리킨다. 우리가 줄곧 논의한 인재를 빗대어 말하자면, 인재가 갖고 있는 장점과 결점을 포함한 모든 특성을 가능한 한 모두 드러내어 그에 맞게 대처해야만 조직의 지속적 발전이 가능하다는 뜻이다. 그 대처가 곧 방법이고, 지금까지 살펴본 수많은 사례는 그 방법을 찾아가는 길이었다.

〈들어가며〉에서 "노력보다 방법이 중요하다"라는 격언을 인용한 바 있다. 방법이 잘못되면 아무리 애를 써도 바라는 결과를 얻어 낼 수 없다. 수학 문제를 풀 때 틀린 공식으로는 수백 번을 풀어도 정답이 나올 수 없는 것과 같은 이치다. 사람을 근본으로 한다는 정치와 경제 경영 및 모든 조직 운용에서는 인간이 살아오면서 남긴 경험을 종합하고 분류하고 분석하고 비판해야만 정확한 방법이 도출된다. 즉 역사를 공부하고, 역사 공부에서 교훈을 얻고, 역사의 교훈에서 통찰력을 얻으라고 권한다. 지금까지 우리가 살펴보고 논의한 모든 내용이 모두 역사의 알맹이다. 그리고 누구나 이 알맹이를 다시 걸러서 보석, 즉 방법을 얻어 내기를 간절히 희망해 본다. 이렇게 역사를 공부하는 사람에게 역사는 '상황 대처 능력'과 '미래 예견력'이라는 귀중한 선물을 선사할 것이다.

뒤를 돌아보면 앞으로 나아갈 수 있다

이 책은 옛날이야기를 모은 것이다. 하지만 실제 역사 사실이고, 사실의 본보기 사례다. 이 사례는 내 주위는 물론 내게 벌어지고 있는 일들의 데자뷔와 같다. 물론 100% 똑같은 모습은 아니겠지만 내가 맞닥뜨리는 일과 거의 비슷한 것이 부지기수다. 이런 점에서 역사는 수로 헤아릴 수도, 값을 매길 수도 없는 귀중한 콘텐츠의 보물 창고다. 그 창고에는 내가 가장 닮고 싶은 사람, 내가 가장 닮기 싫은 사람, 나와 똑같은 사람이 틀림없이 존재한다. 그것도 복수로 말이다. 용기를 내어 이 사람들과 만나 보고, 그들이 남긴 흔적을 살피고, 거기에서 배울 것과 버릴 것을 가려낸다면 그들이 저지른 실수를 반복하지 않을 수 있다.

조금 더 구체적으로 이 책은 수천 년 중국사에 존재했던 최고 리더와 그 리더를 도운 인재들의 이야기다. 어찌 보면 가장 심각한 이야기라 할 수 있다. 나라, 그것도 어마어마한 규모의 제국을 다스린 사례이기 때문이다. 주제가 크기도 하지만 구체적인 내용은 대단히 디테일하다. 고급

시계의 정교한 톱니바퀴처럼 톱니가 정확하게 맞아야만 나라가 제대로 굴러가기 때문이다. 독자는 그 정교한 장치들을 발견해 내는 즐거움에 도전해 보시라. 흥미진진하고 흥분되는 시뮬레이션이 가능한 역사 공부의 매력이 여기에 있다.

또 이 책에 올라탄 40개의 에피소드의 하나하나는 독자들에게 시간 여행이라는 귀중한 체험을 제공할 것이다. 이런 점에서 이 책은 타임머신과 같다. 그래서 필자는 저 앞에서 역사를 'Back to the future'로 정의했다. '미래로 돌아가는' 타임머신을 타고 진지한 역사 공부에 동참하기를 권한다. 미래를 준비하는 리더와 인재에게 역사 공부는 필요성을 넘어 당위성으로 다가갈 것이다. 역사상 성공한 리더는 거의 예외 없이 역사와 역사 공부를 중시했다. 역사의 주체는 말할 것 없이 사람이다. 사람을 제대로 알고, 제대로 보고, 제대로 활용하고, 함께 나아가는 것이 '사람 경영'의 핵심이기 때문이다. 수천 년간 최고 리더와 최고 인재를 만나는 흥분된 시간이 되기 바란다.

참고 문헌

《나는 사기로 경영을 배웠다》, 김영수 지음, 메이트북스, 2019

《리더와 인재》, 김영수 지음, 창해, 2021

《리더의 망치》, 김영수 지음, 창해, 2021

《사기, 정치와 권력을 말하다》, 김영수 지음, 북바이북, 2021

《사마천과 노블레스 오블리주》, 김영수 지음, 아이필드, 2020

《사마천, 인간의 길을 묻다》, 김영수 지음, 위즈덤하우스, 2010

《역사를 바꾼 모략의 천재들》, 차이위치우 지음, 김영수·김영진 옮김, 들녘, 2016

《용인》, 리수시 편저, 김영수 편역, 김영사, 2008

《중국사의 수수께끼》, 김영수 지음, 랜덤하우스코리아, 2007

《제자백가의 경제사상》, 김영수 지음, 아이필드, 2019

《백양 중국사》, 백양 지음, 김영수 옮김, 위즈덤하우스, 2014

《鑑人智源》, 劉劭著/李賀譯釋, 企業管理出版社, 2003

《改革通鑑》, 卞孝萱/胡阿祥主編, 湖北人民出版社, 2000

《古代用人方略》, 孔建民, 中國法政大學出版社, 1989

《識人學》, 尹紅卿編著, 中國商業出版社, 2004

《亞洲史上十大改革》, 顧奎相/陳涴主編, 遼寧大學出版社, 1994

《歷代名家用人方略》, 安作璋總主編, 山東人民出版社, 2002

《領導者必須具備的22種能力》, 符蕾方道編著, 企業管理出版社, 2003

《用人之道》, 杜道明, 中國紡織出版社, 2005

《儒商讀本》, 國際儒學聯合會, 雲南人民出版社, 1999

《人物志-一日一品》, 陳洋編著, 哈尓濱出版社, 2007

《中國古代改革史論》, 顧奎相/陳涴, 遼寧大學出版社, 1992

《中國古代改革成敗論》, 顧奎相/陳涴, 遼寧大學出版社, 2004

《中國式用人的69個關鍵細節》, 馬志明編著, 地震出版社, 2006

《中國領導思想史》, 田廣淸外, 九州出版社, 2002

《中國用人思想史》, 苗楓林, 齊魯書社, 1997

《中國用人史》, 苗楓林, 中華書局, 2004

《曾國藩處世三絶-識人·用人·管人》, 商謀子編著, 中國盲文出版社, 2003

• 《사기》 등 정사 25사를 비롯한 역사서, 《논어》 등 제자백가서, 기타 사료에 해당하는 문헌들은 목록에서 제외했다.

사람을 얻고 쓰고 키우고 남기는 법

제왕의 사람들

인쇄일 2022년 12월 26일
발행일 2023년 1월 2일

지은이 김영수
펴낸이 유경민 노종한
책임편집 류다경
기획편집 유노북스 이현정 류다경 함초원 **유노라이프** 박지혜 장보연 **유노책주** 김세민
기획마케팅 1팀 우현권 **2팀** 정세림 유현재 정혜윤 김승혜
디자인 남다희 홍진기
기획관리 차은영
펴낸곳 유노콘텐츠그룹 주식회사
법인등록번호 110111-8138128
주소 서울시 마포구 월드컵로20길 5, 4층
전화 02-323-7763 **팩스** 02-323-7764 **이메일** info@uknowbooks.com

ISBN 979-11-92300-42-9 (03320)

• — 책값은 책 뒤표지에 있습니다.
• — 잘못된 책은 구입한 곳에서 환불 또는 교환하실 수 있습니다.
• — 유노북스, 유노라이프, 유노책주는 유노콘텐츠그룹 주식회사의 출판 브랜드입니다.